主题班会与教育故事

——展现班主任的工作智慧

牟中华　主编

中国海洋大学出版社
·青岛·

图书在版编目(CIP)数据

主题班会与教育故事:展现班主任的工作智慧 / 牟中华主编 . 一青岛:中国海洋大学出版社,2018. 7(2023. 3 重印)
ISBN 978-7-5670-1248-6

Ⅰ. ①主… Ⅱ. ①牟… Ⅲ. ①班会一中小学一教学参考资料 Ⅳ. ①G635. 5

中国版本图书馆 CIP 数据核字(2018)第 206078 号

出版发行	中国海洋大学出版社		
社　　址	青岛市香港东路 23 号	邮政编码	266071
出 版 人	杨立敏		
网　　址	http://www.ouc-press.com		
订购电话	0532-82032573(传真)		
责任编辑	孟显丽　刘宗寅	电　　话	0532-85901092
印　　制	青岛至德印刷包装有限公司		
版　　次	2018 年 8 月第 1 版		
印　　次	2023 年 3 月第 2 次印刷		
成品尺寸	170 mm ×230 mm		
印　　张	18		
字　　数	274 千		
印　　数	901—1 000		
定　　价	68. 00 元		

发现印装质量问题,请致电 13336399618,由印刷厂负责调换。

编委会

主　编　牟中华

编　委（以姓氏笔画为序）

牟中华　孙海文　刘　宁　余凤娟　李　婷

李海燕　宋文江　宋　妍　鲁菲菲

牟中华

山东省青岛第三十九中学英语教师。高级教师，山东省优秀班主任，青岛市首届名班主任工作室主持人，青岛市教学能手，市青年教师优秀专业人才，市教育读书人物，市教育局三八红旗手，青岛第三十九中学第二届校十大名师，校专家教师。在《山东教育》《山东师范大学学报》《青岛教育》《红蕾教育文摘》等刊物发表论文数篇。两篇论文获省一等奖。主持山东省家庭教育专项课题“父母在家庭教育中的榜样作用与运用研究”。担任班主任工作17年来，以“学会求知、学会做事、学会共处、学会生存”为理念，以“道之以德，齐之以礼”作为精神引领，努力培养德才兼备、诚信守礼的中学生。以“学习共同体”为依托，实现“人人有事做，事事有人管”的班级自主管理体系，班级班风正、学风浓。2006年、2013年所带班级获市级先进班集体称号。班刊《春雨》《华文留韶》记录下孩子们初中生活的美好片段。

前言

为了充分发挥青岛市名班主任的引领、示范和辐射作用，全面提高班主任队伍的育人本领，逐步培养一批在全国有一定影响力的名班主任，2016年青岛市教育局启动了青岛市首批普通中小学名班主任工作室建设（工程）。全市共遴选名班主任工作室主持人30名，工作周期3年。每个名班主任工作室由1名主持人、8名成员组成，形成班主任合作互动的实践共同体。

青岛市名班主任工作室发挥名师效能，通过专题讲座、研讨、班会公开课、送课下乡、课题研究等途径向其他学校、区域传播班主任工作优秀经验，推广优秀班主任培养模式，让更多的青年班主任、学生和家长受益。

牟中华名班主任工作室是青岛市教育局首批成立的名班主任工作室之一，工作室成员经教育局严格选拔确定，包括青岛第六中学孙海文、青岛第三十三中学宋妍、青岛第三十九中学李婷、青岛第三十九中学市北分校宋文江、青岛第四十九中学鲁菲菲、青岛大学附属中学余凤娟、莱西院上镇武备中学李海燕、莱西望城中心中学刘宁八位教师。工作室自成立以来，采取“走出去请进来”与内部研讨学习相结合的方式，不断提升成员班级管理的能力和水平，起到了较好的引领作用，充分体现了名班主任工作室的重要意义。工作室9名成员，均为现任班主任，4人次带出市级优秀班集体，多人次带出区级优秀班集体。

《主题班会与教育故事——展现班主任的工作智慧》一书是牟中华名班主任工作室教育科研系列成果之一。编写此书，一是为了对既往工作进行反思与总结，促进我们自身的专业发展；二是希望我们的主题班会设计、与学生朝夕相处的成功案例、对班主任工作的领悟，能给同行们一点点借鉴。

《主题班会与教育故事——展现班主任的工作智慧》一书分为两大部分：主题班会和教育故事。“主题班会”部分共有34篇班会设计，分为感恩教育、歌颂祖国、读书学习、时间管理、心理健康、挫折教育、意志品质、习惯养成、自我规划、同学相处和安全环境等11个板块。各设计皆包括适用年级、班会背景、设计思路、班会准备、实施过程以及班会反思等环节，强调学生的体验和参与并在实践中取得了良好的育人效果。"教育故事"部分共有案例34篇，是工作室老师们对多年班主任工作中难忘的那些学生、那些事的回眸；无论是成功转化问题学生的故事，还是在学生毕业后对所做工作略带遗憾的回忆，字里行间都浸透着老师们对学生的那份挚爱、对教育事业的那份执着。

《主题班会与教育故事——展现班主任的工作智慧》一书的出版得到了青岛市教育局领导及工作室成员所在学校领导的大力支持与帮助；在编写过程中我们参阅了大量资料，从中受到了很大启发。在此，我们向各级领导，向有关单位及个人表示衷心的感谢。受水平所限，书中不足之处在所难免，欢迎广大读者不吝赐教。

《主题班会与教育故事——展现班主任的工作智慧》一书的出版得益于工作室成员的共同努力，大家的闪光成绩为本书的编写构筑了坚实的基础：

孙海文，山东省青岛第六中学历史教师，青岛市首届名班主任工作室——牟中华名班主任工作室成员。担任班主任15年。曾获黑龙江省教学能手、黑龙江省拔尖人才、青岛市教育局模范带头党员等荣誉称号。

刘宁，山东省青岛莱西望城中心中学英语教师，青岛市首届名班主任工作室——牟中华名班主任工作室成员。任班主任8年。所带班级曾获莱西市优秀班集体称号。曾获莱西市教育教学先进个人、莱西市青年岗位能手、莱西市英语教学能手等荣誉称号。曾获莱西市优质课一等奖、"一师一优课"获市级优课。

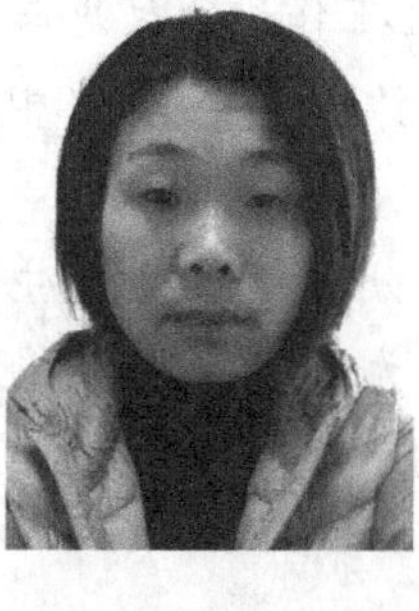

余凤娟，山东省青岛市青岛大学附属中学英语教师，青岛市首届名班主任工作室——牟中华名班主任工作室成员。任班主任8年。所带班级获青岛市优秀班集体称号，多次被评为校级优秀班集体、优秀团支部。曾获青岛大学附属中学第二届名师称号。

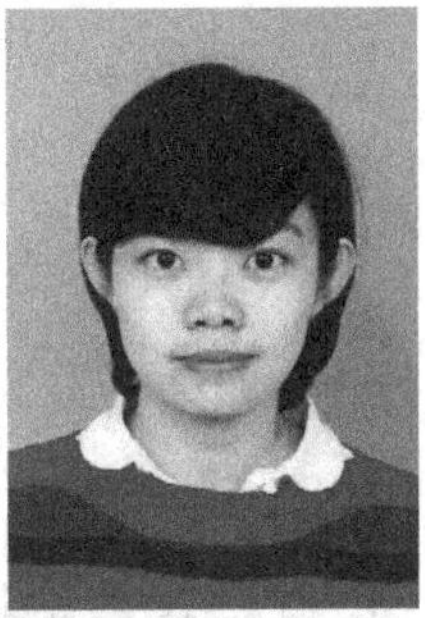

李婷，山东省青岛第三十九中学语文教师，青岛市首届名班主任工作室——牟中华名班主任工作室成员。任班主任3年。国家三级心理咨询师、全国中学生语文能力竞赛优秀指导教师。参与编写校本海洋教材《我们的海洋》。曾开设区片公开课、"一师一优课"获市级优课。

李海燕，山东省青岛莱西市院上镇武备中学英语教师，青岛市首届名班主任工作室——牟中华名班主任工作室成员。任班主任17年。连续多年任毕业班班主任，所带班级曾获青岛市优秀班集体称号，多次被评为莱西市优秀班集体。"敲响生命安全的警钟——珍爱生命，预防溺水"班会于2017年获得青岛市主题班会优质课二等奖。

宋文江，山东省青岛第三十九中学市北分校道德与法治教师，青岛市首届名班主任工作室——牟中华名班主任工作室成员。任班主任7年。所带班级获青岛市优秀班集体称号，多次被评为青岛市市北区优秀班集体。曾获青岛市市北区优秀教师、教学能手称号，山东省教学设计一等奖，山东省"一师一优课，一课一名师"优课，青岛市优质课比赛二等奖。

宋妍，山东省青岛第三十三中学英语教师，青岛市首届名班主任工作室——牟中华名班主任工作室成员。任班主任13年。青岛第三十三中学春雨班主任工作室主持人。荣获李沧区优秀青年、李沧区优秀教师、李沧区教学质量先进个人等荣誉称号。所带两个班级获李沧区优秀班集体称号。

鲁菲菲，山东省青岛第四十九中学化学教师，青岛市首届名班主任工作室——牟中华名班主任工作室成员。任班主任5年。曾获青岛市教学能手、李沧区教学能手、李沧区中考优秀学科教师、李沧区中考学科优秀集备组长、李沧区教学质量先进个人等荣誉称号。曾获青岛市优质课比赛获二等奖，举行过名师开放课。多次进行城乡交流课，多次在市、区做典型经验交流。多篇论文在省级优秀成果评选中获奖，两篇论文分别发表于光明日报主办的《考试》杂志和《青岛教研》杂志。

牟中华

2018年3月

目录

第一部分 主题班会

第二部分 教育故事

第一部分

主题班会

感恩教育

家，温馨的港湾

山东省青岛第三十九中学市北分校 // 宋文江

本主题班会适于在初一下学期进行。

班会背景

从初一下学期开始，学生逐渐进入青春期，对父母的教育出现逆反心理。目前，初一学生大多数是独生子女，他们从小就过着衣食无忧的生活，很少去考虑家长的难处，很少有机会被生活中的亲情所感动。他们身上存在以自我为中心的倾向，不顾及家人和别人的感受已是他们身上的一大特点。

本次班会主要是引导学生感受家庭生活的温暖，体会父母的养育之恩，教育学生在生活中用实际行动孝敬父母、回报父母，懂得孝敬父母是中华民族的传统美德，也是法律规定子女应尽的义务。

设计思路

本次班会包括以下环节。

第一环节是“寻味家之爱”。播放春节公益视频《回家》，通过海外游子不远万里回家过年的温馨情景，引导学生初步感悟家是温馨的港湾，导入班会。

第二环节是“齐奏家乐曲”。通过让学生用词语描绘对家的认识，进一步引导学生感受家是充满亲情的地方，为感恩父母做好情感铺垫。

第三环节是“难忘父母恩”。通过“同桌的你”和“感谢有你”两个互动活动，让学生交流父母在日常生活中对自己的养育故事，营造情境和氛围，让学生体会父母的爱，启迪学生在案例中思考、感悟父母对子女的养育之恩。

第四环节是“践行孝子情”。引入同龄人孝敬父母的故事，给学生树立学习的榜样。通过情景剧表演既营造班会课的活跃氛围，又让学生把对父母的感激之情升华为孝敬父母的实际行动。书写假期孝心计划，让学生做到学以致用，将班会课堂中的道德体验延伸至课堂之外的道德实践。

班会准备

（1）资料：收集中央电视台“朗读者”栏目中的人物陶艳波的故事和全国最美孝心少年向小康孝敬父母的新闻资料。

（2）物品：卡纸、DV 摄像机、背景音乐、照片。

（3）内容：校园情景剧编写及排练。

实施过程

一、寻味家之爱

1. 创设情境

主持人：“每逢佳节倍思亲”，春节来临前，“回家”成为国人心中最热切的盼望。春节回家，是中国人几千年的亲情信仰。什么是家的味道？让我们近距离通过《春节回家》公益广告，一起寻找家中的别样亲情。

2. 播放视频《春节回家》

主持人：海归“换乘帝”刘春生，从非洲西岸到中国东北的家，8 次换乘，35 个小时，飞机、汽车、火车不停更换，两天一夜，跨洋过海，回家一趟实在不容易。当拥抱母亲时妈妈说的那句“想死妈妈了”，当父亲默默递过擦拭好的眼镜，当喝到家乡的饺子汤的那一刻……这就是刘春生心中家的味道。今天，我们一起重温家之温馨，感受父母之爱，铭记“百善孝为先”的道理。

二、齐奏家乐曲

主持人：按甲骨文字形来看（PPT 展示“家”字的甲骨文），家是同处在一个屋檐下，共同生活的眷属和他们所住的地方。家是什么？是一束温暖的阳光，可以融化掉心上的冰雪寒霜；是一盏明灯，可以照亮夜行人晚归的路程；是一个温馨的港湾，可以遮挡人生中不可避免的风风雨雨。在你的心中家是什么？请同学们用一个词来描述你对“家”的认识。

学生交流，班主任归纳总结：家，是一个充满亲情的地方。让我们感受到家庭的温暖和幸福。

过渡语：家的温暖和幸福其实更多的是因为父母的爱。《诗经》云：“哀哀父母，生我劬 [qú] 劳。”父母的养育之恩是我们应该铭记一生的爱。

三、难忘父母恩

活动一：同桌的你

主持人：同桌，这个词语大家再熟悉不过了。但是，如果是和妈妈做同桌，而且一坐就是 16 年，这样的同桌你可曾见过？

播放视频：“朗读者”栏目人物——陶艳波。

问题：陶妈妈是如何用点滴行动创造出爱的奇迹的？

学生讨论，班主任引导。

总结：陶艳波 16 年的陪读，用母爱的坚守告诉我们：父母对子女的爱是世界上最无私、最真挚的爱。

课件出示：陶艳波要帮儿子过正常生活的信念始终如一、持之以恒，她在困难面前不抱怨、不放弃。这种坚韧也感染了杨乃斌，让他学会了自尊自信的品质和乐观的生活态度。大学毕业后乃斌希望用自己的努力回报父母，回报老师，回报所有帮助过他的人。

问题：除了在生活上给予杨乃斌关怀外，妈妈还教会了他什么？

学生思考回答，班主任引导。

总结：父母不仅从生活上无微不至地抚养、照顾我们，教给我们基本的生活技能，还从思想品德上关怀、教育我们，引导我们确立人生的目标，教我们如何做人。

活动二：感谢有你

主持人：母爱似海，父爱如山。请同学们回忆在成长的过程中，父母做的一件令你感动的事情。

学生活动：交流分享父母为自己做的一件使自己感动的事情。班主任及时进行评价和展示。

教师活动：班主任故事分享——妈妈的手（妈妈因为小时候照顾自己而患上风湿性关节炎，却无怨无悔）。配背景音乐《母亲》和 PPT，出示妈妈的照片。

班主任归纳总结：孝敬父母是做人的本分，是中华民族的传统美德，也是法律规定的子女应尽的义务。

四、践行孝子情

活动一:唱给妈妈的歌

主持人:对于十几岁的孩子来说,依偎在妈妈的怀里,听妈妈讲故事似乎是很自然的事情,但是这些对于向小康来说却很奢侈,因为她的妈妈患有疾病,不仅照顾不了小康,很多时候还必须由小康来照顾妈妈。我们一起来认识全国最美孝心少年——向小康,听听她的故事。(播放视频——向小康孝敬父母的新闻视频)

问题:向小康的哪些行为值得我们点赞?

班主任归纳总结:向小康用自己的点滴行动诠释了羔羊跪乳孝敬父母的道理,为我们大家做出了榜样。

活动二:不懂你的爱

主持人:现实生活中有一些同学并不知道应感恩父母。这不,王小明又和妈妈吵起来了。请看校园情景剧——不懂你的爱。

问题:如果你是王小明的朋友,你会怎样劝告他?

教师评价归纳总结:孝敬父母就要做到尊重父母、热爱父母、回报父母。

活动三:爱要行动

主持人:你会在假期里为父母做点什么呢?请写出你的假期孝心计划。(配背景音乐《时间都去哪了》)

学生书写计划并展示分享,教师评价引导。

班会总结:教师寄语——诗朗诵《家》。师生合作,完成诗歌朗诵。

> 家——
> 是你哭泣地看着世界,而别人却笑着看你的视线,
> 是一口一口喂你并对你说快快长大的心愿。
> 是骑在父亲的脖子上快乐的笑声,
> 是坐在母亲的单车上放学的黄昏。
> 家——
> 是陪着亲人在林间小路上的漫步,
> 是倒挂在门上那金光闪闪的"福"。
> 是亲人对自己信任而坚定的目光,
> 是让亲人骄傲的学习或工作上的辉煌。

班会反思

本次班会主要引导学生在情境和活动中体会家庭的亲情和温馨，感受父母对自己的爱，从而学会感恩父母、孝敬父母。班会按照“激情—明理—导行”的认知规律，联系社会热点人物，结合学生生活实际，坚持“触情生情”和“以情促情”的原则，充分发挥教师的“煽情”作用，注重学生的情感体验，强调学生的自主感悟与合作交流，引导学生体会父母的养育之恩、培养感恩父母的情感，从而内化学生的体验、升华学生的思想，让学生真正把对父母的感激之情转变为孝敬父母的实际行动，学会感恩。

附：孝心行动计划书

我的孝心行动计划

姓名：

一、爸爸妈妈，我想对你说：

____

____

____

二、我可以做：

____

____

____

____

____

三、我的感悟与收获：

____

____

____

____

____

成长不忘父母恩

山东省青岛第三十三中学 // 宋　妍

本主题班会适于在初一下学期或初二上学期进行。

班会背景

如今的学生从小就在父母和其他长辈的呵护下成长，对于他们的各种要求，家长通常百依百顺，有时甚至会失去原则地满足孩子的一些不合理的需求。这使得孩子慢慢形成了以自我为中心，自私自利的错误思想，认为家长为自己所做的一切都是应该的，从不会体谅父母的艰辛与不易，不愿意为父母、为家庭付出，不懂得孝敬父母，更不懂得感恩。

本次班会的目的是提醒和教育那些还没有对日夜为其操劳的父母有感恩意识的学生认识到父母培养他们的不易，要怀有一颗感恩的心孝敬父母；能从父母为其做的每一件小事中感受到父母的爱，并且要将这种感恩及时地表达出来，以此将中华民族的传统美德发扬光大。

设计思路

本次班会包括以下环节。

第一环节是解析漫画《妈妈最爱吃鱼头，我从小就知道》。通过让学生谈自己对这幅漫画的理解和看法，引发他们对感恩、孝敬父母的讨论和思考。

第二环节是“故事分享”。主持人组织学生分享有关孔圣人和王详孝亲感恩的历史故事和发生在普通百姓身上的现实事件，让学生感知父母在自己成长的过程中对自己深深的爱。

第三环节是“诗歌朗诵《妈妈的牵挂》”。引导学生反思自己对父母的了解程度、自己为父母尽了哪些子女应尽的责任和义务，思考在今后的生活中自己应该如何表达对父母的感恩之情。

第四环节是“游戏调查”。通过游戏性质的调查，引导学生认清自己对父母的了解程度并自省。

第五环节是给“书信传情”。在信中，写出一两件自己感受到父母爱的事情，并表达对父母的感恩之情。

班会准备

（1）资料：漫画、故事、诗歌。

（2）物品：信纸、信封、相机等。

实施过程

一、漫画解析

1. 班会导入

班主任：父母给了我们生命，抚育我们成长，为我们构筑起舒适温暖的家。从呱呱坠地到咿呀学语，从小学到初中，父母无私的关爱陪伴着我们生命的每一个阶段。所以，对于父母我们要怀有一颗感恩的心！

2. 漫画解析

主持人：首先，请大家看漫画《妈妈最爱吃鱼头，我从小就知道》，并谈谈自己对这幅漫画的理解和感受。（大意：第一部分画的是年轻的母亲和儿子一起吃饭，母亲笑眯眯地、慈爱地看着年幼的儿子，将一条鱼剔去头，把鱼身夹到儿子的碗里，理着平头的儿子感激地看着母亲。第二部分画的是若干年后，儿子长大了，他留着分头、蓄着胡须、身穿时髦的短衬衫，依然对母亲笑。这回是他自己将鱼身留在自己碗里，把鱼头夹给母亲，还说：“妈妈爱吃鱼头，我从小就知道。”头发花白、腰背已驼的母亲，一脸愕然）

学生甲：这个儿子也太不像话了，连知恩图报都不知道，这不能不令人痛心。他连生养自己的母亲都不知回报，又何谈报答养育自己的人民、报效培养自己的祖国？我以我们青少年中有这样不懂感恩的儿子而耻辱。

二、故事分享

主持人：看了这幅漫画，我也被深深地触动。这位儿子根本不懂何为感恩孝亲。众所周知，中华历史悠久，民族优良传统要发扬光大，美德要代代相传。敬爸爸、爱妈妈是我们身为儿女应该做的，时时刻刻、事事处处都要有一颗感恩父母的心。因此，我衷心希望通过这次班会，同学们都能更加感恩父母、孝敬父母！

中华要腾飞，民族要振兴，精神文明之花要靠我们精心培育。今天，我们要向敬爱的父亲、勤劳的母亲、慈祥的长辈尽情地歌唱！那么，关于名人志士孝亲感恩的故事，同学们都知道哪些？

学生乙：孔子不仅是我国古代的思想家、教育家，更是一个孝子。他从小就能体会母亲养育他的不易，经常帮助母亲做事，给母亲捶背；母亲希望他成为有学问的人，他就勤奋读书，终于成为大思想家和教育家，被世人尊为“圣人”。

学生丙：王详很孝敬他的母亲。一次，在河面都结成厚厚的冰的冬天，母亲生病了，突然很想吃鲤鱼。于是，王详便跑到河边毅然脱去衣服躺在冰上，用体温使冰融化，抓到鲤鱼给母亲吃。

主持人：这些故事是多么感人，我们要为他们感恩父母的高尚品质而歌唱！下面请听两则有关母亲的故事。（掌声欢迎朗读者上台）

故事 1：故事发生在游子与母亲之间。游子探亲期满离开故乡，母亲送他去车站。在车站，儿子旅行包的拎带断了，眼看就要到发车时间，母亲急忙从身上解下裤腰带，帮儿子把旅行包扎好。解裤腰带时，由于心急又用力，她把脸都涨红了。儿子问母亲怎么回家呢？母亲说，不要紧，慢慢走。多少年来，儿子一直把母亲这根裤腰带珍藏在身边。多少年来，儿子一直在想，母亲没有裤腰带是怎样走回几里地外的家的？

故事 2：发生在犯人与母亲之间。探监的日子，一位来自贫困山区的老母亲，经过乘坐驴车、汽车和火车的辗转，来探望服刑的儿子。在探监人五光十色的物件中，老母亲给儿子掏出用白布包着的葵花子。葵花子已经炒熟，老母亲全嗑好了，没有皮，白花花的像密密麻麻的雀舌。服刑的儿子接过这堆葵花子肉，手开始颤抖。母亲亦无言语，撩起衣襟拭眼泪。她千里迢迢探望儿子，卖掉了鸡蛋和小猪崽，还节省了许多开支才凑足了路费。来前，在白天的劳碌后，晚上在炼油灯下嗑瓜子。嗑好的瓜子肉放在一起，像小山一样一点点增高，自己没舍得吃一粒。十多斤瓜子嗑亮了许多夜晚。服刑的儿子垂着头。作为身强力壮的小伙子，正是奉养母亲的时候，他却不能。在所有探监人当中，他母亲衣着最褴褛。母亲一口一口嗑出的瓜子，包含着千言百语。儿子“扑通”给母跪下，他忏悔了。

三、诗歌朗诵

主持人：父母对子女又何止是浓浓的爱？这其中更包含了无尽的牵挂与思念。不信，请欣赏诗朗诵《妈妈的牵挂》。

诗歌内容：她是我们的守望人，/冬天在窗边，夏天在门旁。/她会为我们的晚归而焦虑不安。

我们轻蔑地嘲笑她迂腐的关怀，/但我们长长的回家路/却因为有了她的焦急守望而备感安全。

她从不会忘记，/在我们身上倾注全部的爱，/因此，我确信/无论我们在哪里/身上都系着她的牵挂。

她是我们的守望人，/在天堂的窗边，在天堂的门旁。/守候回家的我们，/她总会为我们的晚归而焦虑不安。

四、游戏调查

主持人：妈妈对儿女有连绵的牵挂，爸爸对儿女有无尽的关怀，那么，我们作为他们的儿女对父母了解多少呢？下面请同学们做个游戏。(游戏规则：在一分钟内能回答最多问题的同学为胜)获胜者将得到我们送出的纪念品。

问题：

① 你妈妈的生日是几月几日？

② 你妈妈有多高？

③ 你爸爸是什么血型？

④ 你父母结婚纪念日是哪一天？

⑤ 你爸爸的生日是几月几日？

⑥ 你妈妈最爱什么颜色？

⑦ 你爸爸最常对你说什么话？

⑧ 你爸爸最爱吃什么食物？

⑨ 妈妈最爱看什么节目？

⑩ 你为你父母做过什么事情来表达你对他们的爱？

主持人：通过这个调查，可以看出同学对父母的了解程度。你能答出几道题，你对父母的关爱够吗？平日里，父母对我们的饮食起居照顾得无微不至。这些问题换作父母来回答有关我们的内容，他们一定会脱口而出，其中的原因同学们都很清楚——父母对我们的关爱远超于我们对他们的了解。我们应该感到惭愧。禾苗的生长离不开阳光雨露，我们的成长离不开父亲母亲的哺育。我们在一天天长大，长大的我们就应该懂得知恩图报，应该理解父母为我们的付出并且感恩他们的付出。让我们用实际行动来表达对父母的爱和感恩之情吧！

五、书信传情

班主任：用已经下发的信纸给父母写一封信。

要求每个学生写出在成长过程中让他们感受到父母关爱的事情，并表达他们对父母的感恩之情。写完后，装入信封，选择自己喜欢的方式交给父母。

主持人：感恩母亲，感恩她用十月怀胎给予了我们生命；感恩父亲，感恩他用辛勤汗水抚育了我们成长；感恩父母，感恩他们用深切教诲教会了我们做人。父母给予我们的太多太多，我们这些做子女的却不知从何做起。也许，没事时为父母分担些家务，父母下班后为他们倒上一杯水，父母不舒服时为他们冲一杯牛奶，父母劳累时为他们捶捶背，父母苦恼时为他们分忧解难，父母高兴时与他们分享快乐，这些看似平常的小事，但在父母眼中却是十分值得自豪的。父母给我们的爱如此之多，而我们只给父母做了一点儿事情，父母就会感到十分知足，所以，我们要用一生来感恩父母。班会在《懂你》的优美感人的歌声中结束。

班会反思

本次班会设计了五个环节：通过漫画解析，引导学生在对漫画的理解过程中认识在他们成长的过程中父母的付出以及自己对待父母应抱有的态度；在故事分享中正面积极地给学生提供了感恩父母、孝敬父母的方向，并通过诗歌朗诵升华情感；在游戏性质的调查中引导学生认识到自己在关爱父母方面存在哪些不足，可以从哪些事情入手去表达自己对父母的爱，进行自省。在这种情感基础上，引导学生用书信表达他们对父母的感恩之情；鼓励学生把自己的书信交给父母或读给他们听，将班会的精髓延续到课后并且一直延续下去。本次班会培养了学生学会感恩的品质，弘扬了我们中华民族的优良传统！

眷眷深情 殷殷父爱

山东省青岛第三十九中学 // 李 婷

本主题班会适于在学完《背影》一课后进行。

班会背景

“父母之爱”是一个永恒的话题。从只会在襁褓中哇哇啼哭，到喃喃学语叫出第一声爸妈，到第一次踩着小脚丫跌跌撞撞地走路，到第一次背着书包走向学校，到第一次拿回考试成绩单，到第一次离开父母……也许你从没注意到在这无数个的第一次中，在这漫长的成长道路上父母付出了多少心血、倾注了多少爱。你的每一次微笑、每一次成功甚至每一次失败，父母都会记在心头、陪在身边，给予你默默的支持。

然而，青春期的孩子们总想着独立，急切地想要彰显自己的能力，视父母的关心、呵护为束缚，尤其不能理解父亲的严厉，有些孩子甚至抗拒与父亲沟通，亲子关系淡漠。

本次班会以《背影》为契机，希望学生能从朱自清的文字里感受到父爱的深沉与伟大，感受到身为人子的愧疚与不安；希望所有学生都能够理解父亲，学会感恩。

设计思路

本次班会包括以下环节。

第一环节是故事引入。通过“苹果树”的故事，引导学生联想自己的父母，形成共鸣。

第二环节是展示前期准备的父亲们的《背影》读后感。请学生大声朗读自己父亲的作品，感受父子三代的深情。

第三环节是再读朱自清《背影》的经典章节。引导学生体会平淡文字中蕴含的真情，感受父母的爱藏在不经意的细节中、藏在默默的付出中。

第四环节是默读。介绍《天亮了》这首歌的背景并播放歌曲。通过安静的读、安静的悟，引导学生安安静静地梳理自己的情感世界。这是无声的交流。

第五环节是发言环节——“爱要大声说出来”。爱是需要交流的。要鼓励学生大胆发言，谈谈父母，谈谈自己的感受，谈谈自己以往所忽视的细节，在言说之中感受生命的酣畅。

第六环节是用林徽因的《你是人间四月天》和《背影》的最后章节对比作结。要点出孩子永远是父母的希望，也是父母的寄托。

班会准备

（1）资料：亲子共读《背影》，并请父亲写几句读后感。

（2）相关图像资料。

实施过程

一、故事导入：苹果树的故事

图片导入。

树林里有一棵苹果树。有一个小男孩每天都喜欢来跟苹果树玩。他上树摘苹果吃，在树荫里打盹。他爱这棵苹果树，苹果树也爱他。

时光飞快地过去。小男孩变成了大男孩。他不再跟苹果树玩了。一天，男孩回到苹果树身旁，他看起来很难过。

“来跟我玩一会吧。”苹果树对他说。

“我不是小孩子了，我不会爬树了。我需要玩具，我需要钱买玩具。”小男孩说。

“对不起，我没有钱。不过，你可以把我所有的苹果摘下来拿去卖钱。”苹果树回答他。

小男孩打起精神来，他把所有的苹果摘光了，然后快乐地离去。

摘了苹果后，小男孩再没有来看过苹果树，直到他长成一个男人。一天，他再次回到苹果树这里。

“来跟我玩一会吧。”苹果树对他说。

“我没有时间玩，我要工作来养活我的家庭。我们需要一所房子安身，你能帮助我吗？”男人说。

“对不起，我没有房子。不过，你可以砍掉我所有的树枝拿去盖房子。”苹果树回答说。

男人打起精神来，他砍掉了所有的树枝，然后快乐地离去。

看到男人快乐，苹果树也非常快乐。不过，男人砍了树枝以后再也没有来看过苹果树。苹果树又孤零零了，它很伤心。

一个炎热的夏日，男人回到苹果树这里。苹果树高兴得发抖。

“来跟我玩一会吧。”苹果树对他说。

“我一天比一天年纪大，我想去航海，让自己放松下来。你能给我一条船吗？”男人问。

“用我的树干去做条船吧。这样，你就可以航行到很远的地方，你会快乐的。”

于是，男人砍了树干做了条船，他真的去航海了，并且很长时间没有回来。

很多年以后，男人终于回来了。

“对不起，孩子。”苹果树愧疚地说，“我没有什么可以给你的了，没有苹果给你吃。”

“没关系，我牙齿都掉光了，不能咬苹果了。”男人说。

“也没有树干给你爬。”苹果树说。

“没关系。我太老了，爬不动树了。”男人说。

“我真的没有什么可以给你，只有我快要枯死的树根。”苹果树流着眼泪说。

“我并不需要什么，只要有个地方能坐下来休息一下。经过这么多年，我太累了。”男人回答。

“那好！老树根是最适合歇息的地方了，过来跟我坐一会儿吧。”苹果树高兴地说，含着眼泪对男人微笑着。

主持人：这是男孩与苹果树的故事，也是我们每个人的故事。这棵树就是我们的父母。小时候我们喜欢和爸爸妈妈玩，长大后我们就离开他们，只在需要什么东西或者遇到麻烦的时候才会回到他们身边。无论如何，父母永远都在那儿，倾其所有使你快乐。你可能认为这个男孩对树很残酷，但这就是我们每个人对待父母的方式。无论如何，我们的父母永远像这棵树一样地爱着我们！

引出主题：深沉父爱。

二、父辈重读《背影》

选取几位父亲重读《背影》后写下的文字，请身为人子的学生大声朗读，读完之后出示这位作者的名字：××× 父亲，在一个人的生命历程中，有多少机会朗诵自己的父亲的文字呢？而且这些文字，记叙着三代人两代父子的情怀。人心都是肉长的。当父亲把心交出来，而且是用文字的形式表达出来的时候，较之于平时的“说教”就很不同了。相信会给孩子们不同的感受。

家长1：

今天读了朱自清的散文《背影》，我的眼睛湿润了。记得我上学读这篇课文时，脑海中总是浮现出我父亲的音容笑貌，久久不能忘怀。记得十岁那年，由于家境变迁，我需要离开父母一段时间。那天早晨青岛的天气是寒冷的，父亲用它那辆黑色的凤凰牌自行车“呼哧呼哧”载我来到火车站。就要离开青岛的我对外面的世界充满着期盼，全然未考虑到父母的感受。母亲由于伤心未来送我；父亲是坚强的，为我买了许多好吃的，包括我平时很少吃到的圆形小蛋糕。父亲不能上车，我们隔着车窗相互望着，嘴里哈出的白气湿润着眼睫。他鼓励我，要好好学习，要听话……时间一分一秒过去。就在此时，火车发出尖锐的一声嘶鸣慢慢移动起来。这时，我突然看到父亲用手捂住了眼睛，深蓝色的军装在寒风中不停地颤抖……时光记忆深深印在我的脑海中。此后每当想到那一刻，带给我的总是甜甜的回忆和淡淡的忧伤。

现在父亲年纪大了，我和儿子会经常去看他。我和儿子心里有一个共同的愿望，就是祝愿他老人家永远健康长寿、快乐无边。

家长2：

这是女儿布置给我的作业，有点不知所措，就写一段我的亲身经历吧！1993年我在南京当兵，父亲去上海开会，就从南京下车来部队看我。父亲走的时候我去南京中山门车站送他。告别后，我与父亲分手。他往车站里走，我上天桥过街后乘车回部队。在天桥上，我回头看了一眼父亲的背影，突然呆在那里。父亲走路依然矫健，但满头白发清晰可见，我的眼泪无法抑制。我无法形容当时的心情。我在天桥上站了好久，眼泪一直在流。那一刻我突然明白了好多事情。我不想用什么华丽的词句表达什么，父爱是无私伟大的！

家长3：

在她这个年龄，能够真正理解多少作者所要倾诉的深沉的父爱呢？不能强求她。现在有这样的感慨、这样的嘘唏，不正是因为自己也有这样非常类似的情感经历吗？回想当年离家出来上学，第一次坐长途汽车，第一次离开父母去远方的城市，对于父母，心中的滋味也正像作者一样，年轻不懂事，不知道体贴父母的心。现在后悔万分，已无从补救。当时父亲有意要去送我，我因找到了同行去上学的几个同学，父亲也考虑到来回的费用和时间，只好送到长途汽车站作罢……没想到，那一次竟成永别！几个月后再见到父亲时，父亲已毫无意识……人生何以堪！当懂得体贴父爱的时候，已再也没有机会补偿……

家长4：

重读朱自清先生的《背影》，思绪纷杂无序，勾起了记忆，想起了父母，竟莫名伤感起来。

父母已步入古稀之年。他们劳碌一生，把我们姊妹三人拉扯成人，又帮我们把孩子照顾到长大上学。在我们不再需要他们的时候，满身伤病的父母又不顾我们的再三挽留，执意回到老家独自生活，并美其名曰是想生活得自由一些。但我内心里知道，他们是怕给我们子女添麻烦。

或许，这就是天下父母心：心中装满了子女以及子女的子女，心甘情愿地把所有的爱倾注给了我们，却不求任何回报，哪怕是一点点。

在没有结婚生子之前，对于父母的付出、爱和关心，自己并未觉得有多么伟大和神圣，有时竟荒唐地认为那就是他们的义务和责任，甚至认为他们在为自己的未来考虑。在自己要求得不到满足时，偶尔还会心生怨恨，怪他们没有别人的父母有本事。现在想来，那时的自己真是幼稚无知，甚至有点无耻。当成家后又有了自己的孩子时才猛然发现，自己的做法竟然与他们一模一样，哪怕受尽委屈也要尽全力去保护好、教育好孩子，从身体到生活，从学习到做人，都在想方设法地为孩子谋划和付出；哪怕是面对孩子的冷眼与不解，依然是无怨无悔、执着前行。我想，人类之所以生生不息，或许正是靠这份爱和亲情在维系吧。

人至中年，容易恋旧，也愿意思虑。读完《背影》，想想经过拼搏考上大学并最终得以立足青岛的自己，想想年逾古稀依然远在家乡的父母，泪水还是又下来了。父母很少把吃的苦和受的累在孩子们面前流露，面对我们的时候，即使再苦再累也会刻意隐藏起来。但是他们的背影就不同了，日渐佝偻的身体和苍白的头发，都无法遮掩父母每况愈下、日渐苍老的不争事实。

突然发现，父母在自己的心中竟然如此伟大，他们的身影竟是如此高大；同时，回首自己对父母的关心和付出更是倍感愧疚与不安。

每每电话询问他们身体，他们数年来就是重复着一句话："孩子，我们都很好，不用记挂，好好照顾好自己就行了。"每每回家，真的希望时间能够停滞，好让自己多陪伴一下年迈的父母，弥补一下过往的遗憾。虽说是男儿有泪不轻弹，但每每不得已返程时，从车的后视镜看着一直站着目送自己远去的父母，泪水往往还是情不自禁地从双眼滑落。我不知道也不在乎孩子会不会笑话那时的自己，但我相信她终究是会理解这一切的，因为她的心中也有爱，也有亲情。

蓦然发现，龙应台《目送》的中一段话恰是应景，特摘录分享如下：

"我慢慢地、慢慢地了解到，所谓父女母子一场，只不过意味着，你和他的缘分就是今生今世不断地在目送他的背影渐行渐远。你站立在小路的这一端，看着他逐渐消失在小路转弯的地方，而且他用背影告诉你：不必追。”

是的，不必追，因为，追也追不上。

三、再读《背影》经典章节

主持人：刚才的朗读已让人唏嘘不已，再读《背影》中“望父买橘”的章节，品味平淡文字中蕴含的深情，感受父母藏于平淡的挚爱。

节选自朱自清《背影》：我看见他戴着黑布小帽，穿着黑布大马褂，深青布棉袍，蹒跚地走到铁道边，慢慢探身下去，尚不大难。可是他穿过铁道，要爬上那边月台，就不容易了。他用两手攀着上面，两脚再向上缩；他肥胖的身子向左微倾，显出努力的样子。这时我看见他的背影，我的泪很快地流下来了。我赶紧拭干了泪，怕他看见，也怕别人看见。我再向外看时，他已抱了朱红的橘子往回走了。过铁道时，他先将橘子散放在地上，自己慢慢爬下，再抱起橘子走。到这边时，我赶紧去搀他。他和我走到车上，将橘子一股脑儿放在我的皮大衣上。于是扑扑衣上的泥土，心里很轻松似的。过一会儿说，“我走了，到那边来信！”我望着他走出去。他走了几步，回过头看见我，说，“进去吧，里边没人。”等他的背影混入来来往往的人里，再找不着了，我便进来坐下，我的眼泪又来了。

主持人：很多时候不是我们去看父母的背影，而是承受他们追逐的目光，承受他们不舍的、不放心的、满眼的目送；最后才渐渐明白，这个世界上，再也没有任何人，可以像父母一样，爱我如生命 。

四、无声的交流

播放歌曲《天亮了》，静静品读父亲们的读后感（用纸张打印出来），静静地读，静静地品，以此心感悟彼心，以此情联结彼情。在这无声的交流中，情感得到共鸣。

五、爱要大声说出来

班主任：中国人的感情往往是比较内敛的，年少时往往羞于将爱宣之于口，等到想要表达时，往往已是人到中年，且已隔万重山水。

爱是需要交流的。这一环节就是要鼓励孩子们大胆发言，谈谈父母，谈谈自己的感受，谈谈自己以往所忽视的细节，在言说之中感受生命的酣畅。

六、爱是一个圆

用林徽因的《人间四月天》作结，让学生齐声朗读这首诗歌。要告诉学生：

这是一位母亲对待自己刚出生的孩子的感情。对任何一位父母来说，你们都是他们的希望，是他们的四月天！

对比朗读《背影》的最后一段，并出示几张孩子照顾、呵护父母的相片。告诉学生：年轻的父母在迎接我们到来的时刻，他们都是青春盎然的，但是，他们也会老去，也会在经历了生活的摧残之后变得不那么漂亮、不那么有力量，甚至变得和我们无法交流、让我们讨厌。这个时候，我们如何面对父亲的“背影”。无须答案，也不需要交流，爱会在无言中升华。

你是人间四月天

林徽因

我说你是人间的四月天；
笑响点亮了四面风；轻灵
在春的光焰中交舞着变。
你是四月早天里的云烟，
黄昏吹着风的软，星子在
无意中闪，细雨点洒在花前。
那轻，那娉婷你是，鲜妍
百花的冠冕你戴着，你是
天真，庄严，你是夜夜的月圆。
雪化后那片鹅黄，你像：新鲜
初放芽的绿，你是：柔嫩喜悦
水光浮动着你梦期待中的白莲。
你是一树一树的花开，是燕
在梁间呢喃，——你是爱，是暖，
是希望，你是人间的四月天！

班会反思

本次班会本意并非想要煽情，但却情至深处。学生也能感受得到，默默地哽咽、流泪。我想这堂班会课的目的也就达到了。只要学生今后回忆起《背影》，能想到那些感人的画面，能想到自己应该对父母有一些理解，那么，这45分钟，就是值得的！

让我们有一颗感恩的心

青岛大学附属中学 // 余凤娟

本主题班会适于初一下学期进行。

班会背景

现在的学生大部分是独生子女，他们是在许许多多人的关心中长大的，有必要让学生学会感恩，并且珍惜所得到的一切关心和爱。

通过此次班会，让学生体会父母养育之恩、教师培育之恩、他人关爱之恩，使学生了解在自己成长过程中，家庭、学校和社会每个成员为之所付出的辛勤汗水，形成“感恩相报”之识；使学生认识到应以自己的成人、成才来回报，从而激励自己奋发学习、立下成才之志。

设计思路

本次班会包括以下环节。

第一环节是体会感恩。通过抢答游戏，使学生直观感受感恩，并思考为什么要感恩。

第二环节是体会感恩。要明白我们要感恩什么，在我们的生活中哪些人和事值得我们感恩。

第三环节是表达感恩之情。要使懂得我们怎样做才能表达我们的感恩之心。

班会准备

（1）资料：收集有关感恩的故事和诗词，一横老师关于感恩教育的演讲，歌曲《感恩的心》。

（2）物品：A4 纸、铅笔等。

（3）提前准备好卡片，礼物或花。

实施过程

一、认识感恩

1. 快速抢答，感受感恩

班主任：请同学们抢答下列问题，看谁答得又快又准。请填出下列名句中缺少的部分：

（1）谁言寸草心，________。　——唐·孟郊《游子吟》

（2）养儿方知娘艰辛，________。　——日本谚语

（3）________，羊知跪乳之恩。　——明代《增广贤文》

（4）________；我帮人家，莫记心上。　——华罗庚

班主任：同学们，从上面的题目可以看出，古今中外的诗词和谚语中有许多铭记感恩的名句，感人至深，令人难忘，激励人们做一个感恩的人、做一个有道德的人。

2. 思考：我们为什么要学会感恩呢

班主任：我们每一个人都获得过别人的帮助和支持，应该时刻感谢这些帮助过你的人。一个人的成长，要感谢父母的恩惠，感谢国家的恩惠，感谢师长的恩惠，感谢大众的恩惠。

没有父母养育，没有师长教诲，没有国家爱护，没有大众助益，我们何能存于天地之间？所以，感恩不但是美德，还是一个人之所以为人的基本条件！

3. 讨论：你自己是怎样认识感恩的

学生1：所谓“感恩”，就是要记住别人对自己的恩惠，学会报答那些给过自己帮助的人。

学生2：我认为我们在生活中就是要多帮助父母、多体谅老师，那就是感恩。

学生3：感恩是一种品德，是一种生活态度。我们只有学会了感恩，生活才会快乐，生活中才会有真挚的情感。

学生4：生活中我们要感谢父母，感谢老师，感谢一切帮助过我们的人。

二、体会感恩

主持人：刚才几位同学都说了自己对“感恩”的理解，非常好。在生活中，我

们首先要感恩的是父母，因为他们生养了我们；其次，我们要感恩的是老师，因为他们教育了我们；另外，我们还要感谢朋友和对手，因为他们促进了我们的成长；再就是，我们还要感谢自然，因为自然给了我们阳光雨露、蓝天碧树、四季变换。可以这样说，面对生活，我们就要怀着一颗感恩之心。

欣赏由一横老师的关于感恩父母的演讲。在看完视频后，请同学们谈一谈感受。

你了解你的父母吗？填写调查问卷，了解学生对父母的了解程度。

问题 1：请写出父母的生日。

问题 2：你认为你父母的身体健康状况如何？

问题 3：请写出你的教育费用所占家庭年收入的比例。

问题 4：请写出你经常与父母聊的话题。

问题 5：请写出你对父母说教的态度。

问题 6：请写出你父母的文化程度。你对父母的文化水平有什么样的想法？

问题 7：如果学习上遇到困难，你父母会给你什么样的帮助？

问题 8：请写出父母最大的烦恼。你会如何帮助父母消除烦恼？

问题 9：请写出你在家帮父母做的家务活。

问题 10：请写出父母休息时喜欢做的事情。

想一想，在你的生活中你有过感谢父母或者其他人的时刻吗？

（1）写一写：你生命中印象最深刻的感恩故事。

（2）小组分享：讲给你的小组同学听，大家一起分享各自的感恩故事。

（3）选出小组中认为最令人感动的故事，在全班分享。

三、表达感恩之情

主持人：同学们，我们刚才听了大家的感恩故事，都非常令人感动。我们的成长，我们所得到的一切都要感恩身边的所有人。那么，我们怎样做才能表达我们的感恩之情呢？

（1）怎样对父母表达感恩之情？

① 少一些抱怨，多一些理解。

② 每个同学每天至少为家里做一件力所能及的家务，如打扫卫生、洗碗、叠被、整理房间以及为父母揉揉肩、捶捶背等，化感恩为行动。

（2）怎样对老师表达感恩之情？

① 课堂上，一道坚定的目光，一个轻轻的点头，证明了你的全身心投入，你在专心地听课，这便是感恩。

② 下课后，在走廊里看到了老师，微笑说一声“老师好”，这也是感恩。

③ 放学了，向老师招招手，说上一句“老师再见”，这依然是对老师的感恩。

④ 放学后，在家中认认真真地预习，复习上课所讲的内容，完成老师布置的任务，同样也是感恩。

（3）怎样对社会和身边其他的人表达感恩之情？

① 乐观面对困难，感谢挫折，是感恩。

② 感谢对手，感谢敌人。对于我们不甚喜欢的一些人和事物，尽量想到它的正面，想到它对我们的利处，从而去感谢它，持有乐观的态度，依然是感恩。

③ 有人帮助了我们，我们随口说声“谢谢”，可能会给对方心里带来一股暖流。有人为我们付出了许多，我们礼貌地感谢他，是有礼貌，那更是感恩。

（4）大声说：“爸爸、妈妈、老师、×× 同学：我想对您（你）说……”说出你对父母、老师、同学的感恩之情，并且送上画、礼物或者卡片。

（5）共同歌唱《感恩的心》，并且向所有的同学发出倡议。

倡议书

同学们：

让我们人人行动起来，说感谢之话，怀感动之情，做感恩之事。感谢父母的养育之恩，感谢老师的教诲之恩，感激同学的帮助之恩，感激社会的关爱之恩，感恩一切善待帮助过自己的人。让“感恩”这一中华民族传统美德代代相传！

×级×班全体同学

结束语：同学们，其实感恩并不难。感恩有时只需要一句问候、一束鲜花、一次拥抱，甚至一个笑容。我们只有学会感恩，才能尊重每一份平凡的劳动，在未来的生活中少一些怨天尤人的抱怨、多一份发自内心的满足与快乐。同学们要记住：常怀一颗感恩之心，它会让我们拥有良好的行为习惯。常怀一份感恩之情，它会让我们在学习的道路上奋勇前进。常怀一种感恩之念，它会让我们的生活洒满温暖的阳光。

班会反思

通过此次主题班会，启发教育学生学会感恩，学会理解父母、老师的心意，使感恩成为孩子做人的基本素质；让学生在创设的情境中体悟亲情以及友情的无私和伟大，感受在自己生命成长中所得到的父母、老师的关爱及各方的帮助，用自己的实际行动更好地回报父母、老师和社会。

感谢有你

山东省青岛第六中学 // 孙海文

本主题班会适用于初一、初二、初三及高中各年级。

班会背景

当今社会由于家长对独生子女的娇生惯养，很多学生缺乏感恩意识，认为父母、老师等所做的很多事都是应该的，所以感恩教育尤为重要。学校应通过平时感恩教育的渗透和感恩教育主题班会，引导学生认识父母养育之恩、教师培育之恩、他人关爱之恩，使他们了解在自己成长过程中，家庭、学校和社会每个成员为之所付出的辛勤汗水，感悟到自己的每一天成长离不开父母、离不开教师、离不开同学、离不开社会上所有的人，学会感恩，刻苦学习，拼搏进取，来回报父母、老师和社会。

设计思路

本次班会分为三个层面：感谢父母，感谢老师，感谢同学。

班会准备

（1）资料：收集感恩教育的材料，文艺节目的准备及道具的运用。

（2）物品：心形卡片。

实施过程

一、感谢父母

1. 创设情境：听阎维文的歌曲《母亲》创设情境导入主题

主持人：由歌词中“不管你多富有，无论你官多大，到什么时候也不能忘咱的妈”引出主题：自从我们来到这个世界上，父母为我们付出了无私的爱，我们要感谢父母的崇高和伟大的爱。

请先看视频，体验感恩。我们来倾听历史上最牛的励志感恩教育的一横老师的演讲，题目是“感恩父母”。全体同学看完视频后，再谈感受。

2. 心灵表白：学生讲自己和父母的故事

（1）父母令你最感动或最难忘的一件事。

（2）请讲一讲父母平凡而辛勤的工作：父母什么时候上下班？工作时间长吗？你觉得你的父母辛苦吗？他们为什么要这样辛苦地工作呢？

（3）现在你最想对爸爸妈妈说的一句话是什么？

3. 学会做人

（1）为父母做力所能及的事。

（2）学做好人，努力学习，是对父母最大的安慰。

主持人：播放歌曲《天下父母心》。我深深地体会到：有一种情不求回报，有一种情无怨无悔，有一种情可感天动地；有一种爱无声无息，有一种爱温柔细腻，有一种爱坚定不移！这就是父母之爱！

二、感谢老师

1. 创设情境

全班一起唱歌曲《每当我轻轻走过老师的窗前》。

是谁，播下万古远点的梦幻？

是谁，耕耘遍野燃烧的心愿？

是您，我们敬爱的老师！

您将青春融入滴滴烛泪，记下了人类永远的赞叹。

流淌的汗水和心血啊，在校园里把希望浇灌。

您用青春写出无悔的人生。

您用真情谱写世间最壮丽的诗篇；

您的爱，我们永远也报答不完，

让我们深深地向您鞠一躬，真挚地问候一声——老师您辛苦了！

2. 回忆师恩

主持人：在和老师朝夕相处的日子里，你和老师之间一定发生过许多让你感动难忘的事。难忘恩师点滴情，你愿意借今天这个机会说给我们大家听吗？（请四名同学详细汇报交流与老师之间发生的感动的事）

主持人：同学们谈起自己的老师都心怀感激。其实，老师就是通过方方面面、点点滴滴的小事去关心你，关心着你的学习，关心着你的生活，让每一位同学都能身心健康地成长。老师们以灵魂的芳香熏陶着我们，既是你的良师，又是你的益友，同时又如你的严父慈母。

请看一段视频。（内容为2008年汶川大地震中向倩老师用自己的身体保护3名学生及2005年江苏省殷雪梅老师用自己的身体保护6名学生的视频）

主持人："慈师真爱感动天地，圣母情怀流芳千古。"殷雪梅老师和向倩老师用师爱铸就了师魂，她们用自己的身体换回了九个孩子的生命。这就是一个老师在面对生与死考验时所做出的选择，这就是一个老师在平凡中铸就的伟大。

3. 感谢师恩

主持人：苍鹰感谢长空，因为长空让它飞翔；鲜花感谢雨露，因为雨露滋润它成长；高山感谢大地，因为大地让它高耸。面对无私为我们奉献的老师，我们要用怎样的方式表达对老师的感激之情呢？

主持人：下面请听诗朗诵《老师，您好》，表达对我们老师的由衷的赞美。

主持人：不论是叱咤风云的伟人，还是默默无闻的普通劳动者，都离不开老师的教导。老师对我们的关怀永远是我们心中最美的故事。老师，就是一名辛勤工作着的园丁。祖国的花朵永远不会忘记您！

三、感谢同学

1. 创设情境

播放《友谊地久天长》伴奏曲开场。

友谊，是一个圣洁而神秘、古老而年轻的话题。在学校这个大家庭的生活中，我们都是在同学的陪伴下度过的。我们一起笑过、哭过，也一起闹过，彼此建立了深厚的友谊。

2. 换位思考

情境一：一个同学雨天打着雨伞走路，不小心滑倒，踩到另一个同学，使得那位同学很生气，两个人将要吵起来……

情境二：一个组长发书，把一本破书发给同学，这个同学不肯要……

情境三：一个同学在考试前发现忘了带笔，同桌不想把新买的笔借给他，使得这个同学没法参加考试……

换位思考的情境：

情境一：道歉与谅解。

情境二：无私和理解。

情境三：主动与感激。

四、传递友情

写心语：在准备好的心型卡片上写下你对好朋友想说的话，然后送给他，同时送上一个热情的拥抱！

班主任：现在，我的心情非常激动。看了你们的节目，听了你们的话语，我的心被震撼了。这是你们对家长、老师、同学的发自内心的倾诉、由衷的赞美！我真诚地感谢你们。雏鹰展翅，小树成材。矫健的雄鹰们，起飞吧，勇敢地飞向属于自己的天空，创造更美好的明天！

主持人：全班齐唱《感恩的心》。主题班会“感谢有你”到此结束。

班会反思

以“感恩”为主题班会的目的，是想让学生怀着一颗感恩的心去看待社会、孝敬父母、尊敬老师、关心同学，进而提高他们的思想情操。一个人的成长，得到许多人的恩惠，要让感恩走进心灵。感恩需要你用心去体验。此次班会举行得很成功，学生通过这次班会深深懂得了自己以前从未思考过的某些问题，深深反思了以前自己在对待父母、老师、同学方面存在的不足，表示要以此次班会为起点，真正学会如何去感恩。

歌颂祖国

我爱您，中国

山东省青岛第三十九中学 // 牟中华

本主题班会适于在初三上学期国庆节前进行。

班会背景

升入初三，紧张的学习氛围、繁重的学习任务以及升学的压力使得学生情绪容易出现波动，尤其是在成绩受挫的时候这种情绪波动会十分激烈。他们往往会产生这样的疑问：努力也没见到成效，何必如此辛苦地读书？拼命读书究竟为了什么，就为考上好的高中以便将来考上大学？周边的好多大学生毕业后也找不到好的工作？我还是别逼自己了，随遇而安就好。

初三上学期国庆节前举行本次班会，目的是让学生意识到他们是祖国未来的建设者和接班人，个人的命运和国家的发展息息相关。我国的第二个百年梦想要靠他们这一代人去实现。通过这次主题班会，增强学生的爱国主义情感和责任感，弘扬伟大的民族精神，使他们认识到应当自强不息、锐意进取、艰苦奋斗、顽强拼搏，把爱国之志变成报国之行，今天为振兴中华而勤奋学习，明天为创造祖国的辉煌未来贡献自己的绵薄之力。

设计思路

本次班会的第一环节是诗歌欣赏——感受爱国情怀。欣赏由海天朗读，舒婷创作的诗《祖国啊，我亲爱的祖国》。倾听作者与祖国同呼吸共命运，以自己的血汗去换取祖国富饶、荣光、自由的心声。

第二环节是深情告白——书写爱国情怀。欣赏北京地铁一号线“我爱你中国”主题地铁车厢里网友们对祖国的一句话表白。以小组为单位，写出对祖国的拳拳爱心。

第三环节是未来规划——践行爱国之志。描绘个人生命线中2020年—2035年，2035—2049年两个时间段的规划。这是国家从实现建党百年的第一个梦想到中华人民共和国成立100年实现第二个百年梦想的两个阶段。规划的过程是学生思考如何把个人梦想与国家的发展相链接的过程。

第四环节是感动瞬间——抒发爱国之志。分享印象最深的让你以自己是中国人为骄傲的瞬间。然后齐诵梁启超的《少年中国说》，抒发“少年智则国智，少年富则国富；少年强则国强，少年独立则国独立；少年自由则国自由，少年进步则国进步；少年胜于欧洲则国胜于欧洲，少年雄于地球则国雄于地球”的万丈豪情。

班会准备

（1）资料：视频：“祖国啊，我亲爱的祖国”诗朗诵。背景音乐：英雄的黎明。北京地铁一号线上网友们的留言。

（2）物品：彩笔、卡纸、相机等。

实施过程

一、诗歌欣赏——感受爱国情怀

1. 创设情境

主持人：透过历史的眼眸，我们站在岁月的肩膀上远眺。这是一个承前启后的时代，这是一个日新月异的时代，这是一个继往开来的时代。我们肩负沉甸甸的嘱托，我们憧憬美好的未来。在我们伟大祖国的生日即将到来之际，让我们缅怀历史、畅想未来，为祖国母亲庆生。艾青说：“为什么我的眼里常含泪水？因为我对这土地爱得深沉……”邓小平曾经这样发自肺腑地说道：“我是中国人民的儿子，我深情地爱着我的祖国和人民！”让我们听听中国当代女诗人，朦胧诗派的代表人物舒婷又是怎样表达她的爱国情怀的。

2. 视频欣赏：祖国啊，我亲爱的祖国

祖国啊，我亲爱的祖国

舒　婷

我是你河边上破旧的老水车，
数百年来纺着疲惫的歌；
我是你额上熏黑的矿灯，
照你在历史的隧洞里蜗行摸索；
我是干瘪的稻穗，
是失修的路基；
是淤滩上的驳船
把纤绳深深
勒进你的肩膀；
——祖国啊！

我是贫困，
我是悲哀。
我是你祖祖辈辈
痛苦的希望啊，
是“飞天”袖间
千百年来未落到地面的花朵；
——祖国啊！

我是你簇新的理想，
刚从神话的蛛网里挣脱；
我是你雪被下古莲的胚芽；
我是你挂着眼泪的笑窝；
我是新刷出的雪白的起跑线；
是绯红的黎明
正在喷薄；
——祖国啊！

我是你十亿分之一，

是你九百六十万平方米的总和；
你以伤痕累累的乳房
喂养了
迷惘的我，深思的我，沸腾的我；
那就从我的血肉之躯上
去取得
你的富饶，你的荣光，你的自由；
——祖国啊，
我亲爱的祖国！

3. 诗歌赏析

讨论：诗歌前两节和后两节分别带给你怎样的感受？为什么会有这样的感受？

主持人分享：这首诗写于1979年，“文化大革命”的浩劫刚刚过去，苦难尚记忆犹新，废墟上又升腾着希望、痛苦与欢乐。失望与信仰交织于人的内心。人们看到了祖国的贫穷落后，热切盼望着祖国早日变成现代化的强国，并且决心为祖国的强盛奉献自己的一切。这首诗宛如一曲多声部的交响曲，前两节忧郁、凝重，充满对祖国灾难历史、严峻现实的哀痛；后两节清新、明快，流露出对祖国摆脱苦难、正欲奋飞的欢愉。诗作的主体是“我”，客体是“祖国”，而在全诗的进展中，两者合二为一——我即是祖国，祖国也就是我。祖国是我的痛苦，祖国是我的迷惘；我是祖国的希望，我是祖国的眼泪和笑窝。

二、深情告白——书写爱国情怀

1. 情境导入

主持人：2017年国庆节前夕，人民日报新媒体通过人民日报微博、微信、客户端向网友们众筹对祖国的一句话表白，累计收到超过10万条留言。他们从中选取了部分句子刷到北京地铁一号线的车厢里。今天我们来看看其中的几条，看哪些留言戳中了你的心。

你是我的Home键，有你才有家。

之所以阳光普照，是有人风雨兼程。

感谢妈妈把我生在这60亿分之13亿的幸运里。

我的一言一行，都代表我内心深处的祖国。

昨日你伴我成长，今日我为你护航。

生命太短暂，爱不够你的上下五千年。

我听到的最有力量的两个字叫"中国"！

前天，16 岁的女儿看着看着手机，突然一声感叹，对我说："妈妈，我觉得自己生在中国，真好！"我忽然觉得鼻子一酸，眼窝里热乎乎的……

2. 表达分享

学生以小组为单位，在讨论的基础上书写对祖国的深情告白并与全班同学分享。

一组：厉害了我的国！我爱您，中国！作为中国人，我自豪！

二组：热爱祖国，不要盲目崇洋媚外，让我们一起携手，从生活中的一点一滴开始，发扬并传承祖国博大精深的文化吧！

三组：或许我们身单力薄，但我们深深地热爱着我们的祖国；或许我们无法轰轰烈烈，但点滴之爱亦将汇成爱国的洪流！

四组：夏商周朝到如今，泱泱五千年，中国如雄狮般屹立于世界的东方，这就是我们深爱的祖国，厉害了我的国！

五组：献给我深爱的祖国：悄悄地将爱你的话语编成诗篇，中国的江山是最美的江山。国旗的红色是最美的色彩。愿用我纯洁的心灵感悟你的真谛，愿用我稚嫩的文笔赞颂你的荣耀。

六组：祖国是我们的母亲，如果没有您的哺育，怎会有我们如今的幸福生活？

三、未来规划——践行爱国之志

1. 创设情境

主持人：习近平总书记在十九大报告中指出，综合分析国际国内形势和我国发展条件，从 2020 年到 21 世纪中叶可以分两个阶段来安排。

第一个阶段，从 2020 年到 2035 年，在全面建成小康社会的基础上，再奋斗 15 年，基本实现社会主义现代化。

第二个阶段，从 2035 年到 21 世纪中叶，在基本实现现代化的基础上，再奋斗 15 年，把我国建成富强民主文明和谐美丽的社会主义现代化强国。到那时，我国物质文明、政治文明、精神文明、社会文明、生态文明将全面提升，实现国家治理体系和治理能力现代化，成为综合国力和国际影响力领先的国家，全体人民共同富裕基本实现，我国人民将享有更加幸福安康的生活，中华民族将以更加昂扬的姿态屹立于世界民族之林。

2. **描绘个人生命线**

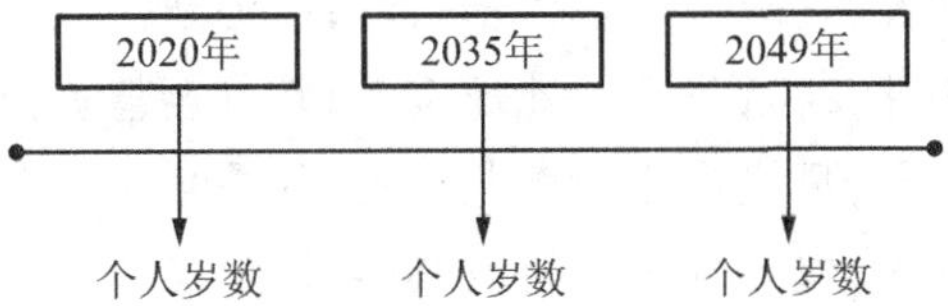

我的黄金岁月如何度过

2020—2035 年对我来说最重要的三件事情：

（1）________　（2）________　（3）________

2035—2049 年对我来说最重要的三件事情：

（1）________　（2）________　（3）________

3. **分享交流**

班主任：与同学们分享从初中毕业至人到中年的重要时间节点规划的六件重要的事情，说说如此规划的缘由。

四、感动瞬间——抒发爱国之志

1. **感同身受**

主持人：分享印象最深的让你以自己是中国人为骄傲的瞬间。可以是亲身经历的瞬间，也可以是看到听到某个事件或某个场景时的感悟。

"奥运赛场上听到国歌响起，看到五星红旗冉冉升起的瞬间"……

"看国庆节庆祝共和国华诞的阅兵式的时候"……

"看到神舟载人飞船成功发射的时候"……

2. **借诗言志**

主持人：祖国似巨龙正在腾飞，实现社会主义现代化强国的中国梦责任在吾辈少年。中华经典的千古风韵在我们心头荡漾，中华经典的铿锵音韵在我们耳边回响。让我们豪迈地吟诵梁启超的经典名篇《少年中国说》，为祖国献礼。（播放背景音乐：英雄的黎明）

少年中国说（节选）

故今日之责任，不在他人，而全在我少年。

少年智则国智，少年富则国富；

少年强则国强，少年独立则国独立；

少年自由则国自由，少年进步则国进步；

少年胜于欧洲则国胜于欧洲，少年雄于地球则国雄于地球。
红日初升，其道大光。河出伏流，一泻汪洋。
潜龙腾渊，鳞爪飞扬。乳虎啸谷，百兽震惶。
鹰隼试翼，风尘翕张。奇花初胎，矞矞皇皇。
干将发硎，有作其芒。天戴其苍，地履其黄。
纵有千古，横有八荒。前途似海，来日方长。
美哉我少年中国，与天不老！
壮哉我中国少年，与国无疆！

班会反思

本次班会自始至终贯穿着一条主线：我与祖国。从第一个环节的诗歌欣赏到最后一个环节的《少年中国说》的朗诵，目的是鼓励学生以振兴中华为己任，自觉报效祖国。感情上采取先抑后扬的方式，从欣赏诗歌环节的安静沉思到写对祖国的深情告白，再到分享人生黄金岁月的规划，最后豪迈地吟诵《少年中国说》，顶天立地当自强，一步步将学生的情绪推向高潮。

爱国的主题比较大，说教的形式不符合学生的年龄特点。通过写告白，描绘个人生命线等体验参与的形式，充分调动了学生的积极性，达到了既定的班会效果。

感恩祖国　励志勤学

山东省青岛莱西市望城中心中学 // 刘　宁

本主题班会适于在初二上学期国庆节前夕进行。

班会背景

现在的初中生中普遍存在的一种现象是不太懂得“感恩”，所以决定在班级举行这样一个主题班会，以此来唤醒学生心中那业已尘封的感恩的情结；同时，让学生了解祖国历史，激发他们热爱祖国的思想感情，从我做起，做一个有道德的人。

设计思路

本次班会包括以下环节：

第一环节是“赞美祖国”。以小组为单位汇报。

第二环节是“励志勤学”。通过朗诵、名言警句及表演小品等方式来激发学生的爱国之情。

第三环节是课堂拓展。

班会准备

（1）提前做好相关的幻灯片，收集相关视频、图片、歌曲等。

（2）让学生提前搜集祖国历史上的辉煌与沧桑的历史资料。

实施过程

一、赞美祖国

1. 创设情境

甲：岁月承载着历史的脚步，大地积淀了文明的精华，

走在世纪之初的我们，想到祖国，满怀激情。

乙：祖国啊！在这里，我要为您放歌，我要为您祝福。

合：让我们怀着一颗感恩的心对您说一声：祖国，您好！（《感恩祖国，励志勤学》主题班会现在开始）

乙：我们的祖国像花园，花园的花朵真鲜艳。我们就是花园的花朵，盛开在祖国这个美丽的大花园里。（欣赏小合唱《我们的祖国是花园》）

甲：同学们，在祖国的生日到来之际，你们想用什么方式来赞美、歌颂自己的祖国呢？

2. 以小组为单位汇报

第一小组：我们来为祖国献舞《爱我中华》。

第二小组：我们来为祖国吟诵一首诗《祖国在我心中》。

祖国在我心间

小小的地球仪摆在眼前，
妈妈夸我眼睛真尖：
第一眼就找到了中国，
像只雄鸡昂首在太平洋边。
第二眼就找到了北京，
辽阔的版图上那红色的星点。
第三眼就找到了故乡福建，
隔海望去是祖国的台湾。
若问我眼力为什么这样好，
因为祖国时时在我心间。

第三小组：我们来为祖国画幅画《我的祖国》。

第四小组：我们来为祖国创作一首小诗。

乙：同学们的表演可真精彩啊，但愿我能化作一支舞、一首诗、一幅画、一首歌，永远地歌颂着您，赞美着您。

3. 学生交流，班主任引导归纳

从我做起，做一个有道德的人。激发学生的爱国热情。

二、励志勤学

活动一：诗歌朗诵

甲：在祖国生日即将到来的日子，我们千遍万遍歌唱伟大的祖国。

乙：更加繁荣、更加昌盛！

甲：在这收获的季节里，

合：我们千次万次祝福伟大的母亲永远年轻，永远漂亮！

甲：除了祝福，我们还能做些什么吗？（学生各抒己见）

甲：现在我们不能保卫祖国，就让我们从建设校园、爱护那一草一木做起。

乙：现在我们不能建设祖国，就让我们从努力学习，快学知识，快学本领做起。

甲：现在我不能为祖国创造价值，就让我们从珍惜每一滴水、每一粒粮食做起。

乙：现在我还不能为国争光，就让我们从讲文明、讲道德做一个高素质的少年儿童做起。

甲：我们的一切都是祖国给予的，让我们心怀感恩，赞一赞我们的祖国，齐唱《感恩的心》。

乙：先辈们的故事无数次激励着我们，引导我们奋发向上、积极进取。

（讲革命家的故事：周恩来《为中华之崛起而读书》）

甲：伟大革命领袖周恩来的理想什么？哪位同学能谈谈自己的理想。

甲：理想只有与祖国紧密结合，她才能绽放最大的光彩。

学生交流：说一说自己搜集到的爱国名言。

活动二：名言警句

我们爱我们的民族，这是我们自信心的源泉。——周恩来

我们是国家的主人，应该处处为国家着想。——雷锋

一身报国有万死，双鬓向人无再青。——陆游

国耻未雪，何由成名？——李白

死去原知万事空，但悲不见九州同。王师北定中原日，家祭无忘告乃翁。

——陆游

英勇非无泪，不洒敌人前。男儿七尺躯，愿为祖国捐。——陈辉

唯有民魂是值得宝贵的，唯有他发扬起来，中国才有真进步。——鲁迅

恨不抗日死，留作今日羞。国破尚如此，我何惜此头。——吉鸿昌

我死国生，我死犹荣，身虽死精神长生，成功成仁，实现大同。——赵博生

大江歌罢掉头东，邃密群科济世穷。面壁十年图破壁，难酬蹈海亦英雄。

——周恩来

祖国如有难，汝应作前锋。——陈毅

我爱我的祖国，爱我的人民，离开了它，离开了他们，我就无法生存，更无法写作。——巴金

不辞艰险出夔门，救国图强一片心；莫谓东方皆落后，亚洲崛起有黄人。

——吴玉章

我荣幸地从中华民族一员的资格，而成为世界公民。我是中国人民的儿子。我深情地爱着我的祖国和人民。——邓小平

乙：好好学习，天天向上。从小做起，将来才能为祖国添砖加瓦。请欣赏下面两则小品，发表感想。

(1) 小品(一)《明天再做》。

剧情简介：小刚放学回家，不写作业，出去玩，吃完晚饭后继续看电视，不听家长劝告，累了就睡觉，自己安慰自己：明早六点钟准时做作业。

(2) 小品(二)《今日事、今日做》。

剧情简介：小红放学回家，帮家长干完力所能及的活后马上写作业，而后进行复习、预习，时钟指向十点。妈妈说：孩子，睡吧。小红说：不，今天的事情必须今天做完，明天还有明天的事，我要一步一个脚印地踏踏实实地走路。

乙：请大家说说小品中的两位主角谁做得对？为什么？

学生畅所欲言，发表意见。

甲：看小品之前很多同学都谈了自己的理想，那么看过小品之后你认为自己如何从现在做起，实现自己的理想呢？

学生再次联系实际发言。

甲乙合：祖国，伟大的祖国，美丽的祖国。我愿做鲜花点缀你的身旁，愿做坚硬的砖瓦让你屹立不倒，愿做动听的黄鹂鸟声声唱着你的赞歌。（齐唱《祖国爱我，我爱祖国》。）

三、课堂拓展

通过本节班会课的召开，咱班每人办一份以《感恩祖国 励志勤学》为主题的手抄报。

班会反思

此次主题班会，同学们从主体酝酿准备到班会的召开，参与的积极性非常高，这一点是我没有想到的，但孩子们的爱国之情非常强烈！通过班会的召开，孩子们深深认识到，只有奋发图强，努力学习科学文化知识，掌握过硬的本领，将来才能担当起建设国家的重任，才能使中华民族屹立于世界民族之林！至此同学们的爱国之情得到了升华！

读书学习

快乐学习　塑造自我

山东省青岛第三十三中学 // 宋　妍

本主题班会适于在初三上学期期中以后进行。

班会背景

多数学生在初中三年的学习生活中感到学习压力很大。因此学生的主要任务集中到了学习上。平日吊儿郎当的学生表现出了奋发图强的积极性；一直以来很用功的学生会感到压力更大，可能在某次考试中会发挥失常；也有相当一部分学生一直没有学习状态，每天松散度日，毫无紧张感，听课或作业完成情况都不够认真，缺少了升学和竞争的意识，这种学习风气是不好的。

事实上，每个学生的学习基础不同，学习的状态迥异，怎样能将学生的主要精力集中到学习这一个目标上来，怎样引导学生放松心情消除过度紧张的情绪，怎样指导积极上进的学生提高成绩……将成为我们班初三这一年的一项重点工作。为了让学生珍惜初三最后一年的时间，认真对待学习以及与学习有关的事情，召开此次主题班会，让学生通过情境交流、辩论、成语接龙，古诗词连句、做数学趣味题、百科知识竞赛、猜单词游戏等形式的内容，感受学习的快乐，学会珍惜现在努力学习、不浪费青春，真正做到快乐学习、塑造自我。

设计思路

本次班会包括以下环节。

第一环节是“情境表演”。由两位学生现场分别扮演学习快乐者和学习不快乐者，通过两人的对话引发学生对于学习是否快乐的思考。

第二环节是“学习竞赛，你快乐吗”。快乐者与不快乐者经过了辩论、成语接龙、古诗词连句、做数学趣味题、百科知识竞赛、猜单词游戏等四轮的较量，帮助他们重新认识学习——学习也可以变成一件很快乐的事情。

第三环节是“情景剧《小白做作业》”。通过小白做作业时表现出来的不良的学习习惯引导学生认识到良好的学习习惯和科学实用的学习方法是快乐学习的重要保障。

第四环节是“做快乐学习的主人”。小组将讨论出的有实效的学习方法制作成学习手抄报，张贴在班级的学习栏中，让学生随时都能看到，对学生进行快乐学习的指导。

班会准备

（1）资料：收集有关辩论“学习是否快乐”的论证。

（2）物品：彩笔、卡纸、相机等。

内容：情景剧的编写及排练，准备成语、古诗词、数学趣味题、百科知识、猜单词游戏等。

实施过程

一、情境表演

1. 创设情境，导入班会

快乐者：“怎么这么不高兴？”

不快乐者：“唉，还不是学习上的事。学习怎么这么无聊，怎么能快乐啊！”

快乐者：“没有呀，我感觉学习很快乐啊！我刚刚还解出一道化学题，好开心呵！”

不快乐者：“解一道题那么麻烦，一道题的考查点那么多，想想就没意思，快乐什么呀，不快乐！”

快乐者：“我不这么认为！就是因为考查点多，能够调动我的思维、综合我学过的知识。既然能解出这种比较复杂的题，说明我具备了一定的能力，也是对我自己的一种认可呀，多有成就感！学习就是快乐的！”

不快乐者：“不快乐。”

快乐者:“快乐!”(俩人争吵起来)

快乐者:“要不,问问其他同学,然后我们比比,看支持我的人多还是支持你的人多。”

不快乐者:“好啊,赞成学习不快乐的同学,请支持我,坐到这边。”

快乐者:“赞成学习快乐的同学,请支持我,坐到这边。”

学生根据各自的意愿选择就座。

快乐组喊口号:“学习快乐,快乐学习! 耶!”

二、学习竞赛,你快乐吗?

快乐者:我们进行四轮竞赛,帮助同学们体验学习的快乐。

第一轮竞赛——三分钟辩论。(辩题及要求:由各组代表辩论学习是否快乐,以及快乐或不快乐的原因,鼓励同学们说出各自真实的感受)

(辩论结束后)快乐者:“当你用自己的观点辩驳了他人时,你的成就感会让你感到快乐吗? 如果是,请坐到这边来。如果刚才的辩论让你改变主意的,请坐到这边来。”学生再次选座。(快乐组喊口号:“学习快乐,快乐学习! 耶!”)

第二轮竞赛——成语接龙,古诗词连句。

(二轮竞赛结束后)快乐者:“当你完成成语接龙时,当古诗在你笔下生花时,你感到快乐吗? 觉得有成就感吗? 如果是,请坐到这边来。”(快乐组喊口号:“学习快乐,快乐学习! 耶!”)

第三轮竞赛——数学趣味题,百科知识竞赛。

(三轮竞赛结束后)快乐者:“当你激动地跃跃欲试想早点揭晓你的答案时,当你为小组合作提供正确的知识时,当同学们用羡慕的眼光迎向你或你的小组时,难道你一点都不快乐吗? 如果你从中品尝到了快乐感,请坐到这边来。”(快乐组喊口号:“学习快乐,快乐学习! 耶!”)

第四轮竞赛——猜单词游戏。(要求:由两名同学为一组,一名同学根据单词表演动作,一名同学猜出单词并拼写正确,答出并拼写正确的单词最多者为获胜者。)

(四轮竞赛结束后)快乐者:“你看,刚才的竞赛中,不论是哪方的同学都积极地投入比赛,不论比赛的结果如何,同学们都认真地对待,从中或学习或复习,每个人都有收获,难道这些不是快乐吗? 认同我的这些观点的同学请坐到这边来。”(快乐组喊口号:“学习快乐,快乐学习! 耶!”)

快乐者:“快乐学习,学习快乐。不快乐者,你看,支持你的同学不多了吧。”

不快乐者:“刚才的活动的确让我感到有趣、快乐。改变了我的一些错误观念,可面对很多作业时,我真的快乐不起来。”

快乐者:“这样吧,你看个情景剧,我想你会从中明白点道理。”

三、科学学习

情景剧表演:《小白做作业》。(情景剧内容:小白回到家,打开书包准备做作业,刚摊开书本,就站起身来去喝水。回到书桌前,没写两分钟,就拿了个苹果吃。吃完苹果,没过一会儿,又想起英语作业忘记了,又发微信给同位,寻求作业内容,结果却用手机和同学聊起来天。最终,一个小时过去了,小白的本子上寥寥几个字,英语作业还是不知道)

(表演结束)快乐者:“不快乐者,你平常是不是也是这样呢?作业其实并不多,只是有时候由于我们不良的学习习惯导致我们做作业的速度不快、效率不高。如果你能改掉不良习惯,并结合自己的具体情况,制定一套适合自己的学习方法,肯定学得轻松、学得快乐。你说是不是?”

不快乐者:“有道理,那你有没有好的学习方法可以传授给我呢,让我也品尝一下这种快乐感?”

快乐者:“好呀,我向你推荐几位同学,他们肯定有好方法。让我们有请他们跟大家分享他们学习成绩优秀或提高的心得。”

四、做快乐学习的主人

快乐者:“其实,我们班里优秀的同学不止刚才这几位,我们每个学习小组中都有具有良好学习习惯和掌握科学学习方法的同学。现在就将时间留给大家,以小组为单位,互相交流适合你们组所有成员的学习方法。请将你们交流的内容写在这张纸上,制成手抄报。(鼓励学生适当设计版面,进行美化,但不作为重点。交流结束后鼓励完成制作手抄报的小组在全班分享他们的讨论结果。将制作好的手抄报张贴在班级的学习栏中,没有完成的小组要求及时完成并张贴)

快乐者:“感谢同学们积极参与这次班会活动,相信同学们一定有所收获。同时希望大家能将今天班会中感受到的学习的快乐一直延续下去,用学习用知识塑造更好的自己!下面我们请班主任老师为我们班会做总结。”

班主任:“同学们,学习是辛苦的,也是快乐的,而快乐需要自己去感受、去体会、去创造!学习需要热情、需要努力,但也离不开科学的方法和良好的学习习惯。通过今天的主题班会,希望大家能取长补短,摒弃过去羁绊你前进的坏习惯,找到适合自己的学习方法,快乐学习,在学习中感受乐趣,不断完善自我,提高自我，塑造自我！”

快乐者：“老师的一番话让我们感到振奋和鼓舞，让我们一起加油吧！”

班会在《明天会更好》的歌曲声中结束。

班会反思

本次班会通过学习快乐者和不快乐者之间的对话，得到了不同学生的认同。四轮竞赛的较量帮助相当一部分学生重新认识了学习，燃起了他们对学习的热情。当然，只有热情是不能将学习持续下去的，科学实用的学习方法和良好的学习习惯才是快乐学习的重要保障。因此，在竞赛环节后设置了情景剧表演和学习方法交流分享的环节，引导学生找出自己不能快乐学习的症结所在以及今后的努力方向，引领学生摆脱不快乐学习的窘状，逐渐迈向快乐学习的台阶，从而实现自我完善、自我提升、自我塑造。

我爱读书

山东省青岛莱西市武备中学 // 李海燕

本主题班会适用于初中各年级。

班会背景

以学校读书节为载体，通过活动了解古今中外名人读书的故事，使学生明白读书的重要意义；教育学生明辨是非，有选择性地阅读书籍，并且教给学生正确的读书方法，让学生养成“好读书、读好书”的良好习惯，努力营造“书香班级”。

设计思路

本次班会包括以下环节。

第一环节是“读书的好处”。学生准备名人名言，说明读书的好处。

第二环节是“名人读书”。通过名人读书的故事，引导学生学习读书方法。

第三环节是“介绍读书故事，推荐好书”。学生介绍读书故事，并且推荐好书。

第四环节是“班级的读书之星”。班主任给班级的“读书之星”颁奖，并简单总结读书之法，发出读书的号召。

班会准备

（1）资料准备：各小组准备材料，搜集读书的名人名言，搜集古今中外名人读书的故事。

（2）地点：多媒体教室，学生以小组而坐，八人一组。

实施过程

一、读书的好处

女主持人：书，是一个人终生的伴侣；她像一片海洋，让我们在其中遨游。

男主持人：书，像是一位老师，让我们学会许许多多的知识。

女主持人：书，更像是我们的朋友，可以把以前发生过的感人故事讲给我们听。

男主持人：在我们成长的道路上，书籍是人类宝贵的精神财富，使我们从无知走向成熟。

女主持人：书给了我们精神的养料。书是人类进步的阶梯。

男主持人：不错，书籍是引进灯光的一扇门，让我们一起听一听关于名人读书的名言。（学生发言）

女主持人：同学们的发言真精彩！我们用热烈的掌声鼓励他们。是呀，名人名言开启了我们的智慧。

男主持人：名人名言指导着我们的行为。戏剧大师莎士比亚说过："书籍是全世界的营养品。生活里没有书籍，就好像没有阳光；智慧里没有书籍，就好像鸟儿没有翅膀。"同学们，由此我们可以想到，读书对我们是何等的重要。正像俄国作家普希金所说："书籍是我们的精神食粮。"

合：爱书吧！同学们，让我们与书交朋友！

二、名人读书

男主持人：其实，世界上还有很多读书的好故事。许多科学家、文学家走上成才之路，就是因为他们从小就刻苦读书。

女主持人：大家想听吗？请大家用热烈的掌声欢迎我们班上的故事家上台讲故事。（学生讲名人读书的故事）

（张同学讲《鲁迅嚼辣椒驱寒》，李同学讲《司马迁忍辱著书》，王同学讲《高尔基救书》，周同学讲《华罗庚猜书》）

男主持人：下面我们来看看名人的读书方法。在这一过程中，同学们可以跟自己对比，从而借鉴。（出示 PPT）

1. 毛泽东的读书法

班主任：毛泽东毕生珍惜时间，博览群书。其中，"三复四温"式阅读和"不动笔墨不读书”是他主要的读书方法。他在青年时期就熟读了《史记》《汉书》等古籍，并且不断地重温；就是到了晚年，对他喜爱的同一本史书，也是反复研读，并有读过一遍书在封面划上一个圈做记号的习惯，所以，在许多他读过的书上均留下了他读过二遍、三遍的圈记。毛泽东在青年时代读书时即有“读得多，想得多，写得多，问得多”的习惯，在重要的地方划上圈、杠、点等符号，作批注以及写读书日记、在原书上改错纠谬。

2. 鲁迅的读书法

班主任：鲁迅在博览群籍的基础上，形成了有自己特色的读书方法。一是泛览。他提倡博采众家、取其所长，主张在消闲的时候要“随便翻翻”。二是硬看。对较难懂的必读书硬着头皮读下去，直到读懂钻透为止。三是专精。他提倡以“泛览”为基础，然后选择自己喜爱的一门或几门深入地研究下去；否则，读书虽多，终究还是一事无成。四是活读。鲁迅主张读书要独立思考，注意观察并重视实践。他说：“专读书也有弊病，所以必须和社会接触，使所读的书活起来。”他还主张用“自己的眼睛去读世间这一部活书”。五是参读。鲁迅读书不但读选本，还参读作者传记、专集，以便了解其所处的时代和地位，由此深化对作品的理解。

女主持人：听了名人读书的故事，同学们一定很有感受吧。谁来谈谈自己的感受？（同学自由发言）

三、介绍读书故事，推荐好书

班主任：读书是我们重要的学习方式。自从读书节活动开展以来，同学们都能积极参与，制订读书计划，推荐好书，制作读书小报、书签等。丰富多彩的活动不仅展示了不少同学的才艺，也给我们的学习生活带来了许多乐趣。

女主持人：名人读书、爱书之心切的故事的确令人感动，值得我们学习！其实，在我们身边也有这样爱读书的同学。下面有请杨同学，丁同学上台介绍一下自己的读书故事。

男主持人：一定有不少同学想把自己看过的好书推荐给大家吧。（请同学上台推荐好书）

四、班级的“读书之星”

女主持人：在读书节征文、书签制作、好书推荐、读后感征文活动中我班涌现出一些出色的同学，下面我们就请班主任老师给他们颁奖。

读书节征文活动——杨同学等5人。

书签制作活动——李同学等 5 人。

好书推荐活动——陈同学等 5 人。

好书阅读活动——周同学等 10 人。

男主持人：让我们给他们送上热烈的掌声，希望这些同学再接再厉，在今后的读书节活动中能有更出色的表现；其他同学也要向他们学习，争取人人成为读书节活动中的“读书之星”。

班主任寄语：人生的道路上，有书香做伴，生活会多一份乐趣，情感会多一份高尚，成长会多一份智慧。亲爱的同学们，读书要像蜜蜂采蜜，一要多读，读各类书；二要努力读懂，不能不懂装懂；三要在读书的过程中反复思考，领会汲取书中有用的知识。让我们一起做个快乐的读书人，相信：读书会让我们在新一年里有更大的进步，更充实的人生！

女主持人：相信刚才老师和同学们的发言让我们受益匪浅，让我们再次为他们的精彩发言鼓掌。

男主持人：书给了我们知识，给了我们力量。让我们一起发出读书宣言：“读书好，好读书，读好书。”

合：让我们带着一份热情，带着一个梦想，带着一份执着，尽情地去畅游书海，享受读书带给我们的快乐吧！

班会反思

男、女主持人声情并茂，引发了学生读书的共鸣。更多学生知道了怎样去读书，读什么样的书。对班级“读书之星”的奖励，更是鼓舞了学生的读书热情，促进了学生“好读书、读好书”良好习惯的养成，使他们努力营造“书香班级”。

时间管理

我的时间我做主

山东省青岛第三十九中学 // 李 婷

本主题班会适于在初一上学期期中以后进行。

班会背景

升入初中之后，绝大多数学生都觉得特别不适应，“时间不够用”是最直接的感受。上学时间提前了，放学时间却推迟了；每节课的时间长了，学的科目多了，相应的作业也多了；睡觉时间越来越晚，总感觉自己的时间不够用，很累，或是觉得一天下来什么事也没有做成；每天学校、家两点一线，日复一日，忙忙碌碌，但期中考试成绩却不尽如人意，机械地重复生活，好像没有什么收获……这表明大部分学生对时间管理的认识还不到位，还不会科学管理自己的时间。

时间管理是初中生活中重要的一环。能够有效地进行时间管理的学生不仅可以按时完成学习任务，还可以留出充足的时间用于安排课外活动，达到事半功倍的学习效果。初一第一学期期中以后举行本次班会，目的是引导、帮助学生树立时间观念、合理安排时间，做“时间的主人”。

设计思路

本次班会包括以下环节。

第一环节是“谜语：时间”。以谜语的方式引入主题，引出时间的重要性：时间是比金钱更重要的财富。

第二环节是“展示我的一天”。展示前期调查“我的一天”，在引起学生的兴趣同时让学生看到每天他们生活的一个缩影，给自己一天的安排打分并谈谈打这个分数的原因，引起学生的思考。

第三环节是“科学的管理时间”。通过游戏“撕纸人生——时间切割”来理解什么是时间管理、怎样避开“时间陷阱”，落实学习时间管理四象限、28 天学习计划表等时间管理的方法。

第四环节是“总结”。时间是笔巨大的财富，对每一个人来说都是公平的，我们可以自由支配，然而我们往往忽视了它的存在，忽略了它的重要性。

班会准备

（1）资料：前期调查 4～6 名同学“我的一天”。

（2）物品：“28 天计划表”等。

实施过程

一、谜语：时间

导入：猜谜。

主持人：同学们，给大家猜个谜语：

这是著名法国思想家伏尔泰出的谜，看哪个同学能最快地猜出谜底。“世界上哪样东西是最长又是最短的，是最快又是最慢的，是最能分割的又是最广大的，是最不受重视又是最令人惋惜的；没有它，什么事情都做不成；它使一切渺小的东西归于泯灭，使一切伟大的东西生命不绝。”这是什么？

是时间。因为它无穷无尽，所以最长；又因为它转瞬即逝，所以最短。在等待的人眼中，它是最慢的；在享乐的人的眼中，它又是最快的。计划可以把它任意分割；毅力又可以使它无限扩展。在当时，它最容易被忽视；过后察觉又最感惋惜。没有时间，什么事情也做不成。时间不会保留任何不值得纪念的东西，时间又会让所有崇高的东西生命常青。

时间的确是上天分配给每个人绝对公平的东西，每天 24 小时，1 440 分钟，86 400 秒。同样的时间，有时你会觉得“光阴似箭”，有时你也会觉得“度日如年”。你什么时候会觉得“时间不够用”，什么时候会感到“不知如何消磨时间”？

今天我们就来谈谈如何管理好我们的时间财富的问题。我们这次班会的主题是：我的时间我做主。

二、展示“我的一天”

1. 我的一天

（日复一日，月复一月，早出晚归，波澜不惊）

呈现：4 名同学写的“我的一天”，对所有调查同学进行一天生活的总结。

早上 6:00　起床

早上 6:30　吃早餐

早上 6:50　补作业

7:30～11:50　早自习与上课

11:50　终于啊，终于啊，我咕咕叫的肚子要好好享受午餐了

12:20～12:50　吃完饭溜达一会，和同学闲聊一会，日子好惬意

12:50　自由的时间总过得很快，马上到了睡午觉的时间

1:20～5:00　上课

5:00　终于放学了，太累了，终于可以喘口气了

7:00～9:30　写作业时间　“两耳不闻窗外事，一心只顾忙作业”

10 点左右（临近考试会更晚）　睡觉

总结：

我来来往往，我匆匆忙忙

从家到教室又从教室到饭堂

忙忙忙，盲盲盲

盲得已经没有主张

盲得已经失去方向

忙得分不清欢喜和忧伤

忙得没有时间痛哭一场

成绩却还是老样

主持人提问：你有没有和以上同学共同的体验？同学们的总结有没有引起你的共鸣？你的一天又是如何度过的？如果让你给自己的一天打一下分，你会给自己几分？这样打分的理由是什么？（引发同学们对自己时间安排的思考）

2. 给“自己的一天”评分

综合一周的时间管理状况对自己的一天进行打分，10 分最高分，1 分最低分。

请 5～6 个学生回答，询问打这个分数的原因，分享好的时间管理方法及分

享认为不足的方面有哪些。(引导学生反思自己的时间利用情况，并能做出改变)

三、科学的管理时间

1. 什么是时间管理

主持人：时间管理是有效地运用时间，降低变动性。

时间管理的目的：决定什么事该做，什么事不该做。

时间管理最重要的功能：将事先的规划作为一种提醒与指引。

2. 小游戏“撕纸人生——时间切割”

主持人：我们先来做一个时间切割活动。在纸上有从10到100这样的数(发给学生两张长度相等的纸条)，代表我们的人生。

(1) 想一下自己的梦想，在纸上点出自己可能实现目标的时间点。

(2) 现在让我们先撕去我们已经度过的岁月。

(3) 然后再撕去梦想后面的时间。

(4) 继续撕掉那些我们并没有为梦想努力的时间。

(5) 我们还要撕去1/3的睡眠时间，撕去1/12的吃饭时间、1/9的娱乐时间，1/6的走路、说话时间，1/9的浪费……

现在剩下的纸条就是我们能够实现梦想的时间。拿着手中的小纸条，你都想到些什么？

主持人总结：为了实现学习目标，你需要做哪些努力？学会自律，推迟享乐，克服眼前的诱惑，“该做的事”才能战胜“想做的事”。

3. 科学的管理时间——介绍时间管理四象限

主持人：请大家听下面这个故事。

课上，一位教授在桌子上放了一个玻璃罐子，然后从桌子下面拿出一些正好可以从罐口放进罐子里的鹅卵石。教授把石块放完后问他的学生：“你们说这个罐子是不是满的？”“是。”所有的学生异口同声地回答。教授笑着从桌底下拿出一袋碎石子，把它们从罐口倒下去，摇一摇，问：“现在罐子是不是满了？”大家都有些不敢回答，一位学生怯生生地细声回答：“也许没满。”教授不语，又从桌下拿出一袋沙子，慢慢倒进罐子里，然后又问学生：“现在呢？”“没有满！”全班学生很有信心地回答说。“是的”，教授又从桌子底下拿出一大瓶水，缓缓倒进看起来已经被鹅卵石、小碎石、沙子填满的玻璃罐。

一个平常的玻璃罐就这样装下了这么多东西，但如果不先把最大的鹅卵石放进罐子，也许以后永远没机会把它们再放进去了。生活中那么多事情，其实都可以像往这个玻璃罐里放东西那样，先进行时间级别分类，如根据中学生的日常安排，按照“事分轻重缓急”进行组合，确定先后顺序，做到不遗不漏。例如：

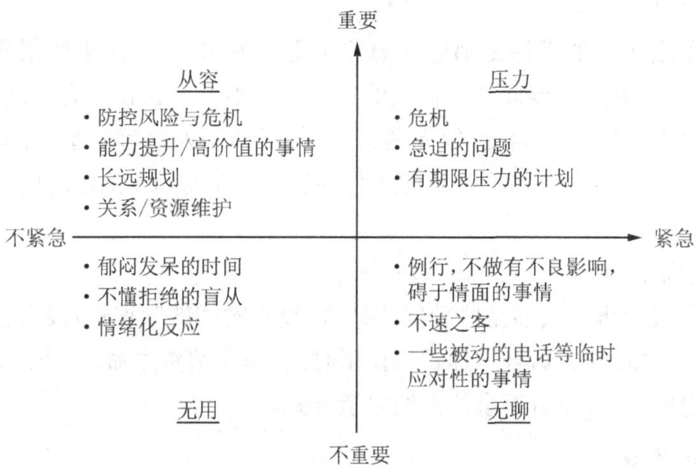

把要做的事情按照紧急、不紧急、重要、不重要的排列组合分成四个象限，有利于我们对时间进行深刻的认识及有效的管理。

第一象限：

这个象限包含的是一些紧急而重要的事情，这一类的事情具有时间的紧迫性和影响的重要性，无法回避也不能拖延，必须首先处理优先解决，如重要的考试或会议。

第二象限：

第二象限不同于第一象限，这一象限的事件不具有时间上的紧迫性，但是，它具有重大的影响，对于个人和发展具有重大的意义。

【案例】

未雨绸缪，这是我国古代的一个成语，它的意思是说在下雨之前或者是不下雨的时候要先修缮房屋门窗，以防备下雨的时候挨雨淋。

不下雨的时候并不需要急于修缮房屋门窗，修缮房屋门窗是不紧急的事情。不漏雨的屋子对于雨天来说绝对的重要，这件事在不下雨的时候准备，才能够保证在下雨天也不影响工作的进行。

【案例分析】未雨绸缪是对第二象限事件管理的形象描述。生活工作中好多重要的工作，都需要在事件出现之前做好准备，这就是制订计划的原因。

制订计划的目的是把那些重要而不紧急的事情，按部就班地高效完成。因此要学会怎么样制订计划，怎么样做好准备。计划、准备、学习、培训等事情都是重要的预防或者是重要的储备工作。身为中学生，可以制定远大的人生目标、学年目标、近在眼前的学期目标等。

第三象限：

第三象限包含的事件是那些紧急但不重要的事情，这些事情很紧急但并不重要，因此这一象限的事件具有很大的欺骗性。很多人认识上有误区，认为紧急的事情都显得重要。实际上，像无谓的电话、附和别人期望的事、打篮球凑人数等事件都并不重要。这些不重要的事件往往因为它紧急，就会占据人们的很多宝贵时间。

第四象限：

第四象限的事件大多是些琐碎的杂事，没有时间的紧迫性，没有任何的重要性，这种事件与时间的结合纯粹是在扼杀时间，是在浪费生命。发呆、上网、闲聊、游逛等是饱食终日、无所事事的人的生活方式。

4. 分组讨论

主持人：根据以下事件的重要和紧迫性将它们分别放到四象限的某个象限中去，要简述你们小组的观点。除了老师的举例，你觉得还有哪些生活中的事情能加入到某一象限中去？

(1) 马上要到来的测验

(2) 期末考试

(3) 每天学英语

(4) 临时的邀约

(5) 打游戏

(6) 不速之客的来访

(7) 明天要交的作业

(8) 锻炼身体

(9) 看电视

(10) 有规律的复习

(11) 逛街

找4个小组进行展示。（学生边展示边进行讲解）

5. 落实行动——28天计划表

将28天计划表分发给学生，每人一份；对其介绍，要求学生讨论时间财富管理的问题。

DAY-(　　)				
日　期	月　　日　　星期			
起床时间		入睡时间		
科　目	TO DO LIST 今天的安排	重要性	紧急性	结果(○ △ ×)
学习满意度	100 分满分，今天是(　　)分			
值得褒奖的事情需要反省的事情				
备　注				

（由三十九中心理咨询室制作）

四、总　结

主持人：时间是一笔巨大的财富，对每一个人来说都是公平的，我们可以自由支配，然而我们往往忽视了它的存在和它的重要性。德鲁克曾经说过，对时间的合理运用、合理掌控，造就了千差万别的人生。所以，我们需要更好地管理我们的时间财富，成为时间的主人！

班会反思

本次班会通过猜谜语、问卷调查、观看视频，讲述故事等多种有趣的方式，充分吸引学生的注意力，调动学生的学习兴趣，引发学生的积极思考；并且，充分结合学生的实际情况，通过身边的故事、现实中的事例来引导学生理解“时间管理四象限”，更加清楚自己想要的是什么，包括如何制订计划、规避诱惑及如何在有限的时间里提高自己的效率，实现自己的目标。

做自己时间的主人——自我管理

山东省青岛第四十九中学 // 鲁菲菲

本主题班会课适于在初一新生刚入学时进行。

班会背景

人的一生是有限的。为了提高时间的利用率，每个人都应对自己的时间进行管理。初一新生刚入学，不会自觉、有效地安排学习时间，往往把时间浪费在一些无关紧要的事情上，从而导致学习效率低下。这就需要教师组织学生以体验的方式感知时间管理的必要性。本次班会，通过活动引导学生学会合理分配学习时间，掌握良好的学习方法，养成良好的学习和生活习惯。

设计思路

本次班会包括以下环节。

第一环节是"管好自己就能飞"。展示《做成长的主人》的作者吴牧天的自我管理的成功案例，引发学生的思考与共鸣，导入本节班会的主题——做自己时间的主人。

第二环节是"养成良好习惯就能成功"。介绍元认知学习策略：一是陈述性知识；二是程序性知识；三是策略性知识。学生分组交流认识，讨论如何将元认知学习策略应用到自己的学习中去。

第三环节是"合理安排自己的时间才能走得更远"。通过列举名人珍惜时间的案例，让学生懂得时间的宝贵；通过展示一份时间计划表，让学生学会规划自己的时间，真正做自己时间的主人。

班主任总结、升华本节课的主题——做自己时间的主人。

班会准备

（1）材料准备：吴牧天的案例、名人案例、音乐《时间都去哪儿了》。

（2）物品准备：彩笔、A4 纸。

（3）上课要求：学生按小组围成一圈坐好（六人一组）。

实施过程

一、管好自己就能飞

教师展示课件，请一位朗诵好的同学有感情地讲述吴牧天的故事：吴牧天，享誉海内外的"自主管理明星"，一个从小就接受自我管理训练并深深受益的"90 后"优秀学生。高三时他作为优秀学生被选拔到美国中学交流，后考入美国重点大学——被誉为"美国航空航天之母"的普渡大学学习，并成为普渡大学创新创业协会会长。同时，他也是在广大青少年中很有影响力的成长励志畅销书作家。大学期间，他出版了《管好自己就能飞》《自觉可以练出来》《做成长的主人》三本著作。

班主任：他管理时间的五大绝招：

（1）"要事优先法"：重要的事情，一定安排在前面做。

（2）"4D 时间管理法"：

① Do（做），该做的事情，一定立即做，绝不拖延；

② Delete（删除），可做可不做的事情，不做也无妨；

③ Defer（延迟），对不太紧急的事情，学会推迟；

④ Delegate（委托），能委托别人的事情，可以适当交给别人做。

（3）通过协调来提高使用时间的效率，管理好每天的时间节奏。

（4）把零碎的时间用出水平。利用零碎时间积少成多，就会成为比别人优秀的原因。

（5）死神契约时间管理法，树立一种"没有退路"的管好时间的决心。

请同学们自愿分享自己的感受。

教师点评："人的自信来自对事物的掌控能力，如果一个人连最基本的时间都掌控不好，那么这个人难有作为。"这是苹果公司的创始人乔布斯的名言。它告诉我们时间管理对每个人来说多么重要。

二、养成良好习惯就能成功

班主任：同学们从小学升入初中，学习任务加重，学习方法改变，如何才能尽快地适应初中生活？

元认知学习策略：一是陈述性知识，即我们需要记忆和背诵的基础知识；二是程序性知识，即知识的形成与建构的过程以及运用知识去解决问题的思路，这些知识需要不断的练习方可获得；三是策略性知识，即融会贯通、举一反三，这是大多数同学容易忽视的学习方法。

交流讨论：小组内同学互相交流自己的想法与认识，每一个小组派一位代表汇报对元认知学习策略的认识。

教师指导策略性知识的学习方法，学会写自我管理的日记：

(1) 抓准关键词，描述每天的主要内容，用精练的语言概括出来。

(2) 回顾前一天的计划落实情况，反思并记录需要改进的地方。

(3) 记录当天的主要收获，以及取得成绩的启示。

(4) 今日所犯错误或者从别人身上看到的、自己应该借鉴的教训。

(5) 制订明天的主要计划。

世界顶尖企业销售培训家崔西曾有一段名言："这世界有两种人，3%是做计划的人，97%是不做计划的人。到头来你会发现一个现象：3%做计划的人拥有了自己的事业，97%不做计划的人在为3%的做计划的人打工。"

三、合理安排自己的时间才能走得更远

班主任：请同学们听下面这个故事。

鲁迅的成功，有一个重要的秘诀，就是珍惜时间。鲁迅12岁在绍兴城读私塾的时候，父亲正患着重病，两个弟弟年纪尚幼，鲁迅不仅经常上当铺、跑药店，还得帮助母亲做家务。为了不影响学业，他必须作好精确的时间安排。

此后，鲁迅几乎每天都在挤时间。他说过："时间，就像海绵里的水，只要你挤，总是有的。"鲁迅读书的兴趣十分广泛，又喜欢写作，他对于民间艺术，特别是传说、绘画，也深切爱好；正因为他广泛涉猎、多方面学习，所以时间对他来说实在非常重要。他一生多病，工作条件和生活环境都不好，但他每天都要工作到深夜才肯罢休。

班主任：在学习和生活中我们的确需要珍惜时间、提高效率，要有计划地安排时间。当事情多、时间少时，首先要考虑如何穿插利用时间、提高效率；如果事

情实在太多，就必须暂时放弃一些以保证重点。现在，我给大家提供一个时间管理案例，请同学们参考这个案例制作自己一天的时间安排表，并尽可能地坚持完成自己每天的计划。（播放音乐《时间都去哪儿了》。）

示例：《××× 的一日计划表》

6:00～6:40　起床、洗漱、吃早餐

7:10～7:30　早读。记忆难度较大的课文或单词

7:30～11:55　上午上课、课间操、眼操

12:00～12:30　午餐

12:30～12:40　练字、默写

12:40～13:15　午休

13:30～16:45　下午上课、眼操

17:00～17:30　活动、运动、兴趣爱好

17:30～18:00　晚餐

18:00～21:00　作业

21:00～21:30　课外阅读

班主任总结：我们在学习和交流中共同感受了时间的珍贵，感受到管理时间、规划生活的重要性，也学习了不少时间管理的方法和技巧。昨天匆匆而过，给我们留下了很多遗憾；今天的 24 小时正在进行着，但也即将过去。你们未来怎样把握时间，全凭自己的安排。同学们，让我们从现在开始，把握好自己的时间，做时间的主人吧！

班会反思

这次班会后，班级学习氛围有了明显改善，学生学会了计划自己的时间。但是，有的学生过于心急，每天计划的学习内容太多，超出了自己的能力范围，给自身造成了很大的心理压力。经过“一对一”的谈心，这种情况有所缓解。当然，让学生学会珍惜时间只依靠一节班会课还远远不够。班会过后，教师需要时时提醒，对做得好的学生加以表扬，让做得不足的学生有所借鉴。教育是一种慢热的艺术，我们要给学生充足的时间和空间，让他们慢慢地体验、慢慢地长大。

心理健康

掌握心理健康常识　为生命保驾护航

山东省青岛第三十九中学 // 牟中华

本主题班会适于在初一上学期期中考试后进行。

班会背景

学生升入初中，较之小学有诸多变化：学习的科目增多，学习时间变长，学业负担加重，竞争压力加大；学校及教师对学生的要求有所提高；学生与学生之间从陌生到熟悉需要一个过程，需要重建与教师、同学间的人际关系……而这个年龄段的孩子与家长间的亲子关系也随着身体的发育、青春期的来临逐渐发生变化，生活中遇到挫折、困惑并不是每个孩子都愿意和父母倾诉，尤其是家庭氛围不够和谐民主的家庭更是如此；久而久之，不良的情绪得不到排解，很容易出现心理问题，轻者对生活消极、心情烦闷找不到生活的目标，重者身体因为心理的影响出现异常需要求助于心理医生并辅助药物的治疗，更有甚者因此走入极端失去年轻而宝贵的生命。在初一学年第一学期期中考试后举行此次班会，目的是帮助学生了解维护自身心理健康的方法，提高心理健康水平，更好地促进学生健康成长。

设计思路

本次班会包括以下环节。

第一环节是“压力测试”。通过看图、情境对照等科学的方式帮助学生了解自己承受的心理压力的大小，以及面对压力自己是什么类型的压力处理者。

第二环节是“压力倾诉”。以无记名的形式写出自己目前面临的最大的压力以及采取的压力排解方式。统计学生集中反映出的压力TOP5，以及排解方式。

第三环节是“压力排解”。以“学习共同体”为单位，群策群力，对如何应对TOP5的压力给出合理的建议。

第四环节是“权威解读”。由心理教师对于如何减压提出科学、权威的建议，帮助学生走出困惑，坦然积极地面对压力，健康成长。

班会准备

（1）资料：心理测试题目、图片。学生面临的主要心理压力及解压方式的统计结果。歌曲《怒放的生命》。

（2）物品：彩笔、卡纸、照相机等。

实施过程

一、压力测试

1. 创设情境

主持人：人生发展的每个阶段都需要应付新的要求。没有压力，就没有成长。压力无处不在、无时不有，也是必要的。初中阶段是一个身心快速发展的时期：生活中伴随有成功的喜悦、求索的幸福、友爱的温馨，也少不了失败带来的悲伤，受挫的痛苦以及人际交往的迷惘。作为初中生的我们，不愉悦的心理体验往往使我们沮丧与苦恼，日积月累，负面情绪得不到释放就易形成心理障碍；久而久之，便形成了心理疾病，使我们离学业的成功越来越远，危及自身的健康乃至生命。压力、烦心事既然不可避免，同学们你们是怎样应对的呢？是选择正视还是沉溺于网络虚幻的世界里逃避问题？今天我们就来探讨心理健康这一话题，掌握心理健康常识为我们的生命保驾护航。

2. 压力测试

利用心理压力测试图片，秒速测试心理压力大小。

（1）这是一张静止的图片，你的心理压力越大，图片转动得越快。

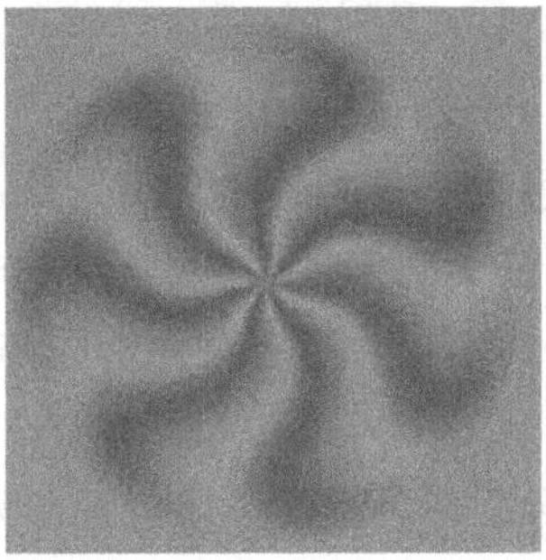

（2）这是一张静止的图片，如果你看到运动的景象，表明你的压力大，内心情绪波动比较大。

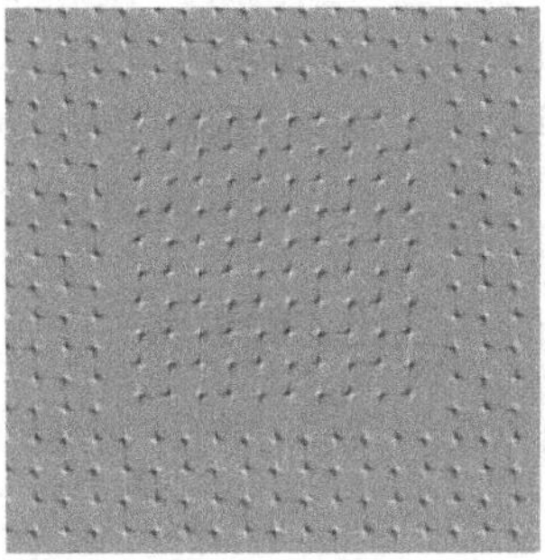

（3）心理压力越大，黑色小点闪动得就越快。

3. 你是哪一位，A、B还是C呢

周末早上大家正在熟睡时，隔壁初学小提琴的男孩儿开始勤学苦练起来，不时还伴着陪练妈妈的咆哮声、孩子的吵闹声，不绝于耳。

A：会火冒三丈，冲出去“主持公道”，大喊大叫，与邻居争吵，但无济于事。

B：在家里嘟嘟囔囔、心怀不满，很焦虑，但是不敢说或不愿意说，比较压抑。

C：这时候也会不高兴，也会去与邻居理论，但当沟通无效时会穿起球鞋跑步去，或外出与同学相约踢球去了。

结论：

A. 压力的寻求者　　B. 压力的承受者　　C. 压力的处理者

A 型的人总是这样的思维方式：“是你让我火冒三丈”，把原因完全推到外部了。实际上，这个使你火冒三丈的人是你自己呀！是你让别人操纵了你的情绪，所以你生气了。我们说，事件本身并不会对你造成伤害，但你的反应与思维模式却会伤害你。

B 型人因为要承受这种心怀不满又不愿意说出来的压力，非常压抑，时间久了可能导致癌症、抑郁症。

C 型人因为以平和的心态对待事件，有一个健康的人格，因此感受到的压力最小，体内的压力荷尔蒙与快乐荷尔蒙较为平衡。

前两种人可能因情绪不好而引起健康问题，而 C 型人会转换不良情绪、化解压力，保持一个健康的心理状态。所以，我们要学会做压力的处理者，及时排解掉不良的情绪，以免影响自己的心情乃至影响到身体健康。

二、压力倾诉

主持人：生活中我们难免在与父母、师长、朋友的人际交往中产生矛盾，在繁重的学习、升学压力下感到不堪重负，大家觉得自己目前面临的最大压力是什么呢？你是采取何种方式来缓解压力的呢？我们就此在班会前做了匿名的调查，调查分析显示位居前五位的压力源是：

＊学习成绩达不到期望值，没有自信心。

＊学习不好，觉得被老师、同学瞧不起。

＊不知道怎么解决与同学、朋友间的矛盾，感到孤独和无助。

＊每天面对父母的唠叨，感到非常烦躁，不想和父母交流。

＊没时间做自己喜欢的事情，生活单调乏味。

解压方式：上网找人聊天、交友；打游戏；听音乐；运动；逛街……

三、压力排解

1. 群策群力

针对压力排行的 TOP5，以“学习共同体”为单位，群策群力，分享应对压力的建议。

＊学会自信：我们应对自己的能力做出客观的评价，把奋斗目标确定在自己能力所及的范围以内，通过艰苦努力，能最终实现这一目标，树立自信。每天一小步，日积月累便是一大步，不必心急，好高骛远。

*强大自我：与其妄自菲薄，担心老师、同学看不起自己，整日唯唯诺诺，不如尽最大努力提升自我。找到成绩不理想的根源，迎头赶上；发挥自己的特长，找到自己在集体中的归属感。尺有所短，寸有所长，每个人对待自己的态度很大程度上就是别人对待你的态度。

*理解包容：人与人之间相处有矛盾是很正常的现象。出现问题，就去积极想办法解决问题而不能采取躲避、拖延的态度。与当事人沟通是最直接的方法。不是原则性的问题，建议采取相互理解包容的态度，多从对方的角度去考虑问题。

*感恩父母：父母是世界上最疼爱我们的人。他们每天要面对生活、工作的压力，还要承担起抚养、教育我们的责任。父母管我们，是为了我们不断修正自我、更好地发展。理解了这一点，我们就要努力做到心平气和地与父母交流，营造和谐的家庭氛围。

*提高效率：时间就像海绵里的水，挤挤总会有的。学习是学生时代的主要任务，但不是唯一的任务。学的时候就认真学，提高单位时间的效率，那么我们是可以抽出时间去做读书、运动、看电影等自己喜欢的事情的。

2. 头脑风暴

全员参与，列举学生能想到的宣泄负面情绪的其他方式：亲近大自然、阅读喜欢的书等以便分散精力、将注意力转移到兴趣爱好上来、向心理医生、家人、朋友倾诉……

3. 网络：天使 or 魔鬼

许多同学遇到心结多会找朋友倾诉，那么你是找现实生活中的朋友还是找未曾谋面的网友呢？你每周上网多长时间，都上网做什么呢？

（1）调查问卷。填写调查问卷表。调查项目包括上网时间、内容、用于玩网络游戏的时间、喜欢向网友倾诉还是向朋友倾诉、是否约见过网友。统计调查结果于此环节公布。

（2）辩论赛。辩题：结交网友弊大于利还是利大于弊？将全班分成正反两方在准备的基础上展开辩论。

四、权威解读

由心理教师针对同学们所反映的心理问题，给出专家建议。

（1）改善认知模式：古希腊哲学家说过："人类不是被问题的本身所困扰，而是被他们对问题的看法所困扰。"

从图中你看到的是一位男士不开心的脸还是一位少妇的侧影？看问题的角度不同，得到的结论就不同。所以我们的烦恼不是源于事件本身，而是源于我们对事件的看法。乐观心态者，总能发现生活的美好，看到希望，能苦中作乐，生活渐入佳境。心态消极者总无法品尝生活的甘甜。

（2）适度宣泄：遇到不良的情绪难以排解，可以通过运动让身体出汗、做喜欢的事情转移注意力等方式来适度宣泄。

（3）倾诉：向家人、亲戚、朋友、老师诉说自己的压力和烦恼，是一种排解的方式。他人的建议可能帮助你走出困惑。人与人之间许多误会的产生源于缺乏交流，分享是人生的宝贵财富，是一种难得的心理满足。

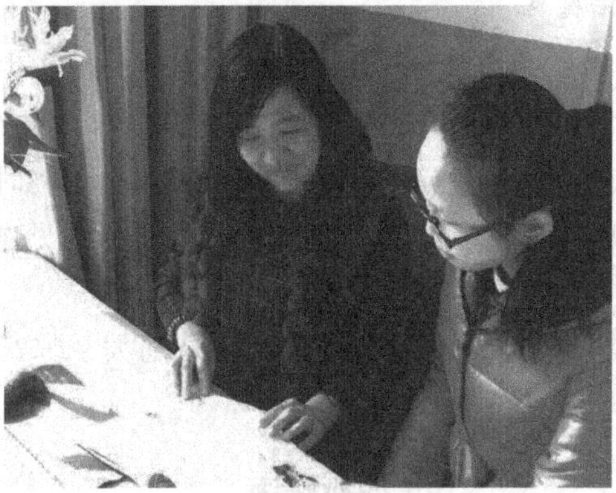

（4）放松：例如音乐疗法。它是通过聆听、演唱或演奏音乐以促进心灵放松和改善体内身体状况的一种放松技术。临床研究发现，音乐可以使人体生理系统的震动与音乐的频率趋于一致，从而调整人的生理参数，改变人的情绪。

（5）运动是沮丧的天然良药：适量运动之后脑啡增加5倍，使人感到轻松，身心愉悦。

（6）抗压饮食原则：饮食要定时定量，适当吃一些糖类食物，如面包、苏打饼干、喝热牛奶等，但应适量。饮食尽量以清淡而有营养为原则。

主持人向心理老师致谢，总结本节主题班会课的收获。班会在励志歌曲《怒放的生命》中结束："曾经多少次跌倒在路上 曾经多少次折断过翅膀 如今我已不再感到彷徨 我想超越这平凡的生活 我想要怒放的生命 就像飞翔在辽阔天空 就像穿行在无边的旷野 拥有挣脱一切的力量……"

班会反思

本次班会让学生有机会吐露心声，倾诉自己在日常学校、家庭生活中遇到的种种烦恼，是一种很好的释放压力的方式；同时，也让班主任老师有机会走进学生的内心世界，倾听、了解他们的所思所想，多角度去了解自己的学生，尽力帮助他们走出低谷、跨过难关。从班会的组织形式上突出了学生的主体地位，调动了他们参与活动的积极性，在交流合作中彼此分享、共同受益。心理老师从权威学术的角度给予学生的建议与同龄人的建议相结合，使学生受益匪浅。本次班会还了解了班级学生网络使用的现状以及对于结交网友的看法，引导学生在活动中认识网络是天使还是魔鬼取决于使用者的素养，关键是增强辨别力及自控力。

学会调控情绪 放飞美好心情

山东省青岛莱西市武备中学 // 李海燕

本主题班会适用于初中各年级。

班会背景

初中生的情绪表现很不稳定、不成熟，容易冲动且肤浅、强烈、不协调，两极性明显，自我控制能力较差。很多琐碎的小事都能成为他们发生口角、打架、斗殴的导火线，影响他们的学习、生活和人际关系，甚至违反校纪或国法等。因此，指导学生根据自己情绪变化的特点，合理宣泄不良情绪，主动调控情绪，保持积极的、良好的情绪状态，克服消极情绪是当务之急。

设计思路

本次班会包括以下环节。

第一环节是“情绪变化的故事”。播放歌曲《快乐你懂的》与《天堂里有没有车来车往》。PPT 展示老奶奶与两个儿子的工作的故事，并让学生说出感受，让学生自己认识到：情绪是变化的。

第二环节是“情绪的变化与人的态度”。从三则材料关于不良情绪对人的影响的分析谈一谈积极情绪和消极情绪对人们生活、学习、工作的影响。

第三环节是“快乐你我”。通过不记名的“说烦恼”活动，给学生提供写出真实感受的机会。通过小组竞赛排解不良情绪的各种方法，师生归纳出整理调控情绪的三种方法，激发了学生自主学习的积极性。

第四环节是“快乐连线”。通过快乐连线环节，因材施教解决学生的实际问题。

班会准备

（1）资料准备：音频《快乐你懂的》与《天堂里有没有车来车往》，PPT 老奶奶与儿子工作的故事材料，关于伍子胥、周瑜、范进的材料。

（2）地点：多媒体教室，学生以小组而坐（八人一组）。

实施过程

一、情绪变化的故事

导入新课。

班主任：青少年的情绪如水波，有时“风乍起，吹皱一池春水”，有时“惊涛拍岸，卷起千堆雪”。初中生情绪的特点会产生不良影响，如：不能专心做事；影响精神状态和影响人际交往；甚至一时冲动，做出违纪、违法的事情。我们该怎么办？

（1）播放歌曲片段《快乐你懂的》与《天堂里有没有车来车往》，对比这两首非常熟悉的歌曲，认真地体验歌曲为我们带来了怎样的不同情绪感受。

（2）多媒体课件创设情境：老奶奶大儿子卖伞、小儿子开洗衣店，老奶奶为两个儿子担心，之后经邻居的劝说转忧为喜。老奶奶的情绪发生了什么变化？发生变化的原因是什么？

生：情绪是可以调控的。情绪与人的态度紧密相连，我们可以通过改变自己的态度来控制自己的情绪。

二、情绪的变化与人的态度

班主任：从以下三则材料关于不良情绪对人的影响的分析，谈一谈积极情绪和消极情绪对人们生活、学习、工作的影响。

材料一：伍子胥在过韶关时，陷入进退两难的处境，结果因极度焦虑而一夜间须发全白。

材料二：周瑜才华出众，机智过人，但诸葛亮利用其气量狭小的弱点巧设计谋，气得他断送了风华正茂的性命。

材料三：范进多年考不中举人，直到50多岁时终于听到自己金榜题名，“喜极而疯”。

生：不良情绪不仅会影响我们的身体健康，还影响我们的社会交往和事业进步。

三、快乐你我

（1）每人用一张纸写下自己一个月来最烦恼的一件事，已排解烦恼的写出做法，不用署名。

（2）针对同学的烦恼，结合自己的生活经历，小组讨论：你有哪些方法帮他找到快乐？

（3）“金点子”得主代表发言。

（4）师生共同整理调控情绪的三种方法，寻找快乐钥匙。

排除不良情绪的三种方法：

注意力转移法，合理发泄法，理智控制法。

四、快乐连线

下面的选择可以帮助你时刻保持一个好心情。（连线题）

1. 当你面对他人的批评时	A. 不要伤心，要懂得“矛盾无时不有”
2. 当你和同学有矛盾时	B. 不要难过，要理解父母的苦心
3. 当你和家人有误会时	C. 不要委屈，要提醒自己“闻过则喜”
4. 当有人对你不满时	D. 不要愤怒，要选择“得饶人处且饶人”
5. 当你对他人表现不满时	E. 不要生气，要自勉“走自己的路”
6. 当你做错事时	F. 不要焦虑，要相信“人最终能战胜环境”
7. 当你对新环境不适应时	G. 不要内疚，要记取“吃一堑，长一智”

结论：人的情感具有相通性和感染性。一个人的情绪状态很容易影响到周围的人。个人情绪表达需要考虑场合及他人的感受；同学朋友之间应懂得分享快乐，分担忧愁。

班会小结：你无法改变天气，却可以改变心情；你无法控制别人，但能够掌握自己。通过今天的班会，我相信同学们一定可以妥善处理好自己的情绪，成为情绪的主人。让我们每天都有良好的心情，每天都幸福平安、快乐无限。

班会反思

通过播放歌曲、PPT 材料等引发学生的兴趣，同时也点明本次班会的主题。通过谈自己的烦恼及排解不良情绪的方法，让学生把已有的体验和经历带进课堂，引导他们在感性体验的基础上提升道德认识和道德行为。

挫折教育

梅花香自苦寒来——挫折教育

山东省青岛第四十九中学 // 鲁菲菲

本主题班会适于在初三下学期进行。

班会背景

进入初三下学期，学生学习压力加大，部分学生出现畏难情绪，甚至有的学生出现放弃学习的行为。通过本节班会课旨在使学生了解挫折在人生道路上是不可避免的，提高他们耐受挫折的能力；引导学生正确对待学习和生活中的压力，培养勇敢面对挑战的良好心理素质，振奋班级精神，鼓舞班级士气。

设计思路

本次班会从体验式的游戏活动开始。所有学生起立，围成一圈，按照顺时针报数，遇到 7 或 7 的倍数时就以鼓掌表示。数错的人要表演小节目。

本次班会包括以下环节。

第一环节是“案例分享——苦心人，天不负”。教师展示挫折案例，学生针对案例充分讨论感受和认识，并与组内同学分享自己的挫折经历。

第二环节是“死亡爬行——有志者事竟成”。播放《死亡爬行》的视频短片，鼓励同学们充分挖掘自身潜能，为自己加油打气。

第三环节是“自我诊断——梅花香自苦寒来”。自我诊断近期遇到的挫折，完成一份自我诊断书，并重拾自信，继续杨帆远航。

最后班主任总结，全体学生同唱《阳光总在风雨后》。

班会准备

（1）材料准备:《挫折案例》《死亡爬行》短片,“挫折诊断书”,音乐《阳光总在风雨后》。

（2）地点:心理活动团体室。

实施过程

【游戏活动】所有学生起立,围成一圈,按照顺时针报数,遇到 7 或 7 的倍数时就以鼓掌表示。报错的人要表演小节目。

教师提问:在游戏中你的感受是什么?（分别采访一些总是报错数字和总是报对数字的同学）

教师小结:在刚才的游戏中并不是每个人都能成功报数,有人赢也会有人输。如同人生一样,没有谁能够一帆风顺地度过一生,生活中不如人意的事情数不胜数。

一、案例分享——苦心人,天不负

【案例分享】小学、初中成绩不错的梁凤,在中考时却发挥失常,与重点高中无缘。中考的失败,让梁凤异常失落。在家人的安排下,灰心丧气的她走进了重庆某技工学校,开始学习美发技术。不久,梁凤在美发专业找到了久违的自信。她求知若渴地学习新知识、掌握新技术,力求使自己的技术和作品尽善尽美。

上进的梁凤很快在班级和学校里脱颖而出,学校把梁凤当作重点培养对象,选派她参加各种重要赛事。梁凤第一次参加第 41 届世界技能大赛全国选拔,进入十强后被淘汰。这让梁凤对自己的美发技能产生了怀疑,很受打击。不过,她很快调整心态,决心好好练习,为下一次世赛做准备。2012 年信心十足的梁凤参加了第 42 届世赛美发项目选拔赛,却最终止步于“5 进 2”晋级赛,与决赛无缘。悲剧的再一次上演,让梁凤赛后的情绪也低落到了极点,自信也受到了很大的打击。很长一段时间她都无法走出失败的阴影和深深的自责。

“只有从失败中学习,你才能继续前进。”经过老师和家人的陪伴开导,两次世赛选拔受到挫折的梁凤重新认识了自己。她认真总结前两次参赛的经验教训,抓住美发的每一个细节,一点一点地纠正技术上的不足,做到每天都有进步,尽量将每个发型都做到完美。2015 年不负众望的梁凤以绝对优势胜出，凭着她丰富的参赛经历、独特的技能水平和稳定的技术发挥，走到了第 43 届世界技能大赛的冠军领奖台上。（选编自《扬威圣保罗——第 43 届世界技能大赛奖牌背后的故事》）

案例讨论：

（1）案例中的梁凤经历了哪几次挫折？

（2）每次经历挫折，梁凤是如何应对的？

（3）挫折对梁凤来说，是好事情还是坏事情？

（4）你有过类似的挫折吗？你是如何应对的？

学生分组讨论，自愿与大家分享自己的感受。

教师总结：每个人都会经历挫折。挫折并不可怕，它能成为我们前行路上的障碍，也可以成为我们向上的垫脚石。关键是我们在经历挫折后，要去积极地面对它、解决它、战胜它，像案例中的主人公梁凤一样，经历了多次挫折仍然能越挫越勇，最终创造出属于自己的精彩。

二、死亡爬行——有志者，事竟成

播放短片《死亡爬行》。（班主任介绍短片的背景资料，这是一支屡战屡败的队伍，队员们都丧失了信心，教练采取了蒙眼爬行的方式，让队员们看到自己强大的潜能，激发斗志）

分享讨论：

（1）请同学们分享自己观看影片后的感受。

（2）联系自己的实际，小组内同学相互鼓励，正视挫折，超越自我。

班主任：同学们，任何人都避免不了遭遇挫折。同样的困难，不同的人，会有不同的心态，采取不同的应对方法就会产生不同的效果。面对挫折和压力，大家都说要通过坚强的意志战胜自己的消沉和软弱，通过自己的努力最终坚定地走向成功。考试就像人生，在一次次的突破中品尝着酸、甜、苦、辣。考试带给我们的将是不断挑战自我与超越自我的痛苦和欢乐。

三、自我诊断——梅花香自苦寒来

引导学生回忆自己最近一次挫折经历，分析挫折产生的原因以及当时的应对方法，思考有没有更好的应对方法，完成一份“挫折诊断书”。

班主任总结：奥斯特洛夫斯基说：“人的生命，似洪水在奔流，不遇着岛屿、暗礁，难以激起美丽的浪花。”孟子的《生于忧患，死于安乐》指出：“天将降大任于斯人也，必先苦其心志，劳其筋骨，饿其体肤，空乏其身。”我们要懂得：宝剑锋从磨砺出，梅花香自苦寒来。

播放歌曲《阳光总在风雨后》，全班学生共唱，在音乐的氛围里感受“不经历风雨怎么见彩虹，没有人能随随便便成功”。

班会反思

此次班会，坚定了学生以百折不挠的信念迎接每一次挑战的信心，使他们学会了在挫折中总结经验、吸取教训、提高抗挫折的能力。特别是部分正遭遇挫折的学生，通过本次班会又重拾信心，汲取了力量，向着自己的目标继续前进。

阳光总在风雨后——挫折教育

青岛大学附属中学 // 余凤娟

本主题班会适用于初二、初三年级。

班会背景

初二下学期，学生参加了人生中第一次重大的考试——生物、地理会考。很多学生没有获得想象中好的成绩，离自己的目标相差很远，因此认为自己的学习就止步于此，对初三的学习开始灰心失望、没有信心。

基于以上的背景原因，组织了这次班会，旨在希望通过这次班会提升学生的自信，提高学生的抗挫折能力，使他们能够积极乐观地面对初三的学习压力；告诉学生，人的一生不可能总是一帆风顺，总是会面临各种各样的失败和挫折，关键是我们怎样去面对它们！

设计思路

本次班会包括以下环节。

第一环节是“认识分享挫折”。讨论什么是挫折，我们都遇到过什么样的挫折。

第二环节是“感受历史，启发思考”。观看视频，分享名人遇到的挫折故事，由此受到启发。

第三环节是“直面挫折，坚持不懈”。遇到挫折我们应该坚持不懈、超越自我。通过报数活动，引导学生感悟：遇到失败和挫折只有不放弃，坚定目标、坚持到底才能感受到成功的喜悦。

班会准备

（1）资料：收集有关挫折的故事，歌曲《阳光总在风雨后》，视频《我们为什么会失败》等。

（2）物品：A4纸、铅笔等。

实施过程

一、认识分享挫折

1. 创设情境

主持人：在今天的班会之前，先给大家讲一个小故事。

驴子的故事

有一天，农夫的一头驴子不小心掉进枯井里，农夫绞尽脑汁想要救出驴子，几个小时过去了，驴子还在井里哀号着。最后，农夫决定放弃，他想这头驴子已经老了，不值得大费周折地把它救出来，但是不管如何，这口井是一定要填起来的。于是，农夫就找邻居帮忙，一起将井里的驴子埋了，以免除驴子的痛苦。

大伙人手一把铲子，开始将泥土铲进井里。当这头驴子意识到自己的处境时，刚开始哭得很凄惨。但出人意料的是，一会儿它安静下来了。大家好奇地往井底一看，出现在眼前的情形令他们大吃一惊：

当铲进的泥土落到驴子的背部时，它将泥土抖落一旁，然后站到泥土堆上面。就这样，驴子一步一步地上升到井口，然后在众人的惊讶中快步跑开了。

2. 引导思考

支持人：同学们，这头驴子遇到了挫折，但是它通过积极的办法解决了。在我们的生活中总会出现各种各样的问题和挫折。那么，挫折究竟是什么呢？

我们如果上网搜索，可以查到以下解释：挫折，是指人们在有目的的活动中遇到无法克服的阻碍；心理学上指个体有目的的行为受到阻碍而产生的必然的情绪反应，会给人带来实质性伤害，表现为失望、痛苦、沮丧不安等。挫折易使人消极妥协。挫折包含三个方面的含义：一是挫折情境，二是挫折认知，三是挫折反应。有关挫折的系统的心理学阐释包括挫折的含义、内容、形式、原因以及解决挫折的方法等。

3. 小组讨论

支持人：同学们心目中的挫折是什么样的呢？你们遇到过什么样的挫折呢？

（1）请同学们在两张纸上写下自己曾经遇到过的两个挫折，越详细越好，并写下这个挫折给你带来的或积极或消极的后果，不用写名字。

（2）小组里挑选出一名同学，收集同学们所写的挫折故事，并在小组里进行分享。

二、感受历史，启发思考

主持人：同学们，我们每个人都会在自己的生活中遇到各种各样的挫折，在很多伟人身上也发生着同样的故事。

1. 分享名人故事

（1）8 次落榜的明朝人归有光，含辛茹苦，发奋攻读，终于写下了《震川文集》40 卷。

（2）3 次落榜的著名医学家李时珍，下决心从医，一生精心研究，经过 27 年努力，写下了医学巨著《本草纲目》。

（3）3 次落榜的剧作家曹禺，年轻时一心想成为医生，报考北京医学院落榜后，积极参加戏剧活动，阅读了大量欧美文学和戏剧作品，写出了《雷雨》《日出》等具有很大影响的作品。

（4）最著名的关于挫折的故事是美国总统林肯，生下来就一贫如洗的林肯，终其一生都在面对挫败。八次竞选八次落败，两次经商失败，甚至还精神崩溃过一次。好多次，他本可以放弃，但他并没有如此。也正因为他没有放弃，才成为美国历史上最伟大的总统之一。

（5）惠特曼的诗集。

美国诗人惠特曼一生写了一部诗集《草叶集》，这部集子出第 1 版时没有人买，出第 2 版时只有 11 个人买。但他不灰心，他用毕生的精力来充实这个集子。几十年里诗集从第一版的 12 首增到 396 首。25 年后，美国一家出版社出版了这个诗集，书被抢购一空，而且连续再版。

2. 这些故事都告诉我们什么了呢

挫折在人生路上是不可避免的，遇到失败和挫折只有不放弃，坚定目标，坚持到底才能感受到成功的喜悦。所以，我们要提高耐受挫折的能力，正确对待学习考试和生活成长中的压力，培养勇敢面对挑战的良好心理素质，坚定我们的奋斗目标，不断努力，这样才能实现我们的梦想。

3. 观看视频《我们为什么会失败》

班主任简单介绍短片的背景资料，在视频中一些鼓舞人心的时刻可以停顿一下，让学生有更好的体会。

4. 表达与分享

请同学们分享观片之后的感受。我们也应该像短片中所说的一样，在遇到挫折时应该通过坚强的意志力战胜自己的消沉和软弱，不放弃，通过自己的努力最终坚定地走向成功。

三、直面挫折、坚持不懈

1. 活动体验：报数比赛

（1）比赛规则：按小组进行比赛，全组 6 人进行 1-2-3-4……报数比赛，到排尾学生时，折返往回报数，速度越快越好，一个同学报错，就必须从头开始重报，报数到 48，时间少的队获胜。共进行 8 轮比赛，记录下每轮成绩。

（提示：从各对报数越来越短的竞争中，从报错后再重头报的挫折中，让学生不断体验感受。班主任不断重复“坚持，反复练习是做好的前提、不抱怨、不放弃”等话语激励学生。最终学生会不断刷新成绩，获得成功体验。每两轮比赛后，留 2 分钟让小组进行小结和练习）

（2）表达与分享：请各小组进行讨论：报数比赛给我们的启示……请小组派代表分享。（提示：班主任要借机引导学生，使学生认识到在挫折面前不气馁，要坚持，不放弃，要反复练习，团结合作）

2. 遇到挫折的解决方法有什么呢

（小组讨论）

（1）分散挫折的压力，不要把痛苦闷在心里，应当主动向老师、同学或亲友倾诉，争取别人的谅解、同情与帮助，这样可以减轻挫折感，增强克服挫折的信心。

（2）转移自己的视线，遭受挫折后，一般人都会感觉度日如年。这时，可以通过自己喜爱的集邮、写作、书法、美术、音乐、舞蹈、体育锻炼等方式，使情绪得以调节、情感得以升华。

（3）“幽默”和“自嘲”是宣泄积郁、平衡心态、制造快乐的良方。当你遭受挫折时，不妨采用阿 Q 的精神胜利法，比如“吃亏是福”“破财免灾”“有失有得”

等等来调节一下你失衡的心理；或者“难得糊涂”，冷静看待挫折，用幽默的方法调整心态。

总的来说：

（1）当你受挫时，先静下心来把可能产生的原因寻找出来，再寻求解决问题的方法。

（2）当你遇到挫折时，要勇往直前。你的既定目标不变，不放弃，坚持并且使努力的程度加倍。那么很快，迎接你的就将是成功了！

3. 播放并一起演唱歌曲《阳光总在风雨后》

同时在课件上和学生一起分享关于挫折的谚语。

结束语：

巴尔扎克说：“挫折就像一块石头，对弱者来说是绊脚石，使你停步不前；对强者来说却是垫脚石，它会让你站得更高。”挫折会让我们更坚强、更有斗志，因此挫折也是美丽的。

在我们的学习过程中也是这样，暂时的失败是让我们更坚强的理由，它会让我们的人生更充实、更有韧劲。有的同学在生物、地理考试中暂时失利了，我们更应该从这种失利中找到原因，这样我们在初三的学习中才能更好地应对，在中考中发挥更好。所以说，挫折也是美丽的！

班会反思

本次班会的主题是挫折教育。在所有人的成长经历中，挫折在所难免，应对挫折的心态和办法是需要让学生学会的。本节班会课以学生活动和讨论为主，班主任适时引导，没有把教育内容强加给学生，而是通过活动引起学生内心的共鸣，同时给了学生很多关于挫折的事例和榜样。

关于报数活动，需要仔细思考比赛活动的流程、组织等细节，也需要注意在活动中加强监督、确保活动公平，也可以适当给予奖励。对于挫折的解决办法本次班会没有深入的探讨，应该教给学生很多积极的策略和方法，这样在以后遇到困难和挫折时能拥有更好的心态和处理的方法。

附：关于挫折的谚语

1. 经一番挫折，长一番见识。

2. 越碰钉子越有心眼。

3. 从跌跤中学会走路。（哈萨克族）

4. 不磕不碰，骨头不硬。

5. 事情的成败以结果为断，中间的波折不足为论。（德国）

6. 不计波折多，但望结局好。（俄罗斯）

7. 流水在碰到抵触的地方，才把它的活力解放。（歌德）

8. 小孩是经过跌倒再跌倒，才逐渐长大的。（前苏联）

意志品质

坚强意志是成功的保证

山东省青岛第三十九中学市北分校 // 宋文江

本主题班会适于在初一新生入学之后进行。

班会背景

初一是学生价值观形成的关键时期，而这一时期学生心理处于半幼稚、半成熟状态，他们又多为独生子女，由于家长的过分关爱，意志力比较薄弱，导致生活中缺乏明确目标，没有吃苦耐劳的精神，独立能力和自制力较差。

初一又正值小初衔接的重要时期。初中学习相对小学而言，学科增多，难度增大，对学生的意志能力提出了更高的要求，期中之后学生开始对此逐渐有所感受。因此，本节班会课的举行很有必要。通过班会，引导学生主动锻炼意志品质，制订有利于培养自己坚强意志品质的计划，帮助他们解决成长中的问题，促进他们身心健康的发展。

设计思路

本次班会包括以下环节。

第一环节是“连线生活—感受意志”。播放学生新生入学军训的照片视频，通过学生熟悉的生活情景，回忆军训时烈日之下反复练习同一军姿的坚持，引导学生初步感悟坚强意志的作用，导入班会。

第二环节是“舞台合作—探索意志”。学生表演生活情景剧，引入同龄人的故事，在活跃班会课堂氛围的同时引导学生明白坚强意志的主要表现，为理解坚强意志做好铺垫。

第三环节是“学习榜样—收获意志”。出示著名游泳运动员孙杨成功背后的故事，介绍孙杨依靠强大的意志力在训练中不怕苦、不怕累，在坚持中收获奥运金牌、赢得尊重、称霸世界泳坛的事例。通过榜样的引导，发挥正能量，让学生体会孙杨的成功离不开坚强的意志，启迪学生在案例学习中思考坚强意志对自己成长的重要意义。

第四环节是“活动园地—践行意志”。通过“意志导航屋”和“意志体验吧”两个活动，引导学生感知自己的意志品质，体验意志力的程度，为制订培养意志计划打好基础；引导学生主动锻炼个性心理品质，树立磨砺意志的信念，陶冶情操，形成良好的心理品质。

班会准备

（1）资料：收集关于孙杨获得奥运金牌的新闻视频以及训练的事迹材料。

（2）物品：DV 摄像机、背景音乐。

（3）内容：生活情景剧编写及排练。

实施过程

一、连线生活—感知意志

1. 创设情境

主持人：同学们升入初中之后面临的第一次考验就是刚刚经历的军训，炎炎烈日之下纹丝不动的站军姿是对我们意志的考验；蝉鸣声声之中整齐划一的齐步走是对我们意志的考验。正是因为有强大的意志力做保证，同学们才出色地完成了军训任务。下面我们一起通过一个短片重温军训的那些美好片段。

2. 播放自制学生军训视频短片

主持人：军训不仅教育我们要学会遵守纪律、团结合作，更锻炼了我们的意志品质，让我们在困难面前不低头，拥有一颗强大的心脏。在初中三年的学习生活中，同学们更需要坚强的意志才能收获成功。今天的班会课，我们一起走近坚强意志，探索和感知坚强意志的重要意义，并学会锻炼自己意志的方法。

二、舞台合作—探索意志

主持人：法国文学家巴尔扎克说过："没有伟大的意志力，就不可能有雄才大略。"坚强的意志是在考试不好时，重新振作，下次考好；是在心情不好时，自我调整，笑对未来；是在最后一百米冲刺时，坚持到底，一鼓作气。坚强意志存在于我们生活中的点滴小事中。你是否在生活中也遇到了下面几位同学所面临的相似情况呢？

学生表演生活情景剧《敢于对诱惑说"不"》。

问题：联系材料说一说谁的意志最坚强、为什么。

学生小组讨论问题，交流答案。

班主任归纳总结，引导学生明白坚强的意志主要表现为独立性、果断性、自制力、坚定性等几方面。

过渡：同学们，古语说"梅花香自苦寒来，宝剑锋从磨砺出"，可见拥有坚强的意志品质对我们的成长和进步起着非常重要的作用。现在我们一起进入下一环节的学习，共同探讨坚强意志品质对我们成长的重要意义。

三、学习榜样—收获意志

主持人：他是中国第一位连续两届奥运会摘取金牌的游泳运动员，同时也是世界上首位在男子200米、400米、800米、1500米中长距离自由泳上全部夺取过世锦赛金牌的大满贯选手。他就是中国国家游泳队队长孙杨。让我们通过一段视频近距离认识他。

班主任播放孙杨的视频。

班主任：孙杨成绩的背后是辛勤汗水的付出，他的强大意志力支撑他称霸世界泳坛。

课件出示孙杨在成为世界冠军和奥运冠军背后的故事。（进入国家游泳队后树立争当世界冠军和奥运冠军的目标，并为此进行刻苦训练；忍受病痛和比赛失利，调整自己的状态，坚持训练；保持良好的生活和训练习惯）

问题：

（1）孙杨树立了什么奋斗目标？在实现目标的过程中，他经历了哪些痛楚？

（2）孙杨在获得世界冠军的过程中遇到了哪些困难？ 他是如何应对的？

（3）孙杨有哪些良好的训练习惯？这些习惯是如何坚持下来的？

学生思考，小组讨论交流并在班级内分享本组的观点，教师进行点拨，师生归纳总结：坚强的意志是坚定人生目标的保障，是克服困难、获得成功的必要条件。

过渡：懂得了意志品质的重要作用，那么同学们想不想知道自己的意志品质有多少呢？接下来我们进入下一活动环节。

四、活动园地—践行意志

活动一：意志体验吧

班主任出示瑜伽动作的照片。

活动规则：每组推选一个代表，仿照照片中的姿态进行比拼，看谁能坚持到最后。

现场采访获胜者的心得体会和获胜的经验，教师引导学生进一步体验意志品质对自己的帮助。

活动二：意志导航屋

学生进行意志品质心理测试：借助你手中的心理测试题，看看你的意志有多强。

学生完成心理测试后，教师公布计分标准和对应的测试结果。

课后任务：意志加油站

对照自己意志品质各方面的表现，找出不足，并有针对性地写出磨炼意志品质的计划书。

结束语：同学们，古之立大事者，不唯有超世之才，亦必有坚忍不拔之志。希望同学们在生活中，通过点滴小事不断磨炼自己的意志，让意志更坚强，人生更辉煌！永远奔跑在成功的路上……

班会反思

本节班会内容设置由浅入深、层层深入，把情境教学、案例教学、合作探究等教学方法相结合，以学生的生活经验为基础设计教学板块，引发学生的情感共鸣，符合德育生活化的要求。本节课从导入新课的“感受”坚强意志，到新授课中“探究”坚强意志的表现、“体会”坚强意志的作用，最终到“践行”坚强意志，充分促进了学生知、情、意、行的统一发展。

对不良诱惑说"不"

青岛大学附属中学 // 余凤娟

本主题班会适于在初二上学期进行。

班会背景

进入初二,学生对初中的学习生活消除了开始的新鲜感和陌生感,越来越熟悉周围的人和事物,也面临越来越多的学习和生活上的诱惑。同时,初二也是学生开始心理变化的时期,怎样帮助学生抵制各种不良诱惑、让他们健康成长,显得十分重要。

设计思路

本次班会包括以下环节。

第一环节是认识生活中的不良诱惑有什么。

第二环节是这些不良诱惑会给我们带来什么样的危害。

第三环节是我们怎样做才能让自己抵制这些不良诱惑,使我们不会误入歧途,确保自己能健康成长。

班会准备

(1)资料:收集有关身边的关于不良诱惑的人和事,准备一些故事和视频。

(2)物品:A4 纸、铅笔等。

(3)准备小品《斗智》。

实施过程

一、认识不良诱惑

1. 故事分享

主持人：在今天的班会开始前，和大家一起分享一个案例：2006 年 4 月 21 日晚 10 时，被告人许霆来到天河区黄埔大道某银行的 ATM 机取款。结果取出 1 000 元后，他惊讶地发现银行卡账户里只被扣了 1 元。狂喜之下，许霆连续取款 5.4 万元。当晚，许霆再次前往提款，之后反复操作多次。后经警方查实，许霆先后取款 171 笔，合计 17.5 万元；事后，许霆携赃款潜逃。

讨论：如果你们是事件的主人公许霆，遇到这样的情况会怎么处理？

潜逃一年的许霆，第二年 5 月在陕西宝鸡火车站被警方抓获。广州市中院审理后认为，被告许霆以非法侵占为目的，盗窃金融机构，数额特别巨大，行为已构成盗窃罪，遂判处无期徒刑，剥夺政治权利终身，并处没收个人全部财产。

讨论：许霆的悲剧在什么地方？

主持人：面对诱惑，没有控制住自己的欲望和冲动，自制力不强。

2. 生活中的不良诱惑有哪些

主持人：同学们，在我们的生活中存在着许多的不良诱惑，它们究竟有哪些呢？

（1）把你们所知道的不良诱惑写在纸上。

（2）让我们一起来看看大家都想到哪一些：吸烟、酗酒、赌博、毒品、沉迷网络游戏等。

二、不良诱惑带来的危害

1. 小品表演：校园小品《斗智》

学生甲：今天从老爸那得了一盒好烟，我得把哥儿几个叫出来，有福同享！哥儿几个，上台啦

（学生乙、丙、丁应声而至，问甲什么事）

（学生甲晃晃手里的烟，伸出另一只手：老规矩，拿钱吧！）

（学生乙、丙、丁不情愿地将钱交到甲的手中）

学生甲：凑钱，一人一块。

学生乙:分烟,一人两支。

学生丙:还有两支怎么办?

学生丁:一人一口轮着嘬。

(学生甲对学生丁:你去侦察一下厕所里有没有人?)

学生丁:为啥是我啊,你们怎么不去啊?

学生甲:不服是吧?那好,谁去往前迈一步。

(学生乙丙丁站成一排,听到甲的口令,学生乙丙向后撤一步)

学生丁:你们真不哥们儿,好吧,我去。

(侦查后没意外情况,招呼学生甲乙丙进去)

(到厕所,轮流吸烟)

学生甲:厕所里享受当神仙。

学生乙:又香又臭滋味全。

学生丙:感觉逍遥又快活。

学生丁:给个县长也不换。

(校长上)

校长:如今的学生不像话,不是抽烟就打架,听说厕所是个聚义厅

我今天就来查一查。

(进厕所)

哈哈,果然被我查到了,走,找你们班主任去。

(将四学生揪出厕所)

学生甲:班主任谈话咱们惨。

学生乙:肯定要把家长传。

学生丙:哥儿几个千万咬紧牙。

学生丁:来个死不认账,查无对案。

齐:对!来个死不认账,查无对案。

(到办公室)

校长:×老师,你们班有学生在厕所抽烟,你处理一下吧。

老师:好的校长,您慢走。

老师:现在的学生不好管,犯了错误还谎话连篇。这次不能正面问,与他们斗智找答案。你们四个进来。

学生:报告。

老师:进来。

（四个人站成一排）
学生甲：校长是个老花眼。
学生乙：错把粉笔当成烟。
学生丙：我们本要做好事。
老师：什么好事？
学生丁：厕所里给您写个光荣篇。
老师：胡闹！
（老师指甲，甲出列）
老师：老实说，你吸烟吗？
学生甲：不吸。
老师：不吸？嗯，吃根薯条吧。
学生甲：不会，谢谢
老师：啊？
学生甲：哦，我说错了。
（学生甲很自然地伸出两根手指夹着接过来……）
师：不吸？！叫家长来……
（老师指学生乙，学生乙出列）
老师：吸烟吗？
学生乙：不吸。
老师：不吸？嗯，吃根薯条吧。
（学生乙很小心的用手掌接过了薯条。）
老师：不蘸点番茄酱吗？
（学生乙一不小心蘸多了，于是马上用手指弹了弹……）
老师：弹烟灰的姿势很熟练嘛。叫家长来……
（老师指学生丙，学生丙出列）
老师：吸烟吗？
学生丙：不吸。
老师：不吸，好，吃根薯条吧。
（学生丙很小心地流着汗吃完了薯条）
老师：带根回去吃吧？
（学生丙接过薯条后顺手就夹在耳朵上……）
老师：不吸？叫家长来……

（老师指学生丁，学生丁出列）

老师：吸烟吗？

学生丁：不吸。

老师：很好，吃根薯条吧。

学生丁：心惊胆战地吃完了薯条。

老师：带根回去吃吧？

学生丁：又小心地将薯条放到了衣袋里。

（老师突然大喊一声：校长来了！）

（学生丁赶忙从口袋里取出薯条扔在地上，用脚使劲地踩。踩着踩着觉得不对，低下了头）

老师：得，自己说说吧。

学生甲：吸烟于己有危害。

学生乙：欺骗老师更不该。

学生丙：厕所的味儿啊不咋地。

学生丁：香的臭的分不开。

老师：及时回头把错改。

校长：健康快乐人人爱。（六人鞠躬下台）

主持人：从刚才的小品能看出，为了吸烟，这几位同学又撒谎欺骗，又损害了身体，还从老爸那儿偷烟，在他们身上出现了很多的问题。吸烟不仅会损害我们的身体（展示一些图片），而且还养成了不好的习惯。除了吸烟，我们刚才还讨论出了很多其他的不良习惯，他们给我们的生活带来了什么不好的影响呢？

2. 观看视频

我们一起来观看一个关于吸食毒品的视频：家中的孩子开始吸食毒品后，一个家庭家破人亡的故事。

小组讨论：现在有很多同学喜欢玩电脑游戏或手机游戏，这些游戏又给我们带来了什么影响呢？谈谈自己的感受吧！

（1）耽误了学习的时间，让自己的精力分散。

（2）沉迷在网络世界中，在真实的世界里不知道如何与人交流沟通。

（3）有的沉迷于暴力游戏的孩子还在现实生活中去体验暴力带来的感觉，从而酿成大祸！

我们能够看出不良诱惑会给我们平和的生活带来巨大的不良影响，我们中的所有人都应该对不良诱惑坚决地说“不”！

三、怎样抵制不良诱惑

1. 问卷调查

在我们想办法抵制不良诱惑之前，测测自己抵制不良诱惑的能力吧？

2. 情景再现

如果你的抵制能力比较差，生活中又有人来诱惑你，如一位同学偷偷邀请你一起抽烟体验一下，你怎么办呢？

各抒己见或小组讨论解决办法：

(1) 微笑着说："不，谢谢！"

(2) 躲开，立即找借口离开。

(3) 改变话题，找借口拒绝吸烟。

(4) 不与吸烟者聚在一起，为自己创造一个不吸烟的环境。

3. 如果你已经有了不良习惯，怎么办呢

如果我有了某种不良习惯我会这样改正：

我拒绝________诱惑的计划书

班级：________　姓名：________

我受诱惑的表现有________________。

目前给我带来的不良后果有________________。

我准备采取的具体措施是________________。

连续一周按计划执行，主要的激励措施为________________。

如果两次未执行计划，处罚措施为________________。

我准备请________做这次计划的监督人。

4. 小组讨论

我们还有哪些能战胜诱惑的方法？

(1) 三思而行。

(2) 主动请人帮助。

(3) 避开诱因法。

(4) 婉言谢绝法。

(5) 专时专用，改正不良习惯法。

（6）联想后果，抵制诱惑。

不良诱惑犹如病毒，需要我们结合自己的实际，用科学的态度、坚强的意志、清醒的头脑和正确的方法摆脱它们的干扰，避免其对自己的危害；同时，培养自己良好的兴趣爱好，让自己的身边充满积极的正能量。

5. 故事分享

主持人：我这儿还有一个古希腊的故事和大家一起分享。

传说古希腊有一个海峡女巫，她用自己的歌声诱惑所有经过这里的船只，使它们触礁沉没。智勇双全的奥德赛船长勇敢地接受了横渡海峡的任务。为了抵御女巫的歌声，他想出了一个办法：让船员把自己紧紧地绑在桅杆上，这样，即使他听到歌声也无法指挥水手；让所有的船员把耳朵堵上，使他们听不到女巫的歌声。结果，船只顺利地渡过了海峡。

请大家想一想，是什么帮助奥德赛船长顺利渡过了海峡呢？

当然，是因为他想办法抵制了女巫的诱惑！

结束语：我们的人生就如同横渡海峡，如果我们能经受得住风浪，忍受得了各种各样的诱惑，那么在沿途，我们一定能收获到最美丽的风景！世界很美，诱惑很多，学会辨别，学会拒绝，生活就美！

班会反思

本节班会课的内容离学生既遥远又很近。对于学生来说，都知道哪些是生活中的不良诱惑，但是对于它们带来的危害和影响以及如何抵制它们却不了解，所以本次班会设计了很多活动引导学生思考，但是对于不良诱惑带来的危害还是不能完全展开、剖析清楚，需要在时间分配上注意，而且还可以给学生更多思考的空间和发言的机会。

附：抵制不良诱惑的问卷调查

①“这是最后一次了”是你常有的口头禅。

② 你经常做出令自己后悔的事。

③ 你总是不等到月底就花完这个月的零花钱。

④ 你是个很好说话的人，说服你不是什么难事。

⑤ 你经常不能完成自己制定的学习目标。

⑥ 你时常陷入接二连三的麻烦之中。

⑦ 你时常去幻想那些不切实际的事，并深深地沉溺于其中。

⑧ 你经常赖床。

⑨ 你的保证与诺言已不太被相信了。

⑩ 你每次到超市购物都超出原来的购买预算。

结果分析:“是”得 1 分;“否”得 0 分。

得分 0～3 分说明:抵抗诱惑的能力很强。

得分 4～6 分说明:比较容易被诱惑吸引。

得分 7～10 分说明:易于向诱惑屈服。

诚信从我做起

山东省青岛第三十九中学 // 牟中华

本主题班会适于在初一上学期期中以后进行。

班会背景

升入初中后，绝大多数学生会把自己最好的一面展现给新的老师、新的同学。随着时间推移，彼此之间越来越熟悉，一些不良的习惯逐渐暴露，如考试东张西望、作业不能独立完成、撒谎掩盖自己的错误等。

初一上学期期中以后进行本次班会，目的是避免学生犯错后就事论事、治标不治本的问题产生，通过体验参与旨在唤醒学生自我教育和自我完善意识，自觉加强诚信建设，养成诚信待人、诚信处事、诚信学习、诚信立身的良好习惯，自觉做一名具有诚信美德的中学生。

设计思路

本次班会包括以下环节。

第一环节是“小品表演《诚信摆渡人》”。由一组学生现场表演，引发学生对诚信是一切道德的基础和根本，是人之为人的重要品质的思考。

第二环节是“故事分享”。主持人组织学生分享有关诚信或违背诚信原则的历史故事或现实事件，讨论故事背后反映出的事物的本质以及应从中得到的启示。

第三环节是“辩论擂台”。由学生就“班级是否可推行无人监考制度”这一辩题进行正反双方辩论，达成诚信考试的共识。

第四环节是“制订班级诚信公约”。在各组充分讨论的基础上，形成班级全员参与制订并认同的诚信公约，作为班级学生的行为准则。从我做起，从现在做起，从小事做起，做一个诚信的人，让诚信永远伴随身边。

班会准备

（1）资料：收集有关诚信或违背诚信原则的历史故事或现实事件。

（2）物品：彩笔、卡纸、相机等。

（3）内容：小品剧本改编及排练。

实施过程

一、小品表演

1. 创设情境

主持人：高尔基曾经说过“让我们做一个大写的人吧”。而诚实和守信就好像人字的一撇和一捺，支撑起我们每个人的道德准则。诚信是古人推崇的一种人格境界，它要求人们真实无妄、诚实无欺。诚信是一种个人修养，也是一种道德行为；只有内心诚实，才能胸怀坦荡，才能善待父母，善待朋友。诚信是中华民族的传统美德，是每个中国人都必须具备的优良品质。让我们一起来寻找自己的诚信，拥有诚信所带来的幸福吧！

2. 观看现场小品《诚信摆渡人》

【人物介绍】

坐船人（学生甲扮演）：一个功成名就、自命不凡的年轻人。

老艄公（学生乙扮演）：一位须眉皆白、头戴草帽、手拿烟斗、神情悠闲的长者。

旁白：当我经过漫长的人生跋涉，走到这个渡口的时候，我可以非常自豪地说我这一生是成功的！我肩上的七个行囊，装满了“健康”“美貌”“机敏”“诚信”“才学”“金钱”和“荣誉”。

坐船人：劳驾船家，摆渡过江多少钱？

老艄公：一口价，三个铜钱，包你安全到岸！

（开船不久，江面上开始起风浪）

老艄公：（叹了口气）唉，船小负重，客官要丢弃一个行囊。

坐船人:(面露难色)这哪一个不是我辛劳所得?我怎舍得?

老艄公:有舍有得。

(坐船人咬紧牙关,把"诚信"抛进了水里。老艄公一愣,面露失望之色。)

(过了一会儿,风平浪静)

坐船人:(面露喜色)老人家,趁着浪小,快快摇船吧!

(老艄公瞥了一眼坐船人,径直走到船头。)

老艄公:要我摇船可以,不过要用你的一袋"金钱"来充当船费。

坐船人:你……(气得说不出话来,但四周水天茫茫,何处是岸?只得把"金钱"扔给老艄公)

(行了不久)

老艄公:(摇头叹气)哎哟,人老了,没力气摇船——除非你把"健康"给我!

坐船人:事到如今,我就把"健康"给你。

老艄公:年轻人,你好人做到底,连同那几个行囊一起给我吧!

坐船人:你……真是贪得无厌,为何如此不讲诚信?

老艄公:(大笑)"诚信"?你不早将"诚信"抛入水中?

(坐船人无奈。老艄公"扑通"一声跳入水中。坐船人后悔莫及。)

老艄公:年轻人,我帮你把"诚信"捞回来了。记住,从今以后,无论如何也不要把"诚信"抛弃。

坐船人:(惊喜交加)你是……

老艄公:(指着自己)我就是"诚信"。"诚信"才是人生真正的摆渡人啊!

主持人:同学们,小品中的坐船人为何会接连失去金钱、健康甚至一切?如果你是他,遇上风浪,你将丢弃哪个行囊?(主持人点评学生发言:诚信是立人之本,失去了诚信,便会失去他人对你的信任,失去朋友,失去更多)

二、故事分享

1. 情境导入

主持人:诚信就是诚实守信用,她是我们远行路上的灯塔,指引着我们前行的方向。大家是否听说过立木为信的故事?

春秋战国时期,秦国的商鞅在秦孝公的支持下主持变法。当时处于战争频繁、人心惶惶之际。为了树立威信,推进改革,商鞅下令在都城南门外立一根三丈长的木头,并当众许下诺言:谁能把这根木头搬到北门,赏金十两。围观的人不相信如此轻而易举的事能得到如此高的赏赐,结果没人肯出手一试。于是,商鞅将赏金提高到五十金。重赏之下必有勇夫，终于有人站出来将木头扛到了北门。商鞅立即赏了他五十金。商鞅这一举动，在百姓心中树立起了威信，而商鞅接下来的变法就很快在秦国推广开了。新法使秦国渐渐强盛，最终统一了中国。

大家还知道哪些有关诚信或违背诚信原则的历史故事或现实事件呢？

2. 故事分享

学生代表介绍事先搜集到的烽火戏诸侯的故事、三鹿奶粉事件、温州皮鞋重新崛起的事例等。学生们分享感想与点评。

主持人：中国自古就有“民为邦本，本固邦宁”“得民心者得天下，失民心者失天下”的明训，唐代魏征把诚信说成是“国之大纲”，可见诚信之重要。“信”对一个国家的兴衰存亡有着非常重要的作用。

三、打擂辩论

1. 辩题导入

主持人：同学们，对于国家而言，诚信方可兴邦。我们作为国家未来的建设者和接班人，在学校生活中如何信守诚信呢？你如何看待考试中出现的打小抄，手机作弊等行为？对于这些行为该“堵”还是“疏”呢？已经有学校在先行试点设置无人监考考场，我班是否可推行无人监考制度呢？

2. 正反方辩论

正方：班级可以推行无人监考制度

反方：班级无法推行无人监考制度

在以组为单位讨论的基础上，各组选派代表参加班级辩论赛。评委组评选胜出方及最佳辩手。

主持人总结：

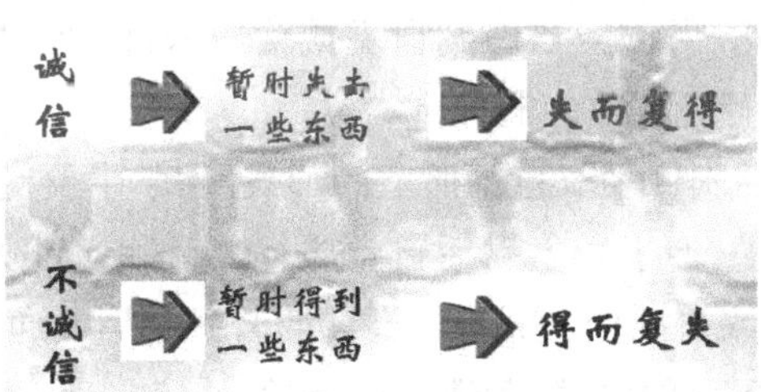

诚实的美德表现在学习上就是考试不作弊，作业独立完成，不要为了分数或老师、家长的表扬就弄虚作假、自欺欺人，失去考试、作业的真正目的。

四、制订班级诚信公约

小组制订诚信公约。

主持人：诚信是中华民族的传统美德，是一切道德的基础，是为人处事最重要的品质。我们在日常的学校、家庭、社会生活中具体要如何做呢？请各组拟定各自的诚信公约。

汇总班级诚信公约：展示交流各组意见，选出达成普遍共识的条目，形成班级诚信公约。主持人带领宣誓。

我宣誓：

言必行，行必果。

知之为知之，不知为不知。

用诚信开启知识之门，

用诚信搭建沟通桥梁。

我诚信，我自律，

我诚信，我光荣。

宣誓人：×××

班会反思

本次班会课改变了单纯的说教形式，以小品表演、故事分享等体验参与的形式让学生切实体会到培养诚信美德的重要性。通过对"班级是否可以推行无人监考制度"这一辩题的辩论，使学生明晰考试的目的是检验学习的效果，发现存在的问题并解决问题，所以应该做到自觉诚信应考，做到：不用别人监督我也会去做正确的事情，践行无人提醒的自觉。

班级诚信公约的制订采取自下而上的形式，由学生反复讨论形成公约，而非自上而下的权威要求，便于学生以后自觉履行。后续通过班级公众号发布班级诚信公约，主动接受来自同伴、家长、社会的监督。今后要通过评选班级"诚信明星"，巩固此次主题班会的成效，营造诚信立学、诚信立身、诚信立业的班级氛围，以弘扬民族精神、培养诚实守信的中学生。

增强自律能力　塑造阳光品质

山东省青岛莱西市武备中学 // 李海燕

本主题班会适于初中各年级在开学初进行。

班会背景

新学期开学以后，很多学生没有形成良好的行为习惯，不能严格要求自己，自我约束力差，缺乏责任感。希望通过此次班会帮助学生进行自我诊断、自我评价，对班级存在的不良风气进行评论，增强自律自爱的能力，塑造阳光品质，增强整个班级的凝聚力。

设计思路

本次班会包括以下环节。

第一环节是视频播放著名的“棉花糖实验”，并让学生说出观后感，让他们自己认识到：要想成功必须要有很强的自律能力。

第二环节是通过教师讲解、学生思考、案例分析、小组讨论、小测验等多种方式让学生明白自律的三方面：懂得自爱，勇于自省，善于自控。

第三环节是：（1）各小组分享历史人物的自律故事。

（2）小组讨论：学校中自律的具体表现有哪些？

第四环节是学生演讲：从自律走向成功。

第五环节是分享雨果及沈从文关于自律的名人名言，班主任点明主题：自律成就梦想，自律成就人生。

班会准备

（1）资料准备：一个心理学实验视频，《中学生守则》，《中学生日常行为规范》，“自控力小测验”卡片，一袋棉花糖。

（2）地点：多媒体教室，学生以小组而坐（八人一组）。

实施过程

一、视频播放著名的“棉花糖实验”

1. 创设情境

班主任：同学们，你们想要有成功的人生吗？哈佛大学心理学家丹尼尔•戈尔曼做了一个著名的“棉花糖实验”，通过这个实验可以看出什么样的人更容易获得成功。让我们一起来观看视频，希望对你们有所启发。

2. 视频放映

戈尔曼让一群4岁的孩子待在一间屋子里，每人给一块棉花糖，并对他们说，谁能等到研究人员回来（15分钟）再吃糖就可以得到两块糖。结果，有些孩子做到了，而有一些根本做不到，他们早早就把糖给吃掉了。随后，他们又在其他好几个国家做了相同的实验。14年后，研究人员跟踪调查发现，那些没有吃糖的孩子都有着积极的生活态度，获得了很大的成功。而那些没有抵住诱惑的孩子则表现为社会能力较差，容易遭受打击，遇事犹豫不决。

3. 交流观后感

什么样的人更容易成功呢？结论是那些自律能力强的人。

二、自律的三个表现

班主任：什么是自律？

所谓自律，就是针对自身的情况，以一定的标准和行为规范指导自己的言行，严格要求自己和约束自己。它包括三方面：懂得自爱是首要条件，还要勇于自省，善于自控。

1. 懂得自爱

班主任：懂得自爱，就是要塑造自己有良好的形象。一方面，要美化自己的外在形象；另一方面，更应该美化自己的内在形象（品德、理想、学识、个性）。自爱，还应该自尊和自强，珍惜自己的名誉，不自卑自弃，不屈从于艰难困苦，珍爱生命，热爱生活。

性别、家庭、容貌都是父母给的，不论男女、好坏、美丑，我们都无法选择，所以我们要学会悦纳自己。如果连你自己都不喜欢自己，那你还希望有人会喜欢你吗？有些东西是我们无法选择的，但心灵是可以由我们自己塑造的，可以通过学习、思考、磨炼，使我们自尊、自信、自强、自立，一样可以使自己成为Superstar！

【课件展示】案例分析

唐某被北京一名牌大学录取了，但是上万元的上学费用让她的一家难以筹借。一家制药厂得知此事后答应只要唐某在报刊、广播、电视上说是服了他们厂生产的健脑口服液才考上大学的，就给她一笔巨款。面对这意外的诱惑，唐某贫穷不移志，她立即拒绝做虚假广告，她说："如果为了贪图钱财而说谎话，我今后在社会上怎么做人？"

提问：你认为什么是自爱？唐某自爱吗？为什么？

2. 勇于自省

班主任：能够自律的人，能够经常地、冷静地回顾自己的思想和行为，寻找并克服自己的缺点，努力改正错误。自省应该是我们的生活中必不可少的伴侣。对自己的言行，要经常进行反省：是优点，要坚持，要发扬；是缺点、错误，要及时改正。这是严于律己的表现，是不断取得进步的重要途径和方法。

提问：你经常自省吗？比如我自己，昨天晚上睡觉之前我就在想，今天面对班里两个违反纪律的女生，我的语气是不是有点太严厉了？明天我该怎么同她们再谈一谈？班里那个天天迟到的男生，跟他谈过好几次话了但是并没得到好的效果，明天我是不是该跟他家长联系一下，看看迟到的原因究竟是什么？

提问：同学们经常自省吗？怎样自省的呢？

学生谈谈自己的情况。针对自身问题多的同学的自我反省，表扬他们的勇气，每人分发一块棉花糖，鼓励他们今后要增强自律能力。

小组讨论：对照《中学生守则》《中学生日常行为规范》自省。当发现自己有缺点、错误的时候，你该怎样做？组长交流发言。

3. 善于自控

班主任：能够自律的人，一定是善于自我控制的人，能够自己对自己进行监督和催促的人。人最难战胜的敌人就是自己的惰性、自己的缺点、自己的不良习惯。自我控制，则是克服惰性、缺点和不良习惯的保证。

【课件展示】自控力小测验

请对下列题目如实做出"是"或"否"的选择。

(1) 星期天复习功课时，容易受娱乐的诱惑而中断。

(2) 做事情容易受情绪或环境的干扰。

(3) 学习中遇到困难时，常常叫苦连天。

(4) 明明知道是自己不对，可就是管不住自己。

(5) 受到委屈、冤枉时，常常暴跳如雷。

(6) 遭受失败、挫折时，容易悲观失望。

(7) 在成绩、成功面前，容易沾沾自喜、骄傲自满。

(8) 自己定下的学习计划，常常落空，不能实现。

班主任：请同学谈谈感想，并回顾一下身边有哪些不自律的例子。

三、自律的故事

1. 班主任：分小组说出你们所知道的自律故事

一组：元许衡做官之前，一年夏天外出，天热感觉口渴难耐，刚好道旁有棵梨树，众人争相摘梨解渴，唯独许衡不为之所动。有人问他为何不摘，他回答说："不是自己的梨，岂能乱摘！"那人劝解道："乱世之时，这梨是没有主的。"许衡正色道："梨无主人，难道我心中也无主吗？"终不摘梨。

二组：近现代典型（刘少奇、王顺友的故事）。

三组：美文诵读或名言名句（同仁堂，四知堂故事）。

小组讨论：学校中自律的具体表现有哪些？

(1) 学习方面；

(2) 日常行为方面。

四、演讲：从自律走向成功

班主任：感谢这些代表们精彩的发言，下面请 ×× 同学为我们演讲：从自律走向成功。

（学生演出）

五、名言名句

知道在适当的时候自动管制自己的人就是聪明人。——雨果

征服自己的一切弱点，正是一个人伟大的起始。——沈从文

结束语：一个班级的班魂之所在，正在于我们每个同学能严于律己。只有自律自爱，才能塑造阳光品质。自律成就梦想，自律成就人生！

班会反思

本次班会从提问学生是否想要成功的人生入手，激发了学生的兴趣；通过视频播放，让学生明白了自律与成功的关系；通过小组合作讨论、案例分析等多种方式，促进了学生参与的积极性，分发给学生棉花糖更是提高了学生的积极性，坚定了他们的信心，活动效果也非常好。通过本次班会，学生增强了自律、自爱的能力，塑造了阳光品质，增强了整个班级的凝聚力。

自信——走向成功的阶梯

山东省青岛第六中学 // 孙海文

本主题班会适用于初中、高中各年级。

班会背景

帮助学生调整面对挫折时的心态，建立正确的思维模式，培养学生坚韧不拔的意志和自强不息的精神，让学生认识到自卑的危害性及增强自信心的重要性。

设计思路

本次班会包括以下环节。

第一环节是了解什么是自信。

第二环节是了解自信的重要性。

第三环节是如何培养自信。

第四环节是通过游戏活动激励增强学生的自信心。

班会准备

(1) 进行自信心问卷调查，并进行统计。

(2) 学生准备故事《把斧头推销给小布什》。

(3) 准备好小卡片，用于“激励小语赠同学”这个环节。

(4) 收集《相信自己》flash 动画歌曲。

实施过程

一、心理实验

主持人：同学们，让我们先一起来欣赏一个心理学家所做的实验：将一只跳蚤放入杯中。开始，跳蚤一下子就能从杯中跳出来。然后，心理学家在杯上盖了透明盖，跳蚤仍然会往上跳，但是碰了几次盖后，碰疼了，慢慢就不跳那么高了。

提出问题：跳蚤还能跳出杯子吗？为什么？

学生 a：跳蚤跳不出杯子，因为它知道上面有一个盖子。

学生 b：跳蚤跳不出杯子，因为跳蚤失去了自信了。

主持人：是的，跳蚤失去了自信，跳不出杯子了。那么在我们的生活中，在我们的心理是否也有这样的一个"盖子"呢？这就是我们今天班会的主题：自信——走向成功的阶梯。

主持人：提到自信我们并不陌生，那究竟该怎样给自信下一个定义呢？

出示课件：自信又叫作自信心，是相信自己有能力实现自己愿望的心理，是对自己力量的充分肯定。

二、精彩故事

主持人：自信很重要，但到底有多重要呢？或者说，自信会给我们带来什么好处呢？下面请欣赏璐璐同学带来的精彩故事《把斧头推销给小布什》，我们注意从故事的主人公乔治·赫伯特身上去寻找答案。

故事内容：美国一位名叫乔治·赫伯特的推销员，成功地把一把斧子推销给了小布什总统。布鲁金斯学会得知这一消息，把一只刻有"最伟大推销员"的金靴子赠予他。这是自 1975 年以来，该学会的一名学员成功地把一台微型录音机卖给了尼克松后，又一学员跨过如此高的门槛。

布鲁金斯学会创建于 1927 年，以培养世界上最杰出的推销员著称于世。它有一个传统，在每期学员毕业时，都设计一道最能体现推销员能力的实习题，让学生去完成。克林顿当政期间，他们出了这么一个题目：请把一条三角裤推销给现任总统。八年间，有无数个学员为此绞尽脑汁，最后都无功而返。克林顿卸任后，布鲁金斯学会把题目换成：请将一把斧子推销给小布什总统。

鉴于前八年的失败与教训，许多学员知难而退。个别学员甚至认为，这道毕业实习题会和克林顿当政时一样毫无结果，因为现在的总统什么都不缺，即使缺什么，也用不着他们亲自购买；再退一步说，即使他们亲自购买，也不一定正赶上你去推销的时候。然而，乔治·赫伯特却做到了，并且没有花多少工夫。一位记者在采访他的时候，他是这样说的：我认为，把一把斧子推销给小布什总统是完全可能的，因为小布什总统在得克萨斯州有一座农场，那里长着许多树。于是，我给他写了一封信。说有一次，我有幸参观您的农场，发现那里长着许多矢菊树，有些已经死掉，木质已变得松软。我想，您一定需要一把小斧头，但是从您现在的体质来看，这种小斧头显然太轻，因此您仍然需要一把不甚锋利的老斧头。现在我这儿正好有一把这样的斧头，它是我祖父留给我的，很适合砍伐枯树。倘若您有兴趣的话，请按这封信所留的信箱，给予回复……最后他就给我汇来了15美元。乔治·赫伯特成功后，布鲁金斯学会在表彰他的时候说：金靴子奖已设置了26年。26年间，布鲁金斯学会培养了数以万计的推销员，造就了数以百计的百万富翁，这只金靴子之所以没有授予他们，是因为我们一直想寻找这么一个人——这个人从不因有人说某一目标不能实现而放弃，从不因某件事情难以办到而失去自信。

主持人：谢谢璐璐同学的精彩讲述，下面请同学们讨论第一个问题：

乔治·赫伯特取得成功的原因是什么？在我们的身边还有没有这样的事例？

学生a：乔治·赫伯特取得成功是因为他吸取了别人的教训，总结经验的结果。

学生b：乔治·赫伯特取得成功是因为他对自己有信心，再加上他不怕困难，所以取得成功。

主持人：同学们的认识都很正确。从这个故事中我们不难发现，乔治·赫伯特成功的基础是他具有坚定的自信心。如果现在打开布鲁金斯学会的网站，就会在该学会的网页上发现这样一句格言：不是因为有些事情难以做到，我们才失去自信；而是因为我们失去了自信，有些事情才显得难以做到。（出示格言，先让学生默读，提示重读“显得”，请全班同学大声朗读这句格言）

主持人：希望这句话能成为在座每位同学的前进动力。

三、相信自己

主持人：那么，现在我们很自然会想到一个问题，既然自信心如此重要，我们该如何培养自信心呢？这是我们要讨论的第二个问题。（学生讨论，交流共享）

主持人：其实，树立自信并不是一件难事，如“给自己一个微笑”，这谁都可以办到。树立自信也绝对不是个人的事情，如“感受别人的欣赏”，我们既要懂得感受他人对自己的欣赏，同时还要懂得去欣赏他人、赞美他人。

同学们，前两天，我们进行了一个自信心的问卷调查，下面让我们看看调查的结果（出示统计图）。可见，我们有少数同学还缺乏自信。下面让我们来为其中的三位同学找自信。他们是咱们班上最默默无闻的三位同学，希望我们热情的赞美可以让他们勇敢起来、大方起来。

学生：说出三位同学的优点。

四、激励小语赠同学

活动：为同学设计一个鼓舞人心的赠言，并写在卡片上。

如：a. 先相信自己，然后别人才会相信你。

b. 哪怕是最果断的人，只要他失去自信，也会变成懦夫。

（学生互赠激励语。）

请同学读一读好朋友送给你的话，讲讲自己的感受，再说说自己送给同学的赠言。

主持人：我此刻非常感动，觉得我们班同学特别团结、特别友爱，觉得我们是一个充满自信、理解和理想的班集体，我真想放声高歌。我觉得有一首歌最能代表我此时的心情，也非常符合我们这节班会课的主题，让我们一起欣赏歌曲《相信自己》。

班会反思

本次班会通过问卷调查、讲故事、学生谈体会等形式，展现了学生由自卑走向自信的过程，使学生受到感染和启发，增强了自信，争做生活的强者；相信自身的潜力，并能勇于实践、战胜困难，迎接生活中的各种挑战。

习惯养成

习惯养成教育——用行动践行美丽

山东省青岛莱西市望城中心中学 // 刘 宁

本主题班会适用于初一年级。

班会背景

通过主题班会，使学生充分认识良好习惯对成长的重要作用，提高养成良好习惯的自觉性；辨识良好的学习习惯和不良的学习习惯，发现并改正不良习惯，提高自我控制能力。

设计思路

本次班会包括以下环节。

第一环节是猜谜导入。

第二环节是习惯的定义及重要性。

第三环节是坏习惯与好习惯。

第四环节是宣誓自己要养成的好习惯。

班会准备

(1) 教师准备一些关于习惯养成的幻灯片、资料、演讲稿来说明习惯对命运的影响。

（2）学生因有良好习惯而改变的实例——现身说法。

实施过程

一、猜谜导入

导入：猜猜看：

我不是你的影子，但我与你亲密无间。

我不是机器，但我全心全意听命于你。

对成功的人来说，我是功臣；

对失败的人来说，我是罪人。

培训我，我会为你赢得整个人生；

放纵我，我会毁掉你的终身。

我到底是谁？我平凡得让你惊奇。

二、同学讲故事

在印度和泰国随处可见这样一副荒谬的场景：一根小小的柱子，一截细细的链子，拴得住一头几千斤重的大象。那些驯象人，在大象还是小象的时候，就用一条铁链将它绑在水泥柱或钢柱上，无论小象怎么挣扎都无法挣脱。小象渐渐地习惯了不挣扎，直到长成了大象，可以轻而易举地挣脱链子时，也不挣扎。

小象是被链子绑住，而大象则是被习惯绑住。可见，习惯的力量很大，大到可以毫不费力地束缚住几千斤重的大象。那么，我想问问同学们，在我们的日常生活中，哪些行为属于习惯呢？

学生交流：习惯是我们在长时期里逐渐养成的，一时不容易改变的行为、倾向或社会风尚。

张佳、樊永超的诗朗诵《点滴习惯做起，让世界更加美丽》。

通过意境理解习惯，通过主题理解习惯带给人们的无穷魅力！

演讲：《素质是习惯，文明是礼仪》

目的：让不文明的画面、不和谐的音符远离我们！

播放歌曲《我相信》。

目的:从小树立自信:我能行!

(课件展示)让我们齐读:

播下一个行动,收获一种习惯;播下一种习惯,收获一种性格;播下一种性格,收获一种命运。

三、坏习惯与好习惯

1. 展示不良习惯(课件展示)

(1) 乱丢垃圾;

(2) 迟到;

(3) 上课不能专心听讲 ;

(4) 上课讲话 ;

(5) 上课打瞌睡;

(6)上课做小动作;

(7) 影响其他同学上课;

(8) 抄袭作业 。

目的:反思自己的行为:见贤思齐焉,见不贤而内自省也。

议一议:让同学们心中有一杆秤;明确是非曲直的观念。

2. 良好的学习习惯

(1) 主动学习的习惯;

(2) 及时完成规定的学习任务的习惯;

(3) 各学科全面发展,不偏科的习惯;

(4) 预习的习惯;

(5) 认真听课的习惯;

(6) 上课主动回答问题的习惯;

(7) 多思、善问、大胆质疑的习惯;

(8) 上课记笔记的习惯;

(9) 课后复习的习惯。

比一比、看一看:好坏习惯的对比,树立是非曲直观念。

共同探讨:中学生必须养成哪些良好的学习习惯?(学生谈感受)

四、宣誓

“好习惯伴我行，提升文明素养”誓词

我决心尊敬师长，友爱同学，不讲脏话痞话；我决心爱护环境，讲究卫生，不乱丢果皮纸屑；我决心诚实守信，老实为人，不讲谎话假话；我决心认真读书，努力学习，不迟到旷课；我决心遵纪守法，爱校如家，不打架斗殴；我决心养成良好习惯，做一名有理想的中学生。

宣誓人：×××

五、活动延伸

（1）人人在倡议书上签字，树立目标，并落实到行动中。

（2）班主任寄语。（这一环节的设计目的在于激发并号召学生积极行动起来，为养成良好习惯而努力）

班会反思

一种良好习惯的养成不会是轻而易举的，要想完成它，就得确立长远的目标，一步一个脚印地行动起来。俗话说，有志者，立长志；无志者，常立志。所以，要养成良好的学习习惯，不能心急，但一定要说到做到。例如，想背完 1 000 个单词，可以分成多天来完成，今天背 10 个，明天背 10 个，日复一日，这样不仅不会给自己造成太大的压力，并且当你完成目标时会品尝到一种前所未有的成功的喜悦。其次，学会时刻自我约束。如果良好的习惯养成之后放松要求、忘乎所以，那么没过多久丢掉的坏习惯又会重新回归。认识到听课做笔记的重要性后，就得一天不落地记下去；认识到自习课讲话会影响他人，那就踏踏实实地学习。久而久之，坏习惯会离你越来越远；自然而然，成功会离你愈发地接近。观念改变习惯，习惯积淀素养。生活处处是细节，细节点点积素养，素养默默铸文明。

好习惯成就大人生

山东省青岛第六中学 // 孙海文

本主题班会适用于初中、高中各年级。

班会背景

通过家长会和与家长交谈，对学生的观察，并且与个别学生交流后，发现学生存在着很多不良的行为习惯和学习习惯。因此，适时举行一次有关养成好习惯的班会是当务之急。通过活动，加深学生对养成良好习惯的认识。

设计思路

通过学生身上实实在在存在的不良习惯，让学生体会不良习惯所带来的危害，切实感悟到养成良好习惯的重要性。

班会准备

(1) 多媒体平台、教学课件。

(2) 培养两位学生当主持人，准备串联词。

(3) 小品、关于好习惯及坏习惯的故事。

实施过程

一、创设情境

主持人：同学们好！什么是习惯呢？请同学们来做一个小小的游戏(两掌相

对，十指交叉。注意观察大拇指的位置），这就是自然而又固执的习惯。法国学者培根曾经说过："习惯是人生的主宰，人们应该努力地追求好习惯。"

二、交流空间

1. 说说我们的坏习惯

表演小品《发生在我们身边的事》。

（旁白）早晨，同学们早早地来到教室，坐在自己的位置上读课文。

小陈：气喘吁吁地跑进教室，一边吃东西，一边随手把一团废纸丢向墙角。还没坐下来，就一个劲儿地翻旁边同学桌上的本子。

小蔡：唉，你又迟到了。嗨！海！嗨！你在翻什么呀！

小陈：数学作业做完了吗？（翻到作业，露出惊喜之色）借我抄一下（抄数学作业）

（旁白）上课铃响了，同学们都在专心听讲，积极思考，认真记笔记，而小陈又在干什么呢？

小蔡：专心听讲，不时地记着笔记。

（小陈一会儿把书翻来翻去，一会儿玩手中的笔，一会儿和同桌讲话，一会儿东张西望，一会儿前俯后仰，然后趴在桌子上睡着了）

（旁白）下课时间到。

小蔡：喂，喂，下课了，你怎么啦？

小陈：啊！昨晚看电视真过瘾！太困了。

（旁白）下午三节课即将结束，小陈开始骚动不安，伸展着疲惫的身躯，挪动着椅子，弯腰半站，似乎想从后门口一跃而出，正在这时铃声再次响起。

值日班长：哎，你又要跑了啊，地又不扫！

小陈：我有急事……（小陈甩头就跑）

小蔡：唉！我又要一个人扫地了。

2. 让学生讨论，说说班级存在的坏习惯

班主任：看了刚才的小品，大家说说看，在小陈身上有哪些坏习惯？违背了中学生行为规范的哪些条例？

除上面这些不良习惯外，我们自己身上还存在哪些坏习惯？

小组讨论，学生发言。教师进行及时的引导和点评。在发言的过程中强调不良的和良好的习惯的影响，随后引导学生思考怎样纠正不良的习惯、建立良好的习惯。

主持人：不良的习惯可能是我们成功路上的绊脚石，可能是我们人生之舟驶向成功彼岸的暗礁，可能是我们长途跋涉时鞋里的细沙。

作为一名中学生，要养成哪些良好的学习习惯？

(1) 爱动脑筋，爱观察，爱提问；

(2) 有钻研精神，喜欢独立完成学习任务；

(3) 善于集中精神，排除干扰；

(4) 有一套适合自己的学习方法；

(5) 经常使用工具书、参考书；

(6) 喜欢阅读，有意识地拓宽知识面；

(7) 今日事，今日毕；

(8) 经常与同学讨论问题。

要养成哪些良好的行为习惯？

(1) 言语文明，见面问声好，友善共相处热情礼相待，"请""你好""对不起""谢谢"等文明用语应常挂嘴边，不说污言秽语，不给别人起不文明的绰号；

(2) 衣着端庄，仪态规范；

(3) 领物取物，主动排队，相互礼让，井然有序；

(4) 他人宿舍，非请莫进，他人财物，未准莫取；

(5) 走道楼梯，人来人往，你谦我让，主动留道；

(6) 弱小贫困，帮扶资助，残疾病患，文明相待；

(7) 桌面墙面，莫乱涂画，垃圾杂物，弃置有道；

(8) 进出校门，主动下车，微笑致意；

(9) 上课考试，休息时间，尊重他人，保持安静；

(10) 升旗仪式，庄严肃穆，着装整齐，端正严谨。

主持人：以上这些良好的习惯需要我们去培养和坚持，它们将为我们明天的成功奠基。

三、心灵体操

主持人：同学们讨论了不良习惯的危害，了解了很多好习惯和坏习惯，现在测试一下自己一天时间的利用率高不高。

学习时间＝上课时间＋自习时间＋真正利用的课余时间－发呆时间－闲聊时间－借东西时间。一天时间的利用率＝学习(工作)时间/24小时

(1) 算算你的时间利用率高吗？

(2) 主要是什么习惯产生的影响?

根据时间利用率的高低,共同探讨怎样提高时间的利用率,纠正不良的学习习惯,养成良好的学习习惯。

主持人:已经了解了很多好习惯和坏习惯以及对我们的影响,同学们商量一下看看有什么好办法来改变自己的坏习惯、养成好习惯,在改变不良习惯、养成好习惯过程中会遇到种种困难。下面介绍几种方法,希望能对大家有所帮助。(对展示的方法进行简单的介绍和分析)

怎样纠正不良的习惯?

(1) 交一些能够管束自己的朋友。

(2) 用暗示法来提醒自己。

(3) 用写日记的方法来管束自己。

如何培养良好的习惯?

(1) 写名言名句贴在桌上警示自己。

(2) 可以请老师、同学督促自己。

(3) 可以每天定下一个目标,时刻检查自己。

(4) 强化意志,战胜自己。

主持人:法国作家罗曼•罗兰有句名言:性格即命运。假如我们的本性中有一些阻碍成功的因素,如果不改变,岂不是注定要失败?其实,每天克服自己一点点毛病,每天坚持进步一点点,我们就会离成功越来越近。《中学生日常行为规范》和《中学生守则》对我们中学生的日常行为提出了规范的要求。它教育我们养成良好的行为习惯,做全面发展的一代新人。俗语说,一滴水可以反映太阳的光辉,我们随便的一句话、一个动作乃至一个眼神,可能就在别人面前折射出我们自己的文明程度。因此,同学们,让我们从现在做起,从身边做起,从小事做起,养成良好的习惯,让我们的社会更加和谐、更加美丽。今天我们班举行的"好习惯成就大人生"主题班会活动取得了圆满成功。谢谢大家!

班会反思

要引导学生学会做人,学会学习,学会生活,养成良好的行为习惯。习惯决定一个人一生的高度。但是,培养学生良好的习惯需要家长配合,需要与家长沟通一起努力。

自我规划

认识自我　提升自我

青岛大学附属中学 // 余凤娟

本主题班会适于在初二上学期期中以后进行。

班会背景

进入初二，学生要面临生物、地理会考，他们想在生物、地理会考中取得很好的成绩，但是却不能真正认识自己，不知道怎样提升自我。通过这次班会，希望学生能发现自己身上的优点和缺点，并且能正视自己；在以后的学习中能发扬优点、改正缺点，从而在生物、地理考试中实现自己的目标和梦想。

设计思路

本次班会包括以下环节。

第一环节是认识自我。通过写下"我是……的人"来真正认识自己，并且在与同学讨论之后知道在他人眼中的自己是什么样子。

第二环节是描绘生命线。通过描绘生命线让学生回忆自己成功和骄傲的时刻，想想是什么让当时的自己成功。

第三环节是"未来从现在开始"。让学生想想自己的人生目标是什么，近期生物、地理考试的目标是什么，怎样提升自己的目标。

班会准备

(1) 资料：收集有关认识自我的故事，歌曲《最初的梦想》；准备"人际交往特质问卷”，学生照片等。

（2）物品：A4纸、铅笔等。

实施过程

一、认识自我

1. 创设情境

主持人：在今天的班会开始前，请大家猜一个谜语：古希腊有一个神话故事叫“斯芬克斯之谜”。斯芬克斯是希腊神话中一个长着狮子躯干，女人头面的有翼怪兽。坐在忒拜城附近的悬崖上，向过路人出一个谜语：“什么东西早晨用四条腿走路，中午用两条腿走路，晚上用三条腿走路？”如果路人猜错就被害死。最后俄狄浦斯猜中了谜底。

你知道这个谜底是什么吗？这个故事告诉我们什么？

人最难认识的就是自己，认识自我难能可贵。

2. 看一些学生初一的照片

让同学们看一看照片，问同学们是否清楚地认识自己、怎样认识自己：

（1）以他人为镜。以人为镜可以明得失。请学生讲一讲以人为镜的故事。

让学生分享自己以人为镜的故事，找找身边的榜样；

（2）自我反省，吾日三省吾身。

主持人：通过写下十句“我是……的人”，请大家从各个方面认真思考自己是什么样的人，在写完之后和同学们一起交流分享心目中的自己。请大家说说听完之后的感受，看看自己心目中的自己和同学们眼中的自己是否一样，从而好好思考这两种认识之间的差距。

（3）通过他人的评价来了解自己 。

主持人：请同学们填写“人际交往特质问卷”，写下同学之间对彼此的认识，然后把纸条裁开，送给写到的同学。

主持人问：你接到来自他人的哪些纸条，有什么感受？

二、描绘生命线

主持人：同学们，全面正确地认识自我，能让我们不断完善自我，这样我们才能获得更多的成功。在我们生命的过程中，每个人都期待成功，每个人也都有成功和骄傲的时刻，让我们画出自己的生命线。

什么是生命线呢？

(1) 先分享老师自己的生命线。

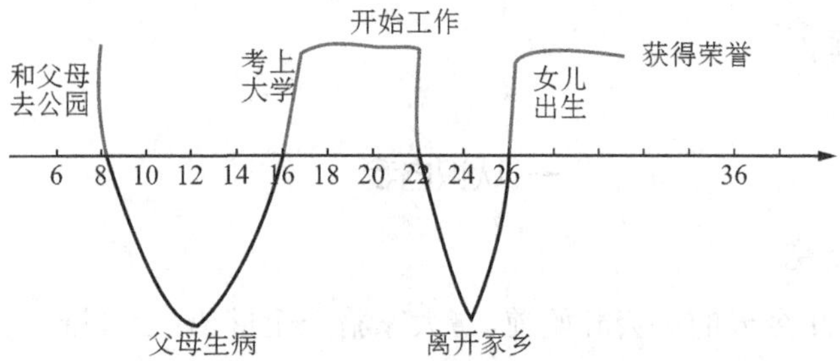

(2) 教会同学们画自己的生命线。

(3) 画完生命线后和同学一起分享聊聊，同时播放《最初的梦想》：

我的从前……

我的现在……

我的将来……

想一想，过去你身上的什么优点帮助你成功了呢？什么缺点阻挡了你前进的脚步？

三、未来从现在开始

主持人：(1) 未来的你想取得什么样的成功呢？

和同学一起讨论近期希望取得的成功：

① 在生物、地理会考中你的目标是什么？让同学们畅谈自己在生物、地理会考中想取得的成绩。

② 你理想的高中是什么？小组讨论，然后分享将来的梦想(自己人生的目标是什么)。

(2) 思考：同学们，为了实现心中的梦想，你希望在你的身上有什么样的改变？

(3) 在歌曲《我的未来不是梦》中，让同学们看照片编辑成的视频并思考。

结束语：

同学们，我坚信，只要我们能真正认识、改变自己，超越自己就能把握未来，无论是你近期的目标还是未来的梦想都一定能实现。请记住下面的话：

如果你获得了银牌，你总会被遗忘，如果赢了金牌，你会成为典范。我们每个人都要在自己的人生中，为自己骄傲一次。(《摔跤吧！爸爸》)

班会反思

本次班会教师只是担当了导演的角色，设计一个一个的环节让学生通过各种方式真正认识自己。也让学生发现自己身上的一些优点和缺点以及为了实现自己的目标应该怎样改正自己的缺点、坚持自己的优点。尤其是在面临生物、地理会考这种特殊时刻，更应该想办法提升自己、超越自己。但是，本节课时间有限，不能完全展开让大部分学生畅所欲言。

附:《人际交往特质问卷》

(1) 你认为谁是班上最热心而且乐于助人的人？______

(2) 如果你心情不好，想找人谈谈，你会去找班上哪位同学？______

(3) 如果你想讨论学业上的问题，你会去找班上哪位同学？______

(4) 如果班级要选出代表年级出黑板报的同学，你第一个会想到哪位同学？______

(5) 如果班级选出最刻苦勤奋的人，你第一个想到谁？______

(6) 你觉得班上人缘最好的人是谁？______

(7) 如果年级举办一个即兴演讲比赛，你会推荐班上哪位同学？______

______

(8) 平心而论，你觉得班上最让你佩服的人是谁？为什么？

______

(9) 如果你有困难，你会找班上的哪位同学寻求帮助？______

(10) 你认为谁是班上最认真的人？______

(11) 你认为班上谁是最有责任心的人？______

(12) 如果你想找人聊天消遣，你会去找班上的哪位同学？______

(13) 你认为谁是班上最不斤斤计较的人？______

(14) 你认为谁是班上值日最认真的人？______

(15) 你认为谁是班上最有诚信让你信任的人？______

20 年后的我

山东省青岛第三十三中学 // 宋　妍

本主题班会适于在初二上学期初或初三上学期初进行。

班会背景

许多学生在被问及初中毕业要考哪个学校或哪个专业时，往往一脸茫然，一无所知。他们每天的日子就像寺里撞钟的和尚，得过且过；像水里的浮萍，漂到哪儿算哪儿。这显然是心中缺乏目标，缺少奋斗的行动力导致的。没有目标，反映出人生缺少理想。而人生理想属于每一个人，对于初中生来说尤其重要。因此，让青少年在初中阶段明确自己的人生目标和理想，会使他们的人生过得更有意义、更有价值。

本次班会的目的是帮助学生通过情境体验感受理想的力量，明确树立理想的重要性；引导学生知道理想并不遥远也不虚空；鼓励学生为实现自己美好的理想从现在做起，扎实于每一小步，通过完成一个又一个的小目标逐渐实现自己最终的理想。

设计思路

本次班会包括以下环节。

第一环节是情境体验“20 年后的我”。由一组学生现场表演，引发学生对自己 20 年后从事职业的想象，为树立自己的理想、达成初中段的小目标进行铺垫。

第二环节是“思考讨论”。引导学生思考确立初中段目标后怎样达成这个目标，具体要做什么、怎么做。

第三环节是“目标榜”。引导学生将第二环节的讨论内容写下来，与同学们分享，课后集中张贴在班级目标榜上，以起到相互监督的作用。

班会准备

（1）物品：情景剧道具、目标卡、班级目标榜、相机等。

（2）内容：根据班上学生的理想改编情景剧及排练。

实施过程

一、情境体验

1. 班会导入

班主任：理想是人生航程的灯塔，是我们人生奋斗的目标，指引着我们人生前进的方向。只要我们始终不移地向着这个方向前进，我相信，我们将达到成功的彼岸。古往今来，凡是有作为的人，无不重视理想的作用，他们在青少年时代就确立了远大的理想。

高尔基说过：一个人追求的目标越高，他的才能在发挥过程中对社会就越有益。如果我们每个人都有自己的远大目标，我相信，我们的社会将会发展得更快。亲爱的同学们，你们也一定有自己美好的理想吧！那么，你们的理想是什么？（待学生回答后）不知你想过没有，20 年后的你是什么样子？我们今天的班会活动的主题就是“二十年后的我”。

20 年在历史的长河中只是短暂的一瞬，但在人生的旅途中却是不长不短的岁月。20 年后的你是什么样子？现在我们想象表演 20 年后大家见面的情景。（教师做变老的简单装扮）

2. 情境表演

学生甲扮演摄影记者（脖子上挂相机，手拿摄影刊物）：

我从小喜欢摄影艺术，希望自己成为我们国家一流的摄影记者。经过 20 年的不懈努力，我的理想变成了现实，我手中的这本杂志中有好几幅照片就是我的作品。我还在世界性的新闻摄影比赛中多次获奖。老师，感谢您在我读中学时对我的鼓励。

班主任：让我们大家为他取得的成绩鼓掌。

（《运动员进行曲》乐曲声起）学生乙扮演世界冠军（身穿运动装，胸前有闪亮的四块金牌）：

老师、同学们，在中学时，我的身体素质比较好。那时我曾暗暗发过誓，一定要当一名出色的运动员，为国争光。20年过去了，我在第30届、31届奥运会上夺得了4块金牌，为祖国争得了荣誉。每当五星红旗伴着国歌声在异国他乡的体育场冉冉升起时，我常常情不自禁地流下热泪——小时候想当优秀运动员，此时我的愿望终于实现了。这与我树立理想并为之不懈努力奋斗是分不开的。

班主任：真不简单，当初看到你在学校操场上挥洒着汗水仍不曾休息的拼劲就预感到你一定会成功。如今，你的付出得到了应有的回报，祝贺你！

学生丙扮演水稻专家（捧着张画了一捆稻子的彩图）：

上中学时，地理老师告诉我们，我国人口逐年增多，人均耕地却越来越少，人们的吃饭问题面临着挑战。是啊，民以食为天。于是，从那时候我就立志要为祖国13亿人的“吃”贡献一点力量。经过10年多的研究、试验，现已培育出亩产1500千克的“世纪号”良种水稻。现在，同学们在餐桌上吃到的大米很大一部分都是来源于我和我的合作伙伴共同培育出来的“世纪号”。我也在此保证“世纪号”绝对健康绿色。能够保证我国国民的饮食安全是我的骄傲！

班主任：“民以食为天”，你和你的同伴为提高我国国民的身体素质做出很大的贡献。我为有你这样的学生感到骄傲与自豪！

学生丁扮演环卫工人（身着工装，带着扫除工具）：

尊敬的老师，亲爱的同学，大家好！20年过去了，我可没有像前面几位同学那样干出了不起的业绩。我的工作太平凡了。大家也看出来了，我现在是一名环卫工人。但是，我热爱这个职业，因为我用苦和累换来了我们生活环境的清洁和舒适。

班主任：你一直以来就默默无闻，但无论你接受了什么任务都会用你一贯的责任心及时完成，从不会给任何人和你所在的集体造成麻烦。因此，无论你从事何种职业，我相信你会在工作中兢兢业业、甘于奉献。我为你感到骄傲自豪。

学生戊扮演大公司总裁（西装革履，坐在办公桌边查阅电脑中的文件）：

大家还记得20年前用一条毛虫吓哭好多女同学的调皮王吗？我现在再没时间捣蛋了。我大学毕业后经过十多年的艰苦创业，创办了一家计算机公司。由于讲信誉、重质量，业务往来越来越多。现总公司在我们青岛，分公司遍及全国各大城市，国外也有许多业务联系，经济效益十分看好。今天我是专程来为母校新建图书馆捐款的。（拨打手机告诉秘书把100万元支票赶快送来）

班主任：还记得你吓哭好多女生后我们俩的谈话。谈话结束时，你用坚定的目光告诉我，你不会让我失望。那时的你突然就像换了一个人一样，第二天就把你的奋斗目标和实施计划写在纸上给我看。你的雷厉风行让我确信你会有所作为。你的理想和目标也促使你有了明确的努力方向和极强的行动力。果然，一分耕耘一分收获。

学生己扮演文学家（留着胡子，戴副眼镜，手持厚书）：

中学时我酷爱文学，是校文学社的一名编辑。现在我实现了自己的心愿，每天都从事与文学有关的工作，写过不少人们喜欢的小说，发表了数不清的散文和诗歌，还应邀编写过剧本。其中，有的作品已被译成多种文字出版发行。老师，这是我的文集，送给您作纪念吧，也以此感谢您曾经对我的谆谆教导。

班主任：谢谢！我一定珍藏，好好欣赏你的大作。

二、思考讨论

班主任：看到这么多同学因为在青少年时期就树立了自己的理想，并通过自己的努力最终实现了人生目标，我替你们感到高兴，为你们自豪。是啊，有了美好的理想，才会有奋斗的方向。既然同学们在本次班会前就考虑过自己的人生理想，那么此时此刻，我请同学们思考一个问题：为了实现自己的理想，你现在应该做什么，又应怎么做呢？

给学生自我思考的时间，然后组内进行讨论，引导学生立足现实，通过讨论得出切实可行的实施计划。

三、目标榜

班主任（待学生讨论并全班分享后小结）：同学们说得不错。理想是我们人生前进的动力。理想作为我们人生追求的目标，绝不是空谈，而要脚踏实地，从现在做起。根据刚才同学们分享的一些具体可行的计划，不断完成一个个小的阶段目标，最终一定会实现自己的理想！现在，请同学们根据刚才的讨论和分享，根据自己的实际情况完成自己的目标卡。（要求：不能“假大空”，要有具体计划。学习成绩可以分成具体学科，如目标：数学提高十分，达成措施：多做题，每周找老师反馈做题情况并解决不懂的题目）

班主任（待学生完成目标卡）：目标卡只是帮助同学们实现理想的一种手段，关键是我们为了达到这个目标要以坚强的毅力、顽强的斗志、勇于拼搏的精神去奋斗，将目标卡实施到底。欢迎同学们把自己的目标卡展示在我们的目标榜上，让你们彼此相互监督、相互提醒、相互促进。我相信，经过20年的不懈努力，同学们的理想一定会实现！（鼓励所有的学生将目标卡展示于班级目标榜上并通过拥抱、握手等方式激励对方）

班会在《怒放的生命》激昂的乐曲声中结束。

目标卡

我的目标(初中段):______________(要考哪所高中或学习哪个中专或职高的专业)

学习成绩目标:______________________________

如何达成你的学习成绩的目标:____________________

能力目标:______________(如提高了组织能力或人际交往能力等)

如何达成你的能力目标:__________________________

其他目标:__________________________________

如何达成:__________________________________

班会反思

本次班会采用了情境体验的方式,表演了20年后在不同工作岗位上的学生与老师之间的对话,鼓励、引导学生思考自己的人生理想。同时,教师引导学生找出情境表演中的人物能够“实现”自己人生理想的主要原因——确立小目标,列出切实可行的实施计划。在此前提下,鼓励学生通过自我思考、讨论、分享并且根据自己的实际情况列出目标卡(初中段),使学生有了实现自己理想的切实动力。班级目标榜是学生之间相互监督、相互促进的平台。课后,还让学生根据目标卡的内容制作了一份目标海报张贴在家中,便于家庭成员的督促,使班会的效果尽可能地持续延伸。

未来我是……

山东省青岛第四十九中学 // 鲁菲菲

本主题班会适于在初三上学期开学初进行。

班会背景

进入初三，学生学习节奏明显加快，学习强度加大。面对升学压力，部分学生会紧张，无所适从，甚至有的学生会产生懈怠、散漫、放弃的思想。通过与学生交流，发现大多数学生对本学年的学习充满恐惧，对自己的毕业去向没有目标，表现为忧虑、学习动力不足。

我安排在初三上学期开学初举行本次班会，一是帮助学生确立本学年的目标，二是利用群体的力量为大家加油、鼓劲！

设计思路

本次班会包括以下环节。

第一环节是“他山之石，可以攻玉”。学生通过拍掌活动进行课前热身：“早上，好我们，我们每天，很好。”（每个字拍一次手掌，逗号处停顿，其他连续）学生通过这个活动感受到一个字“好”，为自己的初三生活加油、鼓劲，增强自信。

分享教师自己的成长故事，贴近学生的实际，更容易走进学生的心灵。学生在倾听和分享感受中激励自己，引起情感上的共鸣，确立自己的目标与奋斗的方向。

第二环节是“绘制生命线”。学生进行体验活动，回顾过去，展望未来。请学生画出自己的生命线，以现在为界（15 岁），画出之前经过自己努力实现的三件事；再画出 15 岁以后，希望经过自己努力完成的五件事，指明完成的时间。通过这一活动，帮助学生在总结自我的前提下，设立近期和远期的奋斗目标，让学生对自己有长远的规划，引领自己的成长。

2026 年 9 月 1 日，这一天，你 25 岁了，你会在哪里生活？正在做着怎样的事情？请你想象你这一天的生活并记录下来。通过这一活动，让学生对未来的自己有着美好的憧憬，在音乐中想象着自己的未来，激励学生树立远大的理想，励志前行。

第三个环节是“未来从现在起航”。回到现实，引导学生充分讨论这一学年中面临的实际问题，相互交流，确定自己的目标。

第四个环节是“总结升华”。班主任总结提升本节课的主题。全体起立，一起做“我很棒”的手语操，学生齐唱《我的未来不是梦》。

班会准备

（1）材料准备：《我的成长之路》，《乔布斯语录》，水彩笔，A4 纸，画夹。音乐：《寂静之音》《安妮的仙境》《最终幻想》《我的未来不是梦》。

（2）心理活动：“我很好”的拍掌，“我很棒”的手语操。

（3）地点：心理活动团体室，学生席地而坐，四人一个圈，面对面就座。

实施过程

一、他山之石，可以攻玉

1. 导入

全体起立，学生跟着老师进行拍掌活动。“早上，好我们，我们每天，很好”（每个字拍一次手掌，逗号处停顿，其他连续），一共 3 遍。做完后，教师问：“如果让你用一个字描述现在的感受，是什么？”学生回答：“好。”教师说：“我们现在很好，我们明天会更好！”

2. 励志经历

班主任有激情地讲述自己的成长故事：我是一名来自农村的孩子。我幼儿园基本没有上过，小学三年级之前是在村里上的。老师是民办教师，一人教所有学科，有时与其他年级的孩子一起上课，半节课给一年级讲，半节课给二年级讲。小学没有学过英语。四年级转学到离家 2 千米外的其他小学，中午回家吃饭，每天往返两个来回，没有校车，没有接送，学习质量更是无法保证。回家要去挖野菜，帮父母干活，没有时间写作业。

初中到离家4千米外的镇上中学。每天都要骑自行车上学。中午没有食堂，啃个冷馒头，带点咸菜，遇到农忙时节要请假在家干活。还记得秋收时，钻进玉米地里，被玉米叶划得满身伤痕。我励志要考上大学，将来做一个有出息的人。我从初二开始发奋读书，每次考试都给自己定一个目标，不完成誓不罢休，终于在1 000多名初中毕业生中脱颖而出。那一年有27个同学考取了重点高中，我有幸成为其中的一员。后来我考上大学，积极参与大学的各项社团活动，拿过三次奖学金，当了两年班长、两年团支书，大二时加入了中国共产党。大学毕业时，我以山东省优秀毕业生的身份进入青岛，才有了现在的工作。

3. 分享交流

班主任：请同学们自愿分享感受，分享的要点是：

（1）你如何看待班主任的成长之路？

（2）未来我是谁？是老师、医生、设计师，还是一个胸怀梦想的冒险家？

二、绘制生命线

1. 回顾过去，展望未来

班主任：请画出自己的生命线，以现在为界（15岁），画出之前经过自己努力实现的三件事；再画出15岁以后，希望经过自己努力完成的五件事，指明完成的时间。（保持安静，不要交流，静心思考，认真绘制）

2. 小组合作，交流分享

班主任：15岁之前已经完成的最重要的一件事，想象10年后的我取得的成就，并描绘美丽的愿景来与你的同伴分享。

3. 穿越未来，积极想象

班主任：2026年9月1日，这一天，你25岁了，你会在哪里生活？正在做着怎样的事情？请你想象你这一天的生活，并记录下来。

选取自愿交流自己梦想的同学进行分享，给予热烈的掌声。

三、未来从现在起航

1. 交流讨论

（1）你最想考取的高中是哪一所？

（2）你最想报考那个专业学习？

（3）你预计你的中考总分是多少？

(4) 你现在的学习状态如何？和你理想的学习状态有差距吗？原因何在？

2. 反思共享

班主任组织学生在全班同学面前，高谈自己的本学年的目标与打算、中考目标与预测分数，从而激发学生的学习斗志。

四、总结升华

班主任：未来掌握在我们自己手中，请同学们带着你的梦想，带着你的激情大声朗读《乔布斯语录》：

(1) 活着就是为了改变世界，难道还有其他原因吗？

(2) 成就一番伟业的唯一途径就是热爱自己的事业。如果你还没能找到自己热爱的事业，继续寻找，不要放弃。跟随自己的心，总有一天你会找到的。

(3) 人生就是在坚持中实现精彩！

Don't ever give up! If you can't fly, run. If you can't run, walk. If you can't walk, crawl. But whatever you do, keep moving forward.

绝不要放弃！如果飞不起来，那就跑；跑不动，那就走；走不了，那就爬。无论怎样，都要继续前行。

学生全体起立，跟老师一起做"我很棒"的手语操。

我很棒！

我很棒！

我真的真的真的很棒！

最后，全班学生手拉手齐唱《我的未来不是梦》。

班主任：同学们，你们真的很棒，相信自己，请大家跟我一起大声说出你们的中考目标，我们一定成功！(将本节课推向高潮)

班会反思

本次班会从我的亲身经历导入，收到了非常震撼的效果，学生和我在课堂上都泪眼摩挲了。下课后，甚至有学生主动跟我沟通，向我竖起大拇指，拉近了师生之间的距离。

本节课两个地方要给学生留足充分的时间：一个是绘制"生命线"，一个是"未来的某一天"。通过本次班会，学生在体验中感受到了鼓励，为初三一学年的辛苦和努力做好了充分的准备，备足了精神食粮。

同学相处

宽以待人

山东省青岛第六中学 // 孙海文

本主题班会适用于初中、高中各年级。

班会背景

同学之间发生矛盾，产生分歧是在所难免的，关键是要正确对待和解决矛盾；要建立正确的人生观，看问题要多角度思考，善于站在别人的立场上看问题，不能自私片面；要严格要求自己，宽容对待他人，生活中多一些互相理解，做一个心胸宽广的人。

设计思路

本次班会包括以下环节。

第一环节是“看图解意”。通过两幅图画，让学生谈感悟。

第二环节是“小品剧表演”。通过课间、课堂上、家里、路上的小品剧互换角色的表演，使学生正确的理解。

第三环节是“演讲”。通过演讲，宽以待人，达到共鸣。

第四环节是“讲故事”。让学生以古方为榜样，指引自己。

班会准备

（1）确定一名口才好、思维敏捷的活动主持人，认真做好整个程序的准备工作。

（2）组织部分有能力的学生编排小品，并以自愿方式选取演员，提前认真排练。

（3）请班级文笔好且擅长演讲的学生准备配乐演讲或讲述故事，稿件自写。

实施过程

主持人：同学们，在我们的生活中总会发生一些大大小小的矛盾，这是正常的。从哲学的角度讲，世界本身就是一个矛盾体。需要注意的是，有些问题不解决就会破坏人与人之间的友谊、亲情，甚至影响事业的发展。所以，我们要正确地看待矛盾，不斤斤计较，严格要求自己，宽容对待他人。那么，产生矛盾的原因究竟是什么呢？我们又该如何做到律己宽人呢？这就是我们本次班会探讨的主题。“宽以待人”主题班会现在开始。

一、看图解意

主持人：首先我们探讨一下看问题角度的问题。下面请大家观看这样一组画面，然后思考画面的含义，指出它说明了什么问题。

投影仪在屏幕上显示画面。

画面1内容：一匹矫健的马站在中央，有四位“伯乐”正在相马。这四人一高一矮，一胖一瘦。结果都未相中此马。高的嫌矮，矮的嫌高，胖的嫌瘦，瘦的嫌肥。

画面2内容：有两个杨桃，一个是侧面图呈椭圆形，一个是正面图呈五角星形。

主持人：看完了这两幅画面，你们感悟到了什么？（由3～4位同学谈自己对画面的理解）

主持人：以上几位同学理解得都很对。同一件事物从不同的角度去看，得到的结果会不相同。我们不能只认定自己的立场是对的，应该善于站在他人的立场上考虑问题。遇到矛盾时，要全面分析原因，认识到别人的难处，消除矛盾，化解隔阂。

二、小品剧表演

主持人：下面让我们看看生活中出现在我们身边的矛盾。

1. 课间

主要剧情：课间同学甲正在睡觉，这时其同桌学生乙从外面气冲冲地回来，回到座位，将书本狠狠地一摔，借以出气，却惊醒了学生甲。于是，两人发生争执，甲指责乙影响别人休息，乙本已愤怒，更加火上浇油，心情更加糟糕。两人互不相让……

2. 课堂上

主要剧情：上课铃声已响多时，班级仍然乱哄哄一片。年轻和蔼的女教师走上讲台，用微弱的声音勉强维持了秩序。可是没过多久，同学们又像菜市场一样，说话的说话，吃东西的吃东西，还有照镜子的、睡觉的，简直不像样，女教师十分生气，便停止讲课……

3. 在家里

主要剧情：一名同学放学后，便坐在电视机旁看自己喜欢的节目。一会儿，妈妈下班回来了，非常劳累，而这名同学嚷着要吃水果，要妈妈洗水果。妈妈端来果盘，学生又缠着要买新衣服，妈妈不耐烦地说了她几句……

4. 路上

主要剧情：某同学起床晚了，因为怕迟到，便快步飞车，路上不管不顾。

迎面走来一位女士手提水果，结果两人撞在了一起，水果撒了满地，而这位同学却甩下一句"走路不长眼睛呀"，便继续飞奔……

讨论分析：

主持人：同学们，看完了几个小品后，是否觉得这些事情也经常发生在你的身边呢？请思考和分析以下几个问题：

（1）小品"1"中两者是否都有错误？如果一方退一步是否会有所缓和呢？

（2）小品"2"中，如果同学站在老师的位置，会怎样想呢？

（3）小品"3"中，孩子的做法是不是太过分呢？

（4）小品"4"中，换做是你，你会怎样做呢？

全班分 4 个小组，针对剧情每组分析一个小品，由代表在全班交流。

互换位置：

由四个小品的主人公，互换角度，进行表演，并做出正确的处理，得到同学们的赞同。

三、演　讲

主持人：既然我们明白了看问题应从对方角度着想，那么怎么做到这一点呢？这又和我们律己宽人有什么关系呢？下面我们听听两位同学的演讲。

同学 a 演讲的内容提要：人与人之间难免有误会产生。刘少奇说："世界上完全不被别人误会的是没有的，而误会迟早都是可以弄清楚的。我们应该受得起误会，在任何时候都不牵入无原则的斗争，同时也应该警惕，检点自己的思想行动。"如果每个人都能"以责人之心责己，以恕己之心恕人"，就能化隔阂为理解、化分裂为团结，使人格优化、美德弘扬，事业也会兴旺发达。

同学 b 演讲的内容提要：我国有一部古书《抱朴子》，它指出："治身养性，务谨其细，不可以小益为不平而不休，不可以小损为无份而无防，凡聚小所以就大，积一所以主仁也。"也就是说，整治自身修养品性，不要因小的利益不会而斤斤计较，律己宽人从小事做起。

四、讲故事

主持人："海纳百川，有容乃大"。古语有"己所不欲，勿施于人"的鉴言，早在古代就有许多律己宽人的事例。下面请几位同学给大家讲几个故事。

（1）同学甲：《唐太宗下"罪已诏"》。

（2）同学乙：《蔺相如宽厚待人》。

（3）同学丙：《杨震辞金》。

主持人：同学们，古人尚且如此，我们作为当代青年做得又如何呢？

由几名同学讲述自己过去曾经的做法，结合古今榜样做出今后的打算。

班会反思

我们这次主题班会开得很成功，大家都积极参与，讨论热烈，"演员"们排练也认真、辛苦，学生从中得到了不少的收获，认识也非常深刻。宽容、理解这是一个人的美德，所谓"冤家宜结不宜解，各自回头看后头"。遇到矛盾，我们要冷静，心中有他人，多为别人想想，不能只顾一己私利。在与同学、老师、家长以及社会上的人的接触中，要学会宽以待人。希望学生能把这次班会上的感悟，付诸以后的学习生活中去，建立起和谐的人际环境。

“花儿与少年”

山东省青岛第四十九中学 // 鲁菲菲

本主题班会适于在初二下学期的三四月份进行。

班会背景

14 岁的少男、少女正是青春期萌动的年龄，他们想与异性交往，却又因为各种原因不知如何交往。比如，有些学生习惯用一些夸张、出格的言行举止吸引异性的注意；有些学生对异性接触感到恐惧，在异性面前表现出过分的紧张、害羞；有些学生过分热情，显得轻浮；还有一些学生不能很好地控制自己对异性的好感，错把好感当成爱情，深陷感情的漩涡……

设计思路

本次班会包括以下环节。

第一环节是“人椅游戏”。该游戏不仅能让学生体验班集体团结一致的强大凝聚力，还可以让学生破除男女生之间的性别界限，让男生、女生的正常接触更加自然。

第二环节是“舞台剧表演：花儿与少年”。第一幕是男生与女生交往的尴尬场景，第二幕是男生与女生正常交往的场景。

第三环节是“主题讨论”。由舞台剧引发讨论，学生充分发表自己的观点，能够大方、自然地与异性交往，避免早恋的发生。

第四环节是“我来当导演”。我为自己导演一场美丽的爱情剧，寄托自己美好而又纯洁的感情。最后，教师寄语，引导学生正确地对待自己的感情。

班会准备

（1）环境优雅、场地较大的教室。

（2）背景音乐《中学时代》。

（3）每人一张彩色A4纸，每组一把小剪刀，一盒水彩笔。

实施过程

环节一："人椅游戏"

游戏规则：全班学生围成一个圆圈，面朝一个方向站立，后面同学双手搭在前面同学的肩膀上，前后距离不要大于50厘米，由队长发布命令。队长命令大家逆时针走动。在一个时间点，队长命令大家"坐"，此时所有人员迅速地坐在他后面同学的腿上，谁先坚持不住，导致人椅破坏，就要单独出来，最后由这些同学为大家表演一个节目作为惩罚。

开始学生自由站队时都是男生站在一起、女生站在一起，只有两名男生和两名女生搭配。游戏时他们显得非常拘谨，而且因为力量的不平衡，游戏很快就失败了。同学们很快就发现了问题，主动要求一男一女合作搭配，游戏进行得很顺利，同学们玩得不亦乐乎。

班主任及时地进行总结：在刚才的活动中，同学们从开始与异性搭配游戏时的拘谨，逐渐转化为自然、合作。今天就让我们一起敞开心扉，来探讨异性交往的问题吧。

环节二：舞台剧表演：花儿与少年

第一幕：

旁白：小雨是班级的文艺委员，学习成绩较好，性格活泼开朗，笑容甜美，唱歌、跳舞样样在行，人也长得清秀可爱，同学们大多喜欢她。

情景一：小雨和一女同学说笑着走进教室，男生A拿着作业本向她们走来。

男生A：小雨你好，你能帮我讲讲这道数学题吗？

小雨：啊，恩……你还是问老师吧。

（男生A尴尬地耸耸肩走了）

第二幕：

（旁白）：课间操时间，操场上还有一些没有融化的雪，同学们正在跑操，其中一位女同学不小心滑到在地上。

男生B看见了，急忙停下来，关心地问道："你还好吧？"女同学小声地说道，"我的脚很痛，好像崴了。"男生二话没说，冲上前去伸手扶起女生，一直送到学校医务室去。结果，班级里的其他同学议论纷纷，有人说"他们关系不一般，看他紧张的"，也有人说"某某男生真有男子汉气概"。

环节三：主题讨论

班主任：假如你是剧中的男女主人公，请同学们针对刚才两幕舞台剧谈谈你的看法，并与组内同学交流共享。

小组分享：各个小组派代表进行交流。

班主任：大家说得很对。我们要坦然大方地与异性交往。男女生之间的交往方式也很重要，如果是在交流学习，可以选择公共场合，言语举止要文雅大方、端庄稳重，努力做到不拘谨、不随便、不严肃、不冷淡、不亲昵、不卖弄。老师提倡男生女生之间的正常交往。

环节四：我来当导演

班主任：花季的少年、少女们，你们也有着对未来爱情的美好憧憬吧。现在，请你们拿起手中的彩笔和彩纸，为自己描绘一副完美的故事吧。

学生安静地设计自己的感情寄托，自愿与他人分享。

班主任：老师也是从你们这个时候走过来的，同学们想听听我身边的爱情故事吗？我初中就读的是一所镇上中学。初三那一年，我们班里的一位男生对一位女生产生了好感，但是男生没有选择向女孩表白而是埋在了心底，默默地守望，将对女孩的好感转化为学习的动力。因为女孩学习成绩优秀，男孩想我应该更加优秀才能配得上女孩。后来，他们考入了同一所重点高中，男孩非常高兴。男孩是一个有责任感的人，他想等到大学再向女孩表白。上天并没有眷顾这个男孩，男孩与女孩大学分别去了不同的城市。男孩永不放弃的精神支撑着他考取了女孩所在学校的研究生。故事的结局自然是美满的，现在男孩与女孩已经结婚过着幸福的生活。

同学们，花季的情感是一种最美好、最纯洁的情感，我们要让情感的波涛化为理想的浪花。人生的每个阶段都有自己的使命，同学们千万不要挥霍自己的青春。祝愿我们班级的每一位同学都能珍惜现在，拥有一个最为美好的未来！

班会反思

古希腊有个神话，说宙斯给女孩潘多拉一只盒子，告诉女孩绝不能打开。像所有女孩子一样，宙斯的“告诫”更激起了潘多拉的好奇，她终于打开了盒子。结果，所有的“罪恶”全跑向了人间。心理学上把这种“不禁而为”“愈禁愈为”的现象叫作“潘多拉效应”或“禁果效应”。初中生正处于“心理断乳期”，压制只能治标而无法治本，有时甚至会引起学生的“顶牛”。因此，我们教育者要掌握“牵牛”的艺术，让“牛儿”乖乖地跟着我们走！

通过本次班会，我们班男生与女生的交往更加公开、透明，“谈恋爱”现象却越来越少。男生、女生之间的关系更加和谐，在学习上相互帮助、共同进步，在生活上文明谦让、正常交往。

学会欣赏与赞美

山东省青岛莱西市望城中心中学 // 刘　宁

本主题班会适于在初二上学期期中以后进行。

班会背景

随着年龄的增长，学生社会交往的重心由家庭逐渐转移到学校，同伴关系和友谊已经成为影响孩子成长的重要因素。学生自我意识逐渐增强，他们往往不太会尊重他人，更不会欣赏他人。大多数学生对于朋友的选择比较注重对方家庭条件、兴趣爱好、个性、学习成绩等，选择朋友的价值取向发生偏差，不会多角度地去看待别人、欣赏别人。

设计思路

本次班会包括以下环节。

第一环节是“创设欣赏情境”。

第二环节是“懂得欣赏他人”。

第三环节是“学会欣赏自我”。

第四环节是“做品行、健康、才能三位一体的人”。

第五环节是“班会延伸”。

班会准备

(1) 事先写好欣赏卡。

(2) 收集关于周总理的小故事。

实施过程

一、创设欣赏情境

（设计意图：通过感人的故事和与教师现场的互动，使学生意识到欣赏和赞美他人的意义和价值）

1. 欣赏配乐故事《真希望你是我女儿》

故事大意是：一个外貌较丑、听力有缺陷、有很强自卑感的小女孩由于老师一句充满爱心的“真希望你是我女儿”之话语而恢复了自尊、自信，成为一个快乐可爱的女孩。

主持人：同学们，这个外貌较丑、听力有缺陷、有很强自卑感的小女孩为什么会成为一个快乐可爱的女孩？这个故事告诉我们一个什么道理？（孩子的健康成长需要被人欣赏，被人赞美）

2. 夸夸你

（1）班主任请一位同学上台，对其赞美道：我听同学们说，你最近学习特别认真，性格上也开朗随和了。

（2）班主任：大家看到我说话的时候，×× 同学有什么反应？（他高兴地笑了）

小主持人：老师，他为什么那么高兴呢？

班主任：你喜不喜欢别人说你的优点呢？

小主持人：当然喜欢啦。

班主任小结：其实在现实生活中，我们不难发现：不只是你们，世界上所有的人都需要被欣赏、被赞美、被鼓励。欣赏和赞美可以使我们感到自己存在的价值，获得成就感，获得心理上的满足。欣赏和赞美是对人的尊重，它可以使人增长自尊，得到鼓励，给平凡的生活带来温馨和快乐。所以，我们今天要学习怎样欣赏和赞美别人。

二、懂得欣赏他人

（设计意图：在讨论中悟出，欣赏他人也是自己学习、进步、提高的过程。尊重、理解别人，就会得到别人的友情，懂得什么样的人才能让别人欣赏和喜欢）

1. 学会欣赏

班主任：×× 同学，刚才听了我的赞美，你有何感受？

生：我心情特别……

班主任：刚才 ×× 同学感受到了受称赞的快乐，我想你们也一定很想感受一下赞美到底有怎样神奇的力量。

赞美传递游戏：

过程：（1）把学生分成八个小组。

（2）每组的第一个同学向你后面的同学说“你真棒，因为……”。

（3）全班八组同学一一完成传递游戏。

要求：讲出你喜欢他的原因，称赞他的优点。可以从学习、特长、衣着、助人为乐以及其他品质方面去赞美，要符合事实。可以用具体、生动的例子阐述为什么欣赏他 / 她。第一个同学向第二个同学称赞后，第二个同学向第三个同学称赞，依次类推，直至全组成员都接受了他人的赞美。

班主任：同学们，受到赞美的感觉不错吧！下面我们请每组派一个代表谈谈受到赞美后的感受。（学生交流感受）

2. 为什么最欣赏他

班主任：请同学们把课前准备好的写着赞美语言的卡片给自己最欣赏的同学。看看谁收到的卡片最多。

播放音乐，学生送卡，小主持人检查。

主持人公布：首先祝贺收到卡片最多的 ×× 同学，然后请给 ×× 同学卡片的伙伴站起来，一一说明理由。

班主任：再请其他同学告诉大家你们最欣赏的同学。要用具体、生动的例子，阐述为什么欣赏他。

班主任：请同学们想一想怎样的同学是受人欣赏的。

（善良、公正、关爱他人、真诚、自律、学习认真……）

班主任总结：学习别人的长处，与他共同进步，这叫作取长补短。每个人都有自己的长处。我们在弥补自己缺点的时候，不能抹杀了自己的长处，这叫作扬长避短。

3. 欣赏以后该怎么办

主持人：同学们，你们欣赏了某个人以后会怎样呢？

班主任：仅仅是崇拜和喜欢吗？还有别的想法吗？

班主任小结：每个人都有自己的长处，我们在弥补自己缺点的时候不能抹杀了自己的长处。要学习人家的长处，与他共同进步。取长补短和扬长避短后，我们该怎么办呢？

三、学会欣赏自我

（设计意图：使学生浅显的交友意识得到升华，学会欣赏别人，就会觉得快乐；欣赏别人的同时，也要欣赏自己，同时弥补自己的不足，悦纳自己，欣赏自己）

班主任：取长补短和扬长避短后，我们要学会自我欣赏。怎样做才能让别人欣赏呢？

主持人：我们来听听周恩来总理外交小故事。

故事梗概：

在长期对外交往中，周总理一次次以他的幽默与机智化险为夷，在赢得大家的喝彩声时，也赢得了大家的敬佩。

20世纪50年代，有一次，周恩来和一位美国记者谈话时，记者看到总理办公室里有一支派克钢笔，便带着几分讽刺，得意地发问："总理阁下，也迷信我国的钢笔吗？"周恩来听了风趣地说："这是一位朝鲜朋友送给我的。这位朋友对我说：这是美军在板门店投降签字仪式上用过的，你留下作个纪念吧！我觉得这支钢笔的来历很有意义，就留下了贵国的这支钢笔。"美国记者的脸一直红到了耳根。这位记者的本意是想挖苦周总理：你们中国人怎么连好一点的钢笔都不能生产，还要从我们美国进口？结果周总理说这是朝鲜战场的战利品，讽刺美国在朝鲜战争中打了败仗，让那记者尝到了搬石头砸自己脚的滋味。此言一出，立即在各共产主义国家传为美谈。

主持人：

（1）为什么周总理会得到全世界人民的拥护和爱戴？

（2）学生交流关于周总理的小故事。

班主任：学习周总理，我们应当怎么做？

学生交流发言。

主持人：同学们，我们都想得到别人的喜爱和敬重，那你想成为什么样的人呢？

我的品牌我做主：在悠扬的音乐声中，学生纷纷写出对自己品格成长的设计方案。

小组交流，汇报。

班主任：请大家每周对照自己的设计，达到一个目标，打一个五角星，最后比一比谁的好品行最多。

四、做品行、健康、才能三位一体的人

诗歌欣赏：

小主持人：朗诵《欣赏是一种神奇的力量》。

细细地欣赏自己周围的人与事，你会发现生活本来就很美好。

欣赏是一种神奇的力量，它会冲洗掉你内心的嫉妒和烦躁。

你能欣赏别人学业的精湛，你的成绩也会步步提高；

你能欣赏别人品格的纯正，你的心胸也会像大海一样掀起波涛。

你能欣赏大地的每一道晨曦，你的心情就会被彩云围绕；

你能欣赏天空中的每一丝细雨，你就会有一个明净而清新的头脑。

你能欣赏自己点点滴滴的进步，你的前程就会被金色的阳光笼罩；

你能欣赏父母遗传给你的各种特点，你就具有世界上最赏心悦目的容貌。

欣赏是一种神奇的力量，它使你充满自信，永不烦恼；

欣赏是一种神奇的力量，它使人生更绚丽，生活更美好！

五、班会延伸

收集、诵读欣赏名言。

主持人：同学们，从古到今，有不少大家、名人都把自己对于“欣赏”的理解酝酿成一句句至理名言。回到家请收集关于“欣赏”名言，然后把它粘贴在我们教室后面的“学习园地”里供大家欣赏、体会。

班主任总结：通过这次班会，我们知道了什么是欣赏，懂得了如何去欣赏他人。在欣赏他人的同时，希望你们从小学会宽容，要包容他人的缺点，做到彼此欣赏，培养广阔的胸襟；学会与人共处，团结合作，做一个快乐欣赏的人！

班会反思

人，不能完美无缺，寸有所长，尺有所短。每个人身上都有自己的长处或闪光点，关键在于你能不能发现，能不能以欣赏的眼光看待自己。学会欣赏吧，你会发现生活是如此美好，是如此幸福快乐。

同学情，一辈子情

山东省青岛第六中学 // 孙海文

本主题班会适用于初中、高中各年级。

班会背景

在社会独生子女的大背景下，学生都有自己的个性，同学之间矛盾会经常发生。通过本次班会课，让学生学会尊重、真诚、友爱、谦让，体会集体生活的乐趣，增强凝聚力，充分感受班级生活的温暖、校园生活的幸福；会欣赏他人，学会和同学相处，获得珍贵的友谊。通过本次班会，引导学生重温往昔丰富多彩的学习生活，感受母校的温暖、同学之间的友谊，学会与人和睦相处。

设计思路

本次班会包括以下环节。

第一环节是"相声表演"。旨在让学生明白交友要慎重。

第二环节是"情景小品"。旨在让学生感受友谊。

第三环节是"校园剧"。旨在让学生永记友谊。

班会准备

（1）师生共同收集整理班级一年多以来的视频和图片资料。

（2）设计前后黑板。

实施过程

一、相声:《高山流水》

学生甲:凉风有信,秋月无边,亏我思娇的情绪好比度日如年。虽然我不是玉树临风、潇洒倜傥,但我有广阔的胸襟加强健的背弯。本人青春二十,人称宇宙超级无敌美少男——钟子期。唉!你看,那天,好蓝。啊!那草,好绿。哇,那水好清。哪里来的琴声?太动人了。于是,我翻山越岭、跋山涉水,终于来到了半山腰。看到有位兄台正在弹琴,当然,弹得不是钢琴,而是古筝。喂,兄台,你古筝过几级了啊?

学生乙:承蒙厚爱,还没过级呢?

学生甲:啊,没过级还敢献艺啊,不过,说实话,你弹得不错,正可谓是"洋洋兮若江河,峨峨兮若泰山"。

学生乙(感动得直落泪):我终于找到了知音。(两人相拥了好一会儿)

(突然有一天,学生甲驾鹤西归,学生乙来到了学生甲墓前)

学生乙:小强,你死得好惨啊。哦,不对,是学生甲。(唱)没有你我怎么办?我的琴声谁能听懂,所以我决定把这琴砸掉。(说)我砸,我砸。古筝诚可贵,友情价更高。(转身离开:我挥一挥衣袖,不带走一片云彩)

利用相声引起学生兴趣,引发学生对友谊的发生与发展进行思考:有了共同的语言就一定是知己吗?发生在相声中的友情的真正价值体现又是什么?要是你是里面的学生乙,在学生甲死后会不会把古筝也砸掉来捍卫这段友情?指导学生交友一定要慎重,要注意友谊的良性发展。

畅所欲言(友情的故事):

(1)问题:在相声《高山流水》里,是什么让学生乙和学生甲成为知己呢?相声里面所体现的友谊真正价值是什么?我们该如何去正视他们这段友谊的发生、发展和结束?

(2)都说作为朋友应该讲义气,但该怎么样讲义气才是真真正正的友谊呢?

(3)讲述发生在身边的友情故事并高度概括友情的真正价值。

二、情景小品《只要你过得比我好》

第一幕

同学M告别父母，到一中求学（音乐《其实不想走》）与小妹在学校偶遇。（音乐《老乡见老乡》）那次偶遇成了他们友谊的开始。

第二幕

有一天，同学M不小心打烂了小妹的水壶。而水壶正是小妹与她的另一个朋友一段友情的见证。小妹很心疼。但她对同学M说，她与这位朋友之间的友谊已经沉淀在彼此心底，而且她的朋友也一定不希望这份友情成为同学M和自己友情之间的障碍。小妹因为数学考得不好心情低落。同学M鼓励她不要气馁，并且给小妹补课。

第三幕

最近小妹很烦恼，因为同学M的生日就要到了，要送什么礼物呢？同学M上次看中的小玩意挺贵的，小妹没有足够的钱。后来，她决定这样做……

同学M打开课本的时候，发现夹在其中的贺卡里面写着：同学M，我没给你更好的礼物，那是因为我还没有办法。有句话一直想对你说，只要你过得比我好。小妹。

第四幕

就要过暑假了。对于这对朋友来说，不能见面的两个月将特别的漫长。（音乐《伤离别》）

小妹在同学M的帮助下，期末考得不错。小妹对同学M表示感谢。同学M对小妹说，只要你过得比我好。

音乐《只要你过得比我好》。

继续上一个话题，让学生再次感受友谊的真正价值，引起他们心灵上的感动与震撼。同时在其中穿插两个小矛盾，并进行细化，让没参加小品演出的学生也能有所体会。指导他们：交往过程中产生矛盾是不可避免的，要懂得互相谅解；当朋友需要帮助时，又应在第一时间内出现，尽自己最大的能力去帮助他们。

三、校园剧《班干部与同学》

某晚自习课上。

同学C：哇，杰伦耶，你看杰伦《D调的华丽》销售量高达几十万张啊！

同学D：真的耶，杰伦，爱死你啦！

同学E（转向后头）：你们在说什么呢？

同学C:杰伦的《D调的华丽》阿,你看杰伦多帅啊!

同学E(翻开):什么啊,就这?都是图片有什么好看的?

同学D:什么啊,你看杰伦多帅,你真不懂得欣赏。

同学F:你们女孩子懂什么?篮球比这有意思多了,你看姚明多棒!

同学C:你就懂?

同学E:还姚明咧!

同学G:我喜欢乔丹,谁也比不上。

同学C:乔丹早就退休了!

同学D:就是。

班长:安静一点好吗?

(一阵安静,骚动又起)

同学D:你说杰伦跟侯湘萍相配,还是蔡依林?

同学E:你说呢?

同学D:当然是侯湘萍了,她比较漂亮。

同学F:我觉得还是蔡依林好些,她歌唱得比较好听。

同学C:你不是说我们不懂吗,怎么又加入了?

同学G:一切聊聊而已嘛,需要这样子吗?

同学E:后面有好多新歌喔,什么《爱我还是爱他》《见习爱神》。

同学D:我还是觉得杰伦的歌最好听。

同学C:不可以这样就下结论,你没听,怎么知道他的最好听。

班长:你们安静一点好不好,别人还在自习呢!

同学C:什么啊,不就是班长吗,拽什么拽!

(旁边:就是)

同学D:就只会仗着自己是班长欺压老百姓。

班长:班长总有权利来维护班级的自修秩序,有权叫你们安静吧!你们那么吵,叫别人怎么自习呢?

同学G:切～,真没意思!

利用某自习课上经常可见到的一些情景,让学生切身去感受里面的氛围,指导他们要懂得设身处地为他人着想,要懂得理解班干部工作的难处,并引发他们积极去讨论:班干部该怎么样去开展工作才是最好的。

集思广益:班干部与同学关系应如何处理?

(1)谈谈对该情景中出现问题的感想。

(2)如果你是该情景中的班长,你会怎么去做?

结束语:“十年修得擦肩过,百年修得同船渡,五世修得同窗读”。同学们,在茫茫人海中,我们不早不晚来相遇,是机会,是缘分,几年同窗苦读,结下了终生不忘的同学情,愿我们永记这美好的情谊!

全班齐唱《阳光总在风雨后》。

班会反思

这次班会的初衷,其实就是为了解决近段时间内班中的不良现象,也是为了在本学期即将结束之时,能够保证学生平稳、顺利地进入期末考试复习阶段。我的想法很简单,班会的各环节设置也很一般。会前我一直担心全部交给学生来完成整个班会,是否能够达到预期的效果?会不会偏离主题?事实证明,我的担心是多余的,整节班会课比我想象的要精彩得多,学生的表现都非常优秀。作为班主任我很欣慰,更为他们出色的表现而感到骄傲、感到自豪。

让别人因为我的存在而感到幸福

山东省青岛第四十九中学 // 鲁菲菲

本主题班会适于在初一上学期进行。

班会背景

现在的初中生，大多有一种极强的以自我为中心的心理特点，普遍缺乏欣赏、宽容、帮助他人的意识。在班级管理中，不少学生之间人际交往的矛盾都因此而生。中学阶段是学生走出自我、走向社会、学会合作的重要阶段，他们从内心渴求友情、希望多交朋友。然而，很多学生自私、冷漠，自我中心意识严重，不会关心并帮助他人，导致人际关系紧张，破坏了班级的和谐氛围，将来也难以适应社会生活的需要。

设计思路

本次班会包括以下环节。

第一环节是“学会欣赏他人”。通过小品表演“宣传栏风波”，学生分组讨论，为小品设想不同的结局，并在组内和班内分享自己的想法与意见。教会学生学会欣赏别人的优点。

第二环节是“拥有宽容之心”。反思自己的言行举止，每个人分别写出三件思想狭隘的事件和三件宽容他人的事件。组内分享自己的感受，真诚地向曾经伤害过的人道歉，求得原谅。在接受他人道歉时，一笑泯恩仇。

第三环节是“乐于帮助他人”。通过学生身边刚发生的初二学生救火事件，为主动帮助他人的“小英雄”点赞，感染同学们的情绪，体会助人为乐带来的成就感。向曾经帮助过自己的同学大声地表达自己的感激之情，将班会的气氛推向高潮。

班会准备

（1）小品表演者 4 名同学提前排练，故事案例。

（2）A4 纸，彩笔。

（3）分组围坐。

实施过程

环节一：学会欣赏他人

欣赏小品表演：新学期，新气象，班级的宣传栏需要布置，班上决定由王倩、赵鑫、孙寒三人负责。王倩花了三天时间设计出自认为很满意的黑板报版面。赵鑫含着棒棒糖过来欣赏。一看，她认为王倩有两幅画画得很不好，就拿起粉笔改掉了王倩的得意之作，改为放大镜和贺卡上的西瓜猪。王倩回来看见图画被改掉，非常生气，扭头就往外走。在路上，王倩遇李芳，就向李芳诉说。李芳跟赵鑫曾经有过节，于是挑拨说："赵鑫对你早就不满了，还做了许多对不起你的事。"王倩气愤不已，李芳乘机说："我认识一个很厉害的网友，我请他帮你出这口气。"孙寒闻讯后，马上找到王倩和李芳，批评了李芳的做法。

班主任：非常感谢这四位同学的精彩表演。表演虽然结束了，但是问题还需要同学们帮忙解决。

问题讨论：

（1）请你设想小品不同的结局。

（2）针对不同的结局，你愿意和小品中的谁交朋友？为什么？

（3）这个小品体现了怎样的交友原则？请归纳出交友的原则和方法。

（4）请制定网上交友的注意事项。

组内同学充分讨论，最后每组派一位代表发言，每一组发言时间 1 分钟。

总结：故事的结局最精彩的是和解；最尴尬的是反目；最无奈的是冷战。通过刚才每一组同学的发言，我们总结出交友的原则：善于寻找别人的优点、闪光点，学会欣赏别人、肯定别人、赞美别人。

环节二：拥有宽容之心

班主任：同学们，我们平时同学之间或多或少都会有点小摩擦，下面就让我们静心反思一下自己平时的言行举止，每个人分别写出三件思想狭隘的事件和三件宽容他人的事件。

组内分享：组内同学自愿分享自己的事件，允许同学跨组真诚地向曾经伤害过的人道歉，求得原谅。同时自己在接受他人道歉时，一笑泯恩仇。

班主任：当一个人无意中伤害了自己的时候，我们为何不回报一个宽容的微笑呢？这样，对方会把阳光洒向大地，我们也将收获一份心灵的感动；反之，不宽容带来的战斗，会伤害双方。正如一位哲人说过，也许我们能够赢得一场战争，但我们未必能赢得真正的和平。

环节三：乐于帮助他人

案例分享：1月20日晚7点，青岛六十二中初二学生崔永信同学放学回家打开单元门时，一股煤烟味扑鼻而来，越往上走，味道越浓。"一定是哪里着火了！"崔永信同学回家放下书包就从楼顶一路排查，抓住宝贵的半个小时，查找火灾隐患源头，及时拨打119，热心、机智地联系邻居……迅速、果断、镇静地避免了一场火灾的发生，他的行为获得了多方点赞。事后据参与救援的消防人员说，幸亏崔永信及时发现，否则时间一长，引起煤气管道爆炸或者更大火灾，后果不堪设想。

分组讨论：崔永信的事迹给你哪些启发？对照自己在平时的处事，说说自己的优点和不足。

班主任：同学们要想获得真挚的友谊，必须懂得欣赏别人的优点，拥有一颗宽容、仁爱之心，真心换真心，不计较自己的得失、乐于助人，让别人因为我们的存在而感到幸福！

班会反思

本次班会主要是指导学生学习为人处事的三项基本技能：欣赏、宽容、帮助，使自己拥有一个好人缘，提高人际交往的能力。通过多种活动的设计，在体验中感知比单纯的说教效果要好得多。最后，引导学生学以致用，学会赞美身边的同学，学会传递宽容的力量，营造互帮互助的氛围，形成一个团结和谐的班集体。

安全环境

敲响生命安全的警钟
——珍爱生命　预防溺水

山东省青岛莱西市武备中学 // 李海燕

本主题班会适于在暑假前进行。

班会背景

每年暑假，随着天气变热，全国各地都会发生溺水事件，尤其是中小学生人数居多，所以预防溺水也是学校工作的重中之重。通过本次班会，让学生了解有关预防溺水安全相关知识，掌握基本的溺水自救、他救、急救方法，培养学生养成遵守防溺水安全的习惯，增强安全意识。感悟生命的可贵，珍惜自己的生命。

设计思路

本次班会包括以下环节。

第一环节是“欣赏莱西美丽的水景”。学生看图列举莱西因水而闻名的景点。

第二环节是“溺水危害，震惊心灵”。通过播放两个溺水视频，及多个溺水图片让学生真切体会到生命的脆弱及溺水给家人带来的巨大痛苦，让学生的心灵受到震撼。让学生讨论出溺水的主要原因及客观原因，并分析学生溺亡的特点。

第三环节是“自救、他救和急救”。学生讨论并交流溺水事故发生后该如何自救，如何他救，如何进行岸上急救。

学生讨论如何进行人工呼吸及心肺复苏按压，复述、演练进行人工呼吸及心肺复苏按压的方法，确保每个同学都能学会。以一个洋娃娃为模特，男女生各选代表进行人工呼吸及心肺复苏按压急救的比赛。

第四个环节是如何预防溺水事故。学生交流讨论预防溺水事故的办法。

第五个环节是布置作业。每个小组制作两个安全标志牌以用于没有安全提醒的水域，进一步把本节班会落到实处，提升本节班会的主题。

班会准备

（1）资料准备：两个溺水视频，多张溺水图片，用于人工呼吸的洋娃娃。

（2）地点：多媒体教室，学生以小组而坐，八人一组。

实施过程

一、欣赏莱西美丽的水景

1. 创设情景

班主任：这几天天气怎么样？

生：热！

班主任：盛夏来临，很多人开始戏水游泳来纳凉。魅力莱西因水而著名，水资源非常丰富。

学生一起欣赏几张图片，列举莱西因水而闻名的景点。

2. 学生看图猜地点

班主任：在享受美丽的水景的同时，也给我们各级教育部门防溺水工作带来了巨大的挑战。每年暑假，防溺水工作都是学校安全教育的重中之重。

二、溺水危害，震惊心灵

【视频放映】2 个视频展示近期山东菏泽发生的重大溺水安全事故，及溺水后家长痛苦的惨烈场面，并让学生说出观看后的感受。

【幻灯片放映】图片展示发生在我市的葛中科老人救溺水学生的事件。

【幻灯片放映】很多触目惊心的图片。事故的发生给家庭带来了无比巨大的痛苦，让学生感受到溺水事故的重大危害。

【幻灯片放映】统计数据，引导学生明白溺水在所有意外伤害死因中所占的比重，6 年来持续保持在 50%以上的水平，趋势有增无减。

班主任：在炎热的夏季，大家都想到河里或池塘里游泳。然而，因为缺少游泳常识而溺水死亡事件时有发生。

学生小组讨论溺水的原因后交流。

【幻灯片放映】

（1）学生下水游泳导致溺亡的主要原因。

（2）学生发生溺水事件的客观原因。

（3）公安部门统计并分析学生溺亡的特点。

【幻灯片放映】看调查报告，回答问题

（1）所有意外伤害中，死亡率最高的是________？

（2）溺水导致死亡进展迅速，全程不超过________分钟？

班级统计：曾经去过沟河塘中捉鱼摸虾，游泳，水边玩耍的有谁？

独自或三五成群去过的有谁？万一发生溺水事件该怎么办？

三、自救，他救和急救

班主任：溺水导致死亡的进展迅速，全程不超过 6 分钟。因而发生溺水后，争分夺秒地做好现场抢救对挽回溺水者的生命极为重要。同学们说说，溺水事故发生后我们该如何自救呢？学生讨论并交流。

【幻灯图片展示】

（1）自救。

① 会游泳者的自救。

② 不会游泳者的自救。

（2）他救。（如果遇到别人发生溺水事件，你该怎么做？每个同学在纸上写出自己的做法，并且进行交流）

① 原地大声呼救。

② 跑去找大人。

③ 拨打 110（120）急救电话。

④ 没有绝对把握，不要冒险救人，以免造成更大恶果！

恰当的施救方法很重要。

方法一：不提倡未成年人下水营救溺水者。未成年人发现有人溺水时，要学会报警或者呼救大人求救，从岸上或船上施救应先确保自身安全，防止被拖带入水。

方法二：可将救生圈、竹竿、木板等物抛给溺水者，再将其拖至岸边。

强调未成年人发现有人溺水，不能贸然下水营救，应立即大声呼救，或利用救生器材施救。未成年人保护法有规定：“未成年不能参加抢险等危险性活动。”

（3）急救。

【幻灯图片展示急救方法】学生讨论如何进行人工呼吸及心肺复苏按压的方法。

第一步：当溺水者被救上岸后，应立即将其口腔打开，清除口腔中的分泌物及其他异物。如果溺水者牙关紧闭，要从其后面用两手的拇指由后向前顶住他的下颌关节，并用力向前推进。同时，两手的食指与中指向下扳颌骨，即可搬开他的牙关。

第二步：控水。救护者一腿跪地，另一腿屈膝，将溺水者的腹部放到屈膝的大腿上，一手扶住他的头部，使他的嘴向下，另一手压他的背部，这样即可将其腹内水排出。

第三步：如果溺水者昏迷，呼吸微弱或停止，要立即进行人工呼吸，通常采用口对口吹气的方法效果较好。若心跳停止还应立即配合胸部按压，进行心脏复苏。心肺复苏的目的在于尽快挽救脑细胞，避免因缺氧引起细胞坏死，因此施救越快越好，同时注意要在急救的同时迅速打急救电话或拦车送医院。

【小组活动】学生小组演练进行人工呼吸及心肺复苏按压的方法。

【男女竞赛】以一个洋娃娃为模特，男女生各选代表进行人工呼吸及心肺复苏按压急救的比赛。

四、如何预防溺水事故

班主任：为了不让溺水事故侵害我们的生命，加强预防是关键。如何预防溺水事故，同学们有什么好的想法不妨为老师出几个点子。

根据学生出的点子归纳小结。

防溺水金点子

天气再热，不到河塘去降温；
水景再美，不到水中去感受；
水性再好，没有保障别下水；
别人再劝，不用生命去逞能！
远离野河野塘，珍惜宝贵生命！

五、制作安全警示牌

班主任：我们武备很多村靠小沽河而居住，但是有些村里的沟河塘坝并没有安放警示牌。

布置课后作业，每个小组制作两块安全警示牌，我们后期去进行放置。

结束语：同学们：我们每个人的生命都只有一次。生命很宝贵但也很脆弱，别让我们娇嫩的生命之花在水中凋谢！让我们增强安全意识，敲响生命的警钟，珍爱生命，预防溺水！祝愿大家都能度过一个安全的暑假，都能有一个更加美好的明天！

班会反思

本次班会从美丽的莱西水景图片和两个惨烈的溺水视频对比入手，收到了非常震撼的效果，让学生感受到溺水事故的重大危害；同时，学会溺水后自救、他救、急救方法，尤其是如何进行人工呼吸及心肺复苏按压。以小组，男女竞赛的方式学习人工呼吸及心脏复苏，提高了学生参与、学习的积极性，活动效果非常好。最后要求每个小组制作两个安全警示牌以用于没有安全提醒的水域，进一步把本节班会落到了实处。

通过本次班会，增强了学生预防溺水的安全意识，使他们感悟到了生命的可贵，更加珍爱自己的生命。

食品安全 从我做起

山东省青岛莱西市望城中心中学 // 刘 宁

本主题班会适用于七年级。

班会背景

让学生了解识记食品安全常识，养成良好的卫生习惯。树立食品安全意识，珍爱生命，关爱健康。通过学习有关安全知识，使学生学会在购买食品时进行选择和鉴别，保证学生安全、健康成长。

设计思路

本次班会包括以下环节。

第一环节是“视频导入”。通过课件图片及毒馒头视频导入班会主题。

第二环节是“辨识不合格食品”。旨在让学生学会辨认垃圾食品和健康食品。

第三环节是“知识竞赛”。旨在让学生在比赛中获得知识。

第四环节是“填写食品安全承诺书”。

第五环节是“总结与反思”。旨在让学生树立了安全意识，提高了病从口入的防范意识。

班会准备

（1）学生查阅食品卫生方面的资料，以备小组交流。

（2）毒馒头的视频资料。

（3）食品安全承诺书。

实施过程

一、视频导入

班主任：民以食为天，我们每天都离不开食物，看看这些食物你见过吗？（课件展示图片）图片展示完，你可以把它们分分类吗？这些是我们平常所说的垃圾食品，另外这些就是对我们健康有益的食品。

在日常生活中，怎样才能做到健康饮食呢？相信通过今天的班会，同学们一定能够有所收获！下面我宣布，七年级一班“食品安全”主题班会现在开始！

班主任：课前搜集了一个小视频，咱们一起来看一看吧。（毒馒头）你看了这个视频有什么感受？

班主任：通过同学们发表的看法可见食品安全对我们的生活有多么重要！可是，现在很多垃圾食品充斥在我们的生活中。老师知道大家课下也对垃圾食品的分类进行了调查。下面，请同学们在小组中准备两分钟。（智慧教室计时）

小组展示：十大垃圾食品分类展示。

学生介绍，班主任随机做出评价。

二、辨识不合格食品

班主任：通过同学们的汇报，让我们清楚了这些垃圾食品对人体的危害，在以后的生活中，你还会经常吃这些垃圾食品吗？

班主任：喜欢零食毕竟是孩子的天性，但往往在吃得高兴的同时却忘记要看看食品是否合格、是否过期、是否变质，因此就存在一个很大的安全隐患。接下来，老师准备了一些食品，同学们一起来看一看，区分一下哪些是健康食品、哪些是垃圾食品。（展示从大超市和小卖部买来的各种食品，让学生区分辨别，观察有无保质期、生产日期、生产厂家，说一说两类食品的区别）

小组内找区别，找代表发言。

班主任：大家找出那么多不同点，相信你现在也应该知道哪些食品我们才能安全放心地食用了。老师这儿，还有好吃的呢！（走到一学生旁）来，分享一下。（递给学生吃的。学生先观察，如果不可吃，生答：不好意思老师，我发现食品不合格，所以不能吃，您也别吃了，这对我们的身体不好）

班主任小结：通过同学们的认真观察，我们已经学会辨认，全面了解了垃圾三无食品和健康食品的区别。我们在购买零食或水果蔬菜的时候，就应该到正规的超市，挑选有规定标识的食品。下面，老师就来考考大家，各小组，准备好了吗？咱们小组合作，共同完成知识竞赛，为自己的小组争得荣誉星！

三、食品安全问题知识竞赛

班主任：大家按小组进行各轮比赛，男女各为一组。下面开始第一回合的比赛。必答题，每个小组回答一道题目，答对加一分，答错不扣分。

（1）绿色食品指什么食品？（C）

A. 蔬菜和水果　　B. 绿颜色的食品

C. 安全无污染食品　　D. 有丰富营养价值的食品

（2）以下哪位小朋友的做法是正确的？（C）

A. 小明食用校园周边流动摊贩上购买的肉串

B. 小红直接食用未经清洗的苹果

C. 小丽放学回到家后先洗手再吃饼干

D. 小刚每天去肯德基吃午餐

（3）哪种食品我们学生不宜常吃？（D）

A. 油炸类食品　B. 膨化食品　C. 烧烤类食品　D. 以上都是

（4）促进儿童少年发育最积极的因素是(B)。

A. 遗传　　B. 营养和体育锻炼

C. 生活制度　　D. 疾病

（5）以下哪种说法是正确的？（D）

A. 绿色食品就是绿颜色的食品

B. 天然的食品都是绿色食品

C. 野生的食品就是绿色食品

D. 绿色食品是经过专门机构认证的许可使用绿色食品标志的食品

主持人：好了，第一回合的比赛到此结束，看来战况还蛮激烈喔！那现在让我们一起来看看比分。

主持人：下面要进行第二轮的比赛，同学们加油呀！这一轮的比赛是抢答题，同学们只要回答是或不是、能或不能。在我问完题目后，就可以回答。

（1）发霉的花生能吃吗？（不能）

（2）油炸的食物是不是可以常吃？（不是）

（3）方便面是不是可以作为主食？（不是）

（4）我们是不是可以天天吃快餐？（不能）

（5）能空腹喝牛奶吗？（不能）

班主任：同学们说的都很对，老师还把这些编成了小歌谣，一起来读读吧。齐读一遍，拍着手，我们再来一遍。

《食品卫生安全童谣》

食品安全最重要，良好习惯养成好。
饭前便后要洗手，清洁卫生要做好。
食品挑选需注意，"三无"食品莫食用。
小摊小贩莫相信，卫生更是谈不上。
过期食品不要吃，变质食品切分清。
油炸腌制要少吃，健康危害是关键。
饮料、冷饮要节制，争取有个好牙齿。
同学们，要记牢，食品安全最重要，最重要！

班主任：请牢记歌谣的内容，养成良好习惯，现在就让我们对健康饮食做出自己的承诺吧。

四、填写食品安全承诺书

班主任：你的食品安全承诺是什么？

生答：我承诺：我不吃……（评价：相信你能做到，说得多好啊……）

找三四位学生即可，说完立即贴黑板上，其他学生小组里说。

班主任：在小组中做出你的承诺吧。

五、班主任小结

班主任：刚才大家都把自己的亲身体验和想法及时地和同学们进行了交流。通过这次班会，大家都懂得了乱吃不卫生的食品会影响身体健康的道理，也都表达今后不再乱买零食的决心。通过讨论，我们知道了如何去选购安全的食品。希望每位同学养成讲卫生的好习惯，使我们的身体更健康、大脑更聪明。

一份份承诺书，让我看到了大家对饮食安全的重视，咱们青岛也在积极创建国家食品安全城市，让我们也用自己的实际行动为"食安青岛"贡献一分力量！

班会反思

本次班会通过学习有关食品卫生安全知识，让学生树立了安全意识，提高了病从口入的防范意识。同时，策划与组织此次班会也锻炼培养了班委的组织能力，为以后的班级工作奠定了一定的基础。

珍爱生命　远离毒品

山东省青岛莱西市望城中心中学 // 刘　宁

本主题班会适于在初二上学期期中以后进行。

班会背景

初二的学生自制力比较薄弱，易受各种不良因素的诱惑。应让学生初步了解毒品的种类以及对人类的危害，远离毒品；学会运用有效途径自觉抵制毒品影响，并做好力所能及的宣传工作。对毒品的认识不在于认识其种类或分类，关键在于要让学生认识到毒品的“瘾癖”性：毒品使人成瘾，所形成的精神麻醉与精神依赖是毒品的最可怕所在，了解戒毒的艰辛，帮助学生分析染上毒瘾的心理。

设计思路

本次班会包括以下环节：

第一环节是“情境导入”。由图片导入罪恶之花——罂粟花。

第二环节是“初识毒品”。讲述什么是毒品及毒品的分类。

第三环节是“案例分析”。学生讲述因毒品发生的悲剧。

第四环节是“讨论交流”。学生讲述自己的感受。

第五环节是“向毒品宣战”。学生表明自己的决心。

班会准备

(1) 资料：各种毒品危害的 VCR 及图片，吸毒者的自白故事。

(2) 物品：彩笔，卡纸。

实施过程

一、情境导入

（放映图片，师配音介绍）缭绕山间的云雾向初升的太阳徐徐爬升，漫山雪白、淡紫、嫣红的花朵摇曳在亚热带的熏风中，奔放而妖娆，一股微甜苦香的气息迷漫在空气里。同学们，看到这些图片你有什么想说的吗？

生：美……

师：刚才同学们对这成片成片美艳的花赞叹不已，可是它却被人们称为——“罪恶之花”（课件）。说起它的学名，你一定不会陌生，充满诱惑却饱含毒汁，可以令人致命的罂粟花。

二、初识毒品

1. 什么是毒品

班主任：那么，你知道什么是毒品吗？（配以图片）

生：（略）

师：是啊，毒品是指鸦片、海洛因、冰毒、吗啡、大麻、可卡因，以及国家规定管制的其他能够使人形成瘾癖的麻醉药品和精神药品。

（播放VCD《青少年教育》剪辑5′35″～7′35″。）

师：你知道这些毒品有什么危害吗？

生：（略）

师：第一，鸦片又称烟土，是天然罂粟类植物硕果的浆汁干燥后形成的棕褐色胶状固体。这种毒品具有成瘾性，长期滥用可产生药物依赖及导致其他身心疾病，过量使用可引发呼吸抑制。

第二，海洛因俗称“白粉”，是一种高毒性的鸦片类化合物，其成瘾性和毒性比吗啡强4～5倍。吸食、注射海洛因比吸食鸦片更容易上瘾，随着使用毒品时间的延长，瘾君子们需要越来越多的毒品才能产生原来的精神效应。滥用海洛因的危害有：急性中毒，不及时抢救会导致死亡；传播艾滋病、多种性病和传染病；扭曲人格，败坏道德，使吸食者走向犯罪。

第三，冰毒是中枢神经兴奋剂，滥用时可精神亢奋，可诱发暴力行为和刑事犯罪。大剂量、长期使用冰毒可致精神失常、易怒、行为失控甚至发生自杀和伤人行为。

2. 毒品的分类

班主任：毒品的分类方法有很多，可从不同的角度分类。

第一，根据国际公约的有关规定，毒品可分为麻醉药品、精神药品。

第二，从毒品来源和生产方法，毒品可分为天然毒品、合成毒品。

第三，根据毒品对人体的作用，毒品可分为麻醉剂、抑制剂、兴奋剂、镇静剂和致幻剂。

第四，根据毒品对人的危害程度，毒品可分为软性毒品、硬性毒品。

三、案例分析

（1）学生讲述因吸毒而引发的悲剧。

师：毒品对人体的危害真大，毒品这个“白色魔鬼”，正疯狂伸出罪恶的魔掌，残害人类！轻则倾家荡产，重则家破人亡，更有甚者染上这个“白色恶魔”，最后横尸街头。同学们，你搜集到了哪些真实故事，能给大家讲一讲吗？

（2）师：老师这儿也有一段真实VCD，有一些花样年华的青少年，为了吸毒却走上了犯罪的道路，这究竟是怎么一回事，一起来看。（播放剪辑过的VCD《青少年教育》，12′00″～14′45″）

（3）师：看着一张张后悔、沮丧的脸，冰冷无情的监狱里，那一声声嘶鸣、吼叫声，你有什么想说的吗？

小结：一个又一个无知、轻浮、暴躁的青少年，本该享受美好人生所带来的家庭温馨、社会关爱和好友相伴，但是似长大却又未长大的他们在好奇心的驱使下走入了黑暗与死亡的殿堂，带给他们的只有痛苦和家破人亡。

四、讨论交流

（1）班主任：这白色恶魔让她走上了一条不归路。其实，像这样的人和事在我们中国，甚至整个世界还为数不少。

出示全世界以及中国目前吸毒者的人数。

（2）班主任：看了这两个触目惊心的数字，你有什么话要说吗？

（3）班主任：毒品既然如此可怕，为什么还有那么多人沾染毒品？他们是怎样染上了毒瘾呢？让我们来听一听吸毒者的自白吧。

请学生阅读“报告会”中的故事。

读了这些人的自白后，你觉得他们是怎样染上毒瘾的呢？

五、向毒品宣战

（1）班主任：刚才我们看到的是我们的国家和政府对毒品进行了严厉的打击，让我们大快人心。那作为青少年，我们该怎样用实际行动向这可恶的毒品宣战呢？（学生讨论）

（2）班主任：刚才，同学们说得很有道理，可是我们的身边还是有一些青少年却没有这么幸运。一个个社会问题，家庭问题，交友问题让他们误入歧途。由于好奇，由于父母、老师的一句责备，由于一时之气，走进了一些充满了乌烟瘴气的地方，毒贩们步步逼近，吸引着让他们上钩。最终，毒品让他们摆脱不了这种感觉，从此他们就这样将美好的前程双手拱让了。让我们警记那一张张饱含泪水的脸，警记那一张张邪恶的脸，引以为鉴，做一个远离毒品的人。（播放 VCD《青少年教育》，剪辑 21′20″～27′10″）

六、课外延伸，实践作业

班主任：同学们，毒品既然是人见人恨的恶魔，那么，我们就应该勇敢地行动起来，向毒品说不，向毒品宣战！

（1）创作一幅反毒、禁毒宣传画。（课件：反毒、禁毒宣传画）

（2）和小伙伴合作，设计一项反毒、禁毒的宣传活动。

班会反思

曾经有人说过，吸进去的是粉末，吐出来的是生命。毒品是人类社会的公害，它不仅仅危害人民群众生命安全，而且扰乱社会治安秩序，影响社会发展和进步。通过本次班会的宣传，“远离毒品，珍爱生命”这个主题深入学生心中，不仅使学生了解了有关毒品的知识以及毒品对家庭、社会的危害，而且了解到了一些拒绝毒品的防范措施，更给学生树立了积极向上的正能量，呼吁学生为了自己的健康，为了家庭的幸福，为了社会的安定、民族的团结，实现诺言，远离毒品，珍爱生命！

举手之劳　参与环保

山东省青岛莱西市武备中学 // 李海燕

本主题班会适用于初中各年级。

班会背景

部分学生的环保意识淡薄，不良的卫生习惯和破坏校园环境卫生的情况屡屡出现。希望通过此次班会，唤起全体学生对环境教育重要性的认识，增强环境保护意识，激发学生爱环境的情感，鼓励他们以实际行动参与绿化，宣传环保活动，人人争做环保小卫士，创设一个干净整洁的社会环境。

设计思路

本次班会包括以下环节。

第一环节是“诗朗诵与公益广告”。我们拥有一个地球的诗歌以及公益广告词的朗诵，引发学生对环境保护的共鸣。

第二环节是“环境污染情况”。放映录像，反映全球各种污染的情况；学生说出我们周围一些比较突出和严重的环境污染情况。

第三环节是“为环境献计”。作为中学生，我们怎样投入到保护环境的行列中？学生以小组为单位进行讨论，做到“保护环境，人人有责”“保护环境，从小事做起，从我做起”。

第四环节是“环境知识竞赛”。开展保护环境的知识竞赛，进一步学习环境保护知识。

第五环节是“‘环保小卫士’宣誓”。组织学生宣誓。

班会准备

（1）资料准备：一个关于环境污染的录像视频，环保知识竞赛题。

（2）地点：多媒体教室，学生以小组而坐，八人一组。

实施过程

一、诗朗诵与公益广告

男：无论你走到天涯海角，

女：无论你穿过山山水水，

合：最终——我们还会再次相会！

（出现背景图：绿色的地球，蓝色的海洋，可爱的动物）

男：因为我们拥有同一个地球，

女：因为我们拥有共同的环境。

男：一个地球就是一个家庭。

女：一同生存，共济命运。

合：《举手之劳，参与环保》主题班会现在开始！

男：请听一组“公益广告词”。（从台下飘来公益广告词）

学生甲：“水是生命之源，请节约每一滴水，如果人类不节约水，那么最后一滴水将是人们的眼泪。”

学生乙：——“请问，为什么要使用无氟冰箱？”

学生丙：——“让我们的空间更洁净，让我们的生活更美好！”

学生丁：——“让人痛心的是，总有一些人在破坏环境！让我们都来保护环境。要知道，我们需要地球，救一救我们共同的妈妈——地球吧！”

男：地球是我们人类的家园，但是，我们的家园正在遭受破坏，地球上的空气、水、土壤……正在受到严重的污染。

女：地球妈妈生病了，21世纪人类将面临十大全球性问题。大家知道吗？

二、环境污染情况

观看录像。（放映录像，反映各种污染的情况）

主持人：录像中都反映了哪些问题？

学生抢答。（显示“全球十大问题内容”：石油告急、全球气温升高、水资源缺乏、紫外辐射量增大、矿产资源耗竭、耕地面积减少、动植物品种和数量减少、沙漠面积扩大、人口膨胀、粮食需求可能超出地球的供给极限）

主持人：我们周围也有一些比较突出和严重的环境污染情况。下面让我们再来听一听我班环保小卫士所了解的情况吧。

学生 1：一些工厂的大烟囱向天空喷吐着浓烟。

学生 2：焚烧垃圾产生的废气、汽车排放废气，黑烟弥漫。

……

三、为环保献计

主持人：所幸的是“爱护人类的家园”已成为全球人民的共同呼声，受到世界各国的重视。世界上越来越多的人投入到保护环境的行列中。我们作为中学生，又该怎么做呢？

学生自由回答。

主持人：大家说得很有道理，“保护环境，人人有责”，“保护环境，从小事做起，从我做起”，“捡起一张废纸也能使你快乐起来”。同学们，那就反思一下自己的行为吧。请同学想想，说说自己身边发生影响环境卫生的事例。我们共同讨论一下，在同学们身上哪些不文明行为是需要改进的？我们如何来保护身边的环境？

以小组为单位进行讨论，小组代表发言。

1 组：要做到人走灯熄，电扇停，不浪费资源。

2 组：见到垃圾随时捡。

3 组：不随地吐痰，注意个人卫生。

4 组：每个人都要管好自己的“小天地”。

5 组：卫生角应该保持干净、整洁。

6 组：值日生应尽好自己的义务，做到一日三扫。

7 组：同学之间互相监督，勇敢阻止破坏环境的行为。

8 组：加强环保意识，班级制订班级卫生公约，对破坏环境的行为进行处罚，对保护环境的同学进行奖励。

四、环保知识竞赛

1. 必答题

唱歌或背诗。（须带绿字）

2. 抢答题

（1）一般将污染物分为（A）。

A. 工业污染源、交通运输污染源、农业污染源和生活污染源四类

B. 工业污染源、农业污染源、生活污染源三类

C. 工业污染源和生活污染源两类

（2）藏羚羊是国家一级保护动物，是（A）特有的动物。

A. 青藏高原　　B. 新疆　　C. 青海

（3）全国统一的环境问题举报免费热线电话是（C）。

A. 12 315　　B. 148　　C. 12 369

（4）以下有关环境的纪念日名称和时间哪项有错？（B）

A. 中国植树节（3 月 12 日）；地球日（4 月 22 日）

B. 生物多样性日（5 月 22 日）；世界环境日（6 月 6 日）

C. 国际臭氧层保护日（9 月 16 日）；国际生物多样性日（5 月 22 日）

（5）为保护蓝天，我们在出门时，应该（C）。

A. 尽量选择乘坐舒适的交通工具

B. 使用私家车

C. 尽量选择乘坐公共交通工具

（6）减少“白色污染”我们应该（A）。

A. 自觉地不用、少用难降解的塑料包装袋

B. 乱扔塑料垃圾

C. 尽量使用塑料制品

（7）中国野生动物保护协会的会徽是（B）图案。

A. 丹顶鹤　　B. 大熊猫　　C. 骆驼

（8）以下哪种说法是错误的？（C）

A. 三个废餐盒可以做一把学生用尺

B. 废易拉罐溶解后可以 100%地无数次循环再造成新罐

C. 废玻璃无法回收利用

（9）国家重点保护野生植物分（A）。

A. 一、二两级　　B. 重点非重点两级

C. 一、二、三级

（10）因空气污染引起的酸性降水被称为（B）。

A. 酸水　　B. 酸雨　　C. 酸雾

（11）清洁能源有哪些？（B）

A. 核能、太阳能、地热能　　B. 生物能、太阳能和地热能

C. 太阳能、潮汐能、生物能

（12）绿色购物，我们应该选择购买（A）。

A. 大包装的商品　　B. 小包装的商品

C. 一次性用品　　D. 附带广告宣传材料的商品

（13）保护水环境，我们应该选择使用（B）洗衣粉。

A. 普通　　B. 无磷　　C. 廉价　　D. 高价

（14）在下列回收废品中如果没有回收，对环境造成危害最大的是（C）。

A. 废纸　　B. 废玻璃　　C. 废电池

（15）居室中什么地方污染最重（C）。

A. 卧室　　B. 客厅　　C. 厨房　　D. 洗手间

五、"环保小卫士"宣誓

我宣誓：我将以实际行动做到

珍视天空，关爱大地；

抵制污染，植绿护绿；

珍爱生命，节约资源；

保护环境，保护自然；

绿色消费，绿色人生。

主持人：同学们，让我们积极行动起来，更多地了解环境污染与环保的重要性。让我们从小事做起，用我们的双手为地球增添新绿，举手之劳，参与环保，让我们身边的环境更加美好，让我们的地球母亲更加健康！

班会反思

通过此次班会，引导学生关心自己生活的环境，明确环境保护的重要性，提高保护环境，保护地球的意识。学生都意识到了平时没注意到的生活细节，保持美好的校园环境人人有责，环保并不遥远，我们可以从身边的小事做起。举手之劳，参与环保。作为一个中学生，还要宣传环境保护，让身边的亲朋好友的环境保护意识进一步加强。

第二部分

教育故事

做一个超越“福尔摩斯”的班主任

青岛大学附属中学 // 余凤娟

接到报案

班级出现案情:一部新 iphone 失窃!

班级平稳度过初一,从未出现过任何失窃的状况,刚进入初二却发生这样的事情!

本学期班里刚转进来两个同学:男生睿,女生璇。丢手机的便是璇。初来乍到便遇到这样的事,她和她的家长该如何看待我们这所学校和我们这个班级?我又该如何给班里的孩子一个明确的交代?这是一个问题。

我知道,我必须得当一次“福尔摩斯”啦!

由于家长打电话给我的时候已经是手机丢失的第二天,并且还不十分确定是在班里丢失的还是在校外丢失的,这无疑给我增加了侦破的难度。但是,既然无法排除她在校内丢失的可能,我就必须着手,试着从学校里找出“拿”手机的人。因为无法把范围控制到最小,我只能广撒网,寻找蛛丝马迹,进行侦破。

排查阶段

经我在班级中广泛了解,推测丢手机的时间有可能是前一天下午上体育课时,因为大家下去上课却没有按要求锁门。我的第一反应是:外来人员作案。因为初一一年以来没有任何财物丢失过,这次有可能是因为大意没关门而“引狼入室”。

但是斟酌之后,我又否定了这个想法。因为璇坐在班级靠窗的最后一位,从门口进来那是最远的对角位置。体育课中途有几个学生回来喝水,反映并没发现陌生同学进入,班级中其他财物也都安然无恙,况且一个陌生人是不可能有时间、有胆量逐个翻找书包,直至找到这部 iphone。

于是,我就开始进行班级内部排查。

时间紧迫,已经有学生开始互相猜忌,且众矛头逐渐指向班级的一个文弱的男生——璇的同位。这个男生忍不住放声大哭,他说因为他在小学就被冤枉过偷东西，至今还心有余悸。我心里打了一个问号：会是他吗？他第一个主动承认自己体育课中途回来喝过水，并且没有见证人。但通过一年的相处，我知道这个男孩子胆子很小，而且他能主动说出自己回班喝水，说明他的内心是坦荡的。我注意观察他。他的眼睛能正视我，没有躲闪。我最终还是否定了大家的推测。我马上在班级中进行安抚，让大家不要互相猜测指责，我会在最短的时间里给大家一个说法。

有学生反映有几个男生曾经讨论过班级前方安装的摄像头是否管用。为什么凭空关注摄像头？在他们其中肯定有“作案”嫌疑人。范围在缩小。我悄悄地关注那几个男孩子。

我跟丢手机的璇私下聊天，获悉她的手机是设置密码的，要想强行解锁，她妈妈的手机会收到提示，但截至目前还没有相关的提示信息。于是，我问她有谁知道她的手机密码，她说“睿”。睿是初二刚转来的男生。他曾经借用璇的手机给家长打过电话，璇告诉了他密码。我头脑中一个念头划过：难道是他？

但我对他根本不了解，此外，没有证据，不可妄加猜测，不能放过“行窃者”，更不能让好人蒙冤。

我继续在班级中摸排，有学生反映睿的微博在早上 7 点左右更新。我联系上睿的母亲，询问是否给孩子手机使用。他的母亲说，因为担心影响儿子学习，上初二就没给他手机。

脉络似乎在渐渐清晰。但看睿的平日表现，似乎很开心，没有露出丝毫的胆怯、恐惧。我该怎样攻克这个难题呢？总不能严刑逼供吧？

攻心阶段

破案工作进入最难的攻心阶段。该如何攻克这个孩子的内心堡垒呢？

首先，我在班里说了这部手机如果强行解锁和使用，丢失手机的学生家长可以收到提示短信，同时班里的监控器是开启着的，有必要时随时可以到学校调取影像资料（其实当时的摄像头并没有启用）。我扫视全班，看到了睿躲避的目光。

睿转来之后，学习上、纪律上都存在很严重的问题。于是，我想从这个角度入手。

当天下午自习课，我把睿叫到恳谈室，没跟他过多交流，只是给他一张纸，让他把自己转来之后的学习、纪律情况写写，分析分析原因。

他很敷衍地写了几句。我看后只是告诉他，写得不够深刻、不够完善。他怔怔地坐在那儿，笔下没写几个字。我伸出手，摸摸他的头，语重心长地说：“好好反思一下自己的所作所为，才能有进步的空间，才能铺就未来的道路。”

说罢，我就离开了，让他一个人留下静思。半个小时后，当我再次进去时，发现睿已经离开了，桌子上放着一个白纸包裹着的方形物体。我打开一看，是那部丢失的 iphone！这个孩子在纸上写着：“老师，我知道是我做错了，我本来以为把别人的手机据为己有，就可以随便上网发短信了，但是发现根本不敢用，又不知道该怎么处理。我错了，我希望您给我保密，我一定不会再做这样的事了。希望您给我一次机会。”看着手机和孩子的留言，我心里释然了。

结案阶段

案件水落石出，抓出了“真凶”，似乎我作为“福尔摩斯”的侦破工作可以就此结案了。但转念一想：班主任仅仅是一个“福尔摩斯”吗？该怎么处理善后工作？把这个孩子交给学校“曝光”吗？那他今后的人生就只能在阴影下度过了！不能，真的不能！一个初二的孩子的人生才刚刚开始，我不能就此扼杀了这个孩子的前程。我该怎么做？

面对学生犯错的那一刻，我想：“假如他是我的孩子，我会怎样做？”我知道唯一能做的就是：保护好这个孩子，但不纵容。

我首先跟睿促膝长谈了很久，动之以情晓之以理，深刻地分析了这种行为的危害性。他也深深地忏悔自己的所作所为。他希望我给他一次机会。我想，我必须给！知错能改，善莫大焉。一个孩子不能因为他一时的糊涂，为他的青春买单。我答应为他保守秘密，但是他必须履行对我的承诺：端正学习态度，严守班级纪律。我想，如果这个孩子因为汲取这次跌倒的教训，能够找到人生的方向，岂不是因祸得福？

我先约见了璇的家长，很坦诚地跟他说了这件事的来龙去脉。我说：“我们都是家长，希望都能将心比心，给这个孩子一次改过的机会。没有不犯错的孩子，为这个男孩子的未来着想，请保守这个秘密。”女孩的家长很痛快地接受了我的想法，跟我一起编了一个善意的谎言：孩子是在公交车上丢失的手机，小偷被抓，手机物归原主。丢失手机的家长对我说：“孩子能转到你的班里学习生活是幸运的，因为通过你处理这个男孩子的事，我看得出来，你爱班里每一个孩子！”听了这话，我心中洋溢着一种强烈的职业幸福感。

而后，我又约见了睿的家长。我首先提出的就是“让孩子做一个正直的人”。在跟家长交流的过程中，家长很诚挚地进行了反思，反思了对待孩子的种种纵容，反思了家庭教育的缺失，并保证今后要多关注孩子的品行，积极配合老师和班级教育孩子。睿的家长得知我和璇的家长商定的那个善意的谎言后，感动得热泪盈眶。临别时，家长紧握我的手，反复地说："谢谢，谢谢您对孩子的这片苦心，谢谢您对孩子的爱。"听了这话，我觉得肩头沉沉的。

后记

我很欣慰，最终有了这样一个让人宽慰的结局。至今，失窃案件一直是我们三方保守的秘密。睿在我们君子协定的约束下，迅速地转变着：学习上有了明显起色，纪律上也有了很大飞跃。他在班里生活得很快乐，这就是我希望看到的。

这次经历，让我深深地意识到：班主任不能只是做一个"福尔摩斯"，缜密而冰冷地去"破案"，更重要的是用温暖的爱引导学生建立完善人格。我要做一个超越"福尔摩斯"的班主任！

那些年，我与你一起成长

山东省青岛第三十三中学 // 宋 妍

初夏，窗外鸣蝉聒聒，室内却清凉一片。

台上，一个斗志昂扬的小男孩正在慷慨激昂地进行竞选演讲："作为一名90后的青少年我感到无比自豪。我有发扬班风的责任……明日班级会因我对公物的监管与爱护而更美……"

毕业前夕，任课老师对于小周共同的评语则是："思想积极上进，能听取老师的教导，行为习惯上有了较大的进步。"

中考倏忽远逝，小周同学在高中渐行渐远，如鱼得水，肆意挥洒着青春的汗水，颇得老师、同学的喜爱。谁都想不到，两年前，我中途接班时，听说的却是一个"集大成男孩"——成天迟到，成天扰乱课堂纪律，成天不完成作业，成天脏话不离口……最最令人担忧的是，他经常肚子疼，导致课上的断断续续，与同学来往不深；自己渐渐丧失了学习的兴趣和动力，只能经常和社会上的人一起泡网吧，打架更是稀松平常的事。

这孩子在开学第一天的"亮相"就与众不同。

印象中，当我面对一班完全陌生的八年级小孩儿进行自我介绍时，却被一声有气无力的"报告"打断了。侧头一瞧，果不其然，一个小个子，黑瘦的小孩儿，着一身牛仔短裤，耷拉着脑袋，在门口斜靠着。我一时搞不清状况，只好微笑着问他："你找谁？"在学生齐声证实他就是周某某时，自己心里顿时一个咯噔，面上却平静无波，装作没注意到他没穿校服，示意他进入教室。只见他慢吞吞地走到最后一排，娴熟地将自己"挂"在椅背上。我接下来讲话时，他不时转换动作，一会儿趴着，一会儿歪着，就是没个正形。

按捺住心中的不满，我继续布置工作，直到提出教室的卫生问题时，那小周顿时像被充足了电一样，几乎要从椅子上弹起来。他挺直了腰杆，手举得老高，一个劲喊道："老师，我来吧，我保证扫得干干净净。"我很想看看他是否言行一致，于是很快点头同意。

意外的是，第二天正式开学时，教室里确实如小周所言，晶亮干净。于是，我大大地表扬了包括他在内的学生。看到他一脸天真烂漫的样子，我想，他也许并没有传说中那样“坏”。顺理成章的，以后的大扫除总少不了他忙碌的身影。我心中暗喜。看来，他除了上课没精打采之外，做其他事情都挺积极。可惜，好景不长。

一天，班里一个身材瘦弱的小女孩向我哭诉，小周老在放学路上跟她要钱，并恐吓她不要告诉我。我于是到班里了解有没有其他人受到他的欺负。这下班里像炸开了锅，这个说周同学欠他钱，那个说周同学抄他作业，竟然还有女生反映他偷偷地将令人恐怖的小昆虫放在她们的笔袋或桌洞里……这些“受害者”们之前都怕他报复，谁都没敢露出半点口风。

冷静地考虑过之后，我虽然清楚事态的严重，但终没有当着全体学生的面训斥他，而是找了一个合适的机会，与他在办公室进行了一次长谈。自己重在帮他分析如此下去的后果，也做了点简单的普法教育。看到我如此注重他的感受，小周的认错态度倒也诚恳，承诺尽快还钱，但请求我不要将此事告诉家里，因为其家长比较暴力，遇到问题往往狠揍一顿。我顺水推舟，答应他如果以后不再犯这样的错误，就暂时不告诉家长。

整件事解决得还算完满，他不久就还清了钱款，也确实没再跟同学们要过钱。由于我经常对他“颂德于堂前，规过于密室”，当众放大他的优点，他的肚子没有初一那时“疼”得那么频繁了，在校的天数大增，跟其他同学一样渐渐习惯了天天上学。

看着他日渐平静的眼眸，我稍稍放下心来，觉得经历我这样的“悉心浇灌”，这棵长歪了的小树苗终于绽出新绿，让我看到了希望。但是，多年的教育直觉提醒自己，小周的性格冲动偏执，很容易在与人相处的时候闹矛盾。而事情，就不期而至地发生了……

那天上午生物课时，办公室的门突然被打开了。班里的团支书慌慌张张地跑了进来，神情严肃地对我说：“老师，不好了，您快去看看吧，小周他……”我心里一颤，顾不上听完来龙去脉就拔脚赶到了班里。

原来，他偷偷地写别的学科的作业，被生物老师发现了。老师看了他好长时间，他却没发觉一直在写。不得已，老师只好上前制止他，他竟然充耳不闻在继续写。气不过的老师把他写的那张纸撕了下来，扔了出去。没想到他却来了气，不顾老师和其他同学的感受，私自下位把那张纸捡了回来继续写。老师见状非常生气但又不想耽误上课，就让周同学自己找班主任承认错误，可他却跟老师较上了劲，拗在位上就是不走，最后老师被迫停止上课把我“请”到了教室。

在听生物老师说前因后果时，我心中怒浪滔天，真想立刻把他揪出来甩出教室，劈头盖脸地批他一通。可静下心来想，现在的他如此冲动，我这样的处理方式很可能引起他做出更过激的反应。暗暗权衡了一番后，我克制住自己的心绪，尽量用缓和的语气对小周说："不管是你的错，还是你认为老师哪里做得不妥，到我办公室说说你的想法吧！"说完话，我轻轻地拍了拍他的肩膀，并用一个手势示意他跟我到办公室去。

他毕竟还是一个孩子，本来对于课堂上的所作所为就有些心虚，看到连班主任都"惊动"了，内心更是忐忑不安，却没想到我没按"套路"出牌，不动声色地给了他一个台阶下，这时候再不乖乖就范恐怕怎么也说不过去了。于是，他低下了头跟我来到办公室。看得出，他还是有些不情愿。我一如既往，为了表示尊重，让他坐在我身边，又故意装作没弄明白刚才课堂上发生的事情，认真地听他自己说了一遍事情的经过。在这个过程中我自始至终没有呵斥他，但我却在每一个他处理不妥当的环节帮助他分析怎样做才会更好，不至于产生这样的局面。我语气平和镇静，态度严而不厉，对他动情晓理，使他最终明白今天这件事问题在自己，在课堂上写别科作业是既损己（自己没有学到要学的知识）又不利人（不尊重老师，破坏同学学习知识的良好环境）的做法。经过这一番沟通，他终于认识到了自己的错误。课后他向生物老师主动诚恳地承认了错误，最终得到了老师的原谅。

尤为难得的是，不久的教师节那天，他主动写了一份检讨，在全班同学的面前再一次向生物老师道歉，同时还买了一份礼物郑重地赠送给老师。

自此之后，小周在课堂上的自控力又有了一定的提升，更积极地参与班级的每件事情。尤其每次大扫除时，他总主动请缨去干最脏最累的活，慢慢赢得了同学们的赞许；学习上他也比之前多了一个目标，整体都在踏踏实实地缓步向前行进。

看到小周这样的变化，我的内心感慨万千。短短几个月，自己穿越了冰火两重天，这种煎熬是任何言语都无法形容的。可有时换个角度想，也许浴血凤凰，历险重生，也不过如此吧。

我想，也许有时学生做得很过分，但毕竟他们还是孩子，又处于青春叛逆期。对于生性执拗的孩子，我们不能过分强硬，硬碰硬不仅会两败俱伤，而且也有损于班主任的威信。这时，班主任可以采取软着陆的手段，避免针锋相对，要给孩子一个下台阶的机会。这类孩子还有个特点就是好面子，所以，当你给他机会时，他反而会自惭形秽、不攻自破。

像小周这样的孩子，不可能一下子改掉相伴已久的恶习，总有反复的过程，但只要做老师的耐住性子，徐徐引导，总会让他在反复中不断提高。平时，他因贪玩不写作业的情况还是时有发生，有时也忍不住和别人打架。只要发现这些情况，我都会放平心态，和他谈谈；缺作业了，辅导他补上；和别人打架了，先问明缘由，再教育他；发现了他的优点或进步，一定会及时给予鼓励。我相信，总有一天，他的陋习会越来越少，好习惯则会无声无息地形成。

叶圣陶先生说过："教育就是要让受教育者疑难能自决，是非能自辨，斗争能自奋，高精能自探，从而成为一个自得的人。"所谓"自得"的人就是一个可持续发展的人。小周的成长并非毕其功于一役的事，这需要运用各种教育手段长时间地栽培或矫正，同时更需要教育者有长远的眼光和持久的耐心。

作为一名班主任老师，我一直希望能用绵薄之力、博爱之心，使学生接受我润物无声的教育。这样，不仅促进了他们的成长，也提升了自己的业务水准，葆有了自己的青春激情。

所以，毕业时，我深情地在纪念照上写道：那些年，我与你一起成长……

老师，请远离“刻板效应”

山东省青岛第三十九中学市北分校 // 宋文江

前几天翻看杂志，看到了这样一则测试题：一位公安局长在路边同一位老人谈话，这时跑过来一位小孩，急促地对公安局长说：“你爸爸和我爸爸吵起来了！”老人问：“这孩子是你什么人？”公安局长说：“是我儿子。”请问：这两个吵架的人和公安局长是什么关系？请快速回答！这一问题，在调查中答对的人 10%不到，这就是很多人存在思维定式常依照自己固有的看法看问题：公安局长应该是个男的，自然难以回答出答案。这样的思维定式在社会心理学中被称为“刻板效应”，它是对人的一种固定而笼统的看法，从而产生一种刻板印象。

我陷入了深思，在教育中有多少次因为我们存在“刻板效应”而把学生的无心之过想得过于严重。慢慢地，我回忆起前段时间的那件事。

小孙同学是班里的一名机灵活泼的男同学，头脑聪明，性情淳朴，但贪玩，缺乏自律性，对待学习总是应付了事的心态，再加上家长缺少有效的家庭教育，导致小孙期中成绩直线下滑。为此我决定进行一次家访，当着家长和他的面，我们来了一场“三方会谈”。家访持续一小时，在我和家长动之以情、晓之以理的教育下，小孙决定痛改前非。在接下来的时间里，我一直关注着他，在家长的配合教育之下，小孙的确进步较大。我看得出他在努力，也会适时地表扬他。可前段时间，小孙的作业和课堂听写又开始陆续出问题了，不是这个学科的作业少写了，就是那个学科的课堂检测不合格。这种情况一连两三天，我的第一印象就是这小子又重蹈覆辙、原形毕露了。那一天，他的历史默写又不及格，语文作业也少写了。中午我忍无可忍，朝他吆喝一声：“孙某某，出来！”之后，我就开始劈头盖脸训斥到：“你想干什么？好不了几天是吧？”小孙面对我的批评，开始时欲言又止，然后一言不发地低着头。看他这样子，我的火气更大了，喊道：“你简直无药可救了，如果你自己都不想努力，我何苦在你身上浪费时间和精力！”最后的结果，学生低头不语，我暗自高兴，这证实了他的无话可说和理屈词穷。

随后，我给他家长打去电话。在和家长的交谈中我才得知，小孙最近持续感冒低烧，导致鼻炎又复发了，他一直在打点滴。为了不耽误白天课堂听讲和学习，小孙主动要求晚上打点滴，打到很晚可能就影响了作业和复习。在那一瞬间，我竟然无言以对了，心里像打翻了五味瓶，酸甜苦辣咸一起涌上心头。因为我的冲动和用老眼光看问题，在没有了解事情原委的情况下就批评了小孙，而且我的话还会深深地打击到他渴望上进的心。他原本是可以白天正常请假的，只是因为不想辜负家访中我对他的信任，想证明他可以进步的，于是要求晚上去打点滴。我抚平了心情，决定向小孙道歉。下午自习课我走到他身边，诚恳地对他说："对不起，老师误会你了，看到你学习比之前有所退步，我太着急了，没有了解清楚就批评你了。身体不舒服应该早点和我说，老师很感动你对学习的坚持。我会和任课老师说一下，把你的作业稍减一部分，或者允许你可以第二天利用自习时间完成。这样，既保证了休息，调整好身体，也能保证作业的质量。"小孙听后流出泪水，很真诚地说："谢谢老师，我知道您也是为我好。请老师相信我会努力学习的。"

这件事给我带来深刻的教训，我深深地反省自己的行为。由于自己的轻率，没有弄清事情的经过就对小孙进行严厉的批评，对孩子肯定造成了不小的打击。同时我也很庆幸，小孙很懂事，他能理解老师的苦心。如果没有和家长交流，可能我的言行真的就给小孙带来了无法挽回的心灵伤害，可能会让他真的重蹈覆辙。如果他从此自暴自弃，那后果不堪设想，就因为我的一时冲动，带着刻板思维去批评他，可能就会自此扼杀了他的进取心。

美国教育家海姆•吉诺特说过："我总结出一个可怕的结论，我在课堂上起决定性的作用……作为一个教师，我拥有让一个孩子的生活痛苦或幸福的权力。我可以是一个实施惩罚的刑具，也可以是给予鼓励的益友：我可以伤害一个心灵，也可以治愈一个灵魂。学生心理危机的增加或减缓，孩子长大后是仁慈还是残忍，都是我的言行所致。"我告诫自己在处理类似事情时，一定要冷静；尤其对学生的批评话语，一定要慎重！

作为老师，面对不同的孩子，切忌带着"有色眼镜"看待学生，一定要注意摒弃主观想法；否则，所谓了解孩子、走进孩子的心灵就是空谈，更不用说有效地施教了。作为老师，要有包容力，多站在孩子的角度想问题。作为一名老师，一定不要带着"刻板效应"看待学生。每个孩子都是一个独立的个体，都有自身的优点，只是有时候，我们被蒙蔽了双眼，发现不了罢了。作为一名教师，我们应该真正关爱，关注与尊重每一位学生，多一把尺子衡量学生，以发展的眼光与心态不断鼓励他们向着正确的方向发展，从而引领学生健康快乐地成长。教育需要耐心与等待，需要时间来验证。所以，作为老师，我们在教育孩子的时候，一定要三思而后行，沉下心来，不用“刻板效应”处理学生的问题。我们一定要避免用简单粗暴的方式对待孩子以致泯灭一个个本该生动的灵魂，而要做一个不急不躁的“麦田里的守望者”。

相信岁月　相信种子

山东省青岛第六中学 // 孙海文

相信岁月就是相信时间，相信种子就是相信生命。相信不是一种态度，相信是一种能力。

时光荏苒，当我全身心地投入工作甚至没有双休日时，我的内心日益深刻地体悟到“相信种子，相信岁月”这句话凝聚了对教育最为诚挚的爱，也揭示出教育的真谛，更让我时刻铭记着初为人师时的焦虑与匆忙。

我清晰地记得第一次担任高三班主任那年，我对工作满怀热情，对尖子生用心引导，对中等生时常督促，对后进生严加管教。为此，我早起晚睡，有时甚至顾不上吃饭，目标只有一个：让每个孩子都考上大学！当过教师的人都知道，真正让我们着急的是那些聪明但是不用功的孩子。明，就是这样一个学生。他基础不错，只不过挥霍了大把时光，几次模拟考试成绩都不理想，自己就有些灰心。对此，我看在眼里急在心里，几次喊他到办公室，眉头紧皱，忧心忡忡地对他说：“考完试，自己有没有分析原因？到底怎么回事啊？”他总是支支吾吾，说不出个所以然，或者简单地说没好好听讲。我就和他讲为什么要好好学应该如何如何学习。他一开始听得很认真，但是慢慢地就有些敷衍了。我心里更加着急，眼看快高考了，他怎么就是不努力啊！

这天早上，我刚到单位，就接到政教处通知，明夜不归宿，学校要求通知家长。我一下子火了，自己不珍惜自己，还给集体抹黑。到底想怎么样啊！但是，上午见到明的父亲后，我却再也生不起气来。这是怎样一位父亲啊，脸上布满“沟壑”，穿着打扮极为朴实，脚上是一双沾满泥巴的黄胶鞋，让人印象最深的是那双裂着缝的双手。他带着唯唯诺诺的心虚和胆怯解释道：“明是我们年龄很大时才生的孩子，母亲精神不太正常，家里条件很差，希望学校能给孩子一次机会。”

我带明来到办公室，压制住自己的火气，平静地说：“和你爸说说怎么回事？”他低眉顺目，不说话。我想到对他的付出，忍不住一下子站起来，用力一拍桌子，喊道：“你还学不学，掰着手指头数数，还有几天高考？”我越想越伤心，我说我对他的希望，我讲我的委屈："我对你付出多少心血啊，你就是不努力。"我抓住他父亲的手，高高地举到明的眼前，说："你仔细看看，瞪大眼睛看一看，看看你爸的手！你到底在想什么？"他的表情由开始的无所谓到愧疚，最后看到我的眼泪，看着父亲的双手，他再也忍不住，扑通跪了下来，大哭道："对不起，对不起！我不是有意的，我也想好啊，我不知道该怎么办啊！"

我努力平静自己的情绪，又和他谈了一会儿。具体说什么现在已经记不清楚了。只是那一跪，那一个小男子汉的痛哭失声，对我的内心产生了巨大的震撼。事后我开始反思：究竟是什么让我们都如此沉重？

第二年的教师节，我收到他寄自军营的信，里面夹着一张照片，头发更短人更精神了。这让我温暖、欣慰，更让我想起上学时这个孩子的点点滴滴，想起那些让我头疼不已的日子。信中他写道："步入社会后，我才后悔当初没有努力学习。高中三年留给我太多的遗憾与后悔，唯一让我庆幸的是遇到您。谢谢您三年来对我的关心。老师，说心里话，您期待的目光甚至让我有些害怕，其实我也想好啊！可是很多时候我真的不知道该怎么办了。您教给我的方法我都试过了，可是没有效果啊。那段日子，我甚至感到绝望。人生的道路有千百条，很感激您对我的关注，可能我的确不太适合走高考这条路。希望您也能放松些，真的感谢您！在您的影响下，在部队里我发奋学习，已经考入军校了。"

读后我感触颇深，一直认为我的鼓励、期待对于每个学生而言都是最好的心理良药。那么，为什么我的关注会带给一颗年少的心灵以"绝望"，我的目光让他感到"害怕"呢？我开始反思自己总是以父母之心，担心他们考不上大学，总是担心他们学习成绩下降。过高的期望值伤害了我和我的学生，让教育走入了一条死胡同。每个学生有着自己的个性特点，每个孩子的内心都有一颗向善向上的心。相信种子，就是相信孩子们不论走过怎样迷茫负重的青春，依然会发芽、开花，依然会找到适合自己的人生道路。相信岁月，就是要努力坚持，就像种子发芽必须穿越泥土一样。只有穿越岁月的风霜，有足够的坚守，耐得住岁月的打磨，才能有花开的美丽。

在这个浮躁的时代，作为教师，能够坚守自己的心灵，是一种沉静的幸福。相信种子，相信岁月，相信我们辛勤的耕种总会换来丰硕的收获。当我们用放松的心态去感受学生的喜怒哀乐、用微笑的表情去面对一张张青春的脸庞时，那种发自内心的欣赏与关怀才会彰显教师的人格魅力，让每一颗年轻的心灵沐浴在温暖的阳光里！

一句 Sorry，让我赢得更多信任与尊重

山东省青岛第三十九中学 // 牟中华

班主任工作是一件和人打交道的差事，尤其是面对一群活蹦乱跳还自认为长大了的初中孩子，让人措手不及的突发状况时常光顾，让人应接不暇。能否抓住偶发事件带来的教育契机，直接影响着班级管理的效果，也考量着班主任的教育智慧。

清楚地记得那是一个寒风料峭的冬日的清晨，我站在马路边一个接一个拨打着学生家长的电话，人冻得直哆嗦，心里的怒火却如火山般蓄势待发。等候的班车早已关掉了发动机，司机师傅在我身边不耐烦地抽着烟，学生在车上叽叽喳喳地玩闹着，几个随行的老师不时透过车窗朝我张望。学校艺术节闭幕式下午要在城阳新校区举行，为确保演出质量，上午要进行节目彩排。我所带的班级作为校经典诵读一等奖获奖班级要和其他两个班一起亮相艺术节。七点钟，载着其他演员的班车按时出发，我则还在逐个电话联系七个迟到的学生家长。“不好意思，老师，我们睡过头了”“闹钟没设好”“孩子记错时间了，老师”“老师你等等我们，半个小时就到……”这些可笑的理由气得我一直在用高音和家长打电话。一直折腾到八点十分，迟到的学生才陆续赶到。正值交通高峰期，我们到达的时间比其他班级晚了足足两个小时。尽管学校临时调整了彩排的顺序，没有因为我班的迟到耽误大局，下午的正式演出我们的节目效果也不错，但总觉得这件事情不该到此结束。

第二天是放假前的最后一天，上午学生到校，下午开家长会。“理论”迟到事件我认为是个好机会。原本按捺不住即将放假的快乐心情的学生，听到我说“昨天我们犯了一个较为严重的错误”的开场白顿时静了下来。他们明白我指的错误是什么。那几个迟到的学生更是低下了头，避免和我目光对视，等待着一场暴风雨的到来。“既然是我们犯的错，老师首先要说 Sorry。”学生疑惑地注视着我，包括刚才低下头的学生。“表演经典诵读的三个班级只有我们班多人出现了迟到现象，老师作为班主任是有责任的，没有事先把问题估计充分。老师在通知集

合时间时忽略了两个因素：一是当天学校各班集合时间不同确实容易出现差错；更主要的问题出在操场上排练完毕下口头通知上，尽管说了若干遍，但室外空间大，人多声音杂，容易听漏。你们帮老师想想，怎样做才能避免迟到的现象以及我们的迟到给哪些人带来了不便？”我和盘托出了自己反思的结果，并真诚地想听听学生的建议和想法。教室里安静了片刻，然后三三两两地讨论起来。值周班长首先发言：“我应该在班级微信群发通知提醒大家，这样家长也可以清楚集合时间，帮着督促。”“这么重大的活动，老师的确应该想到在群里再发一遍通知，确实是疏忽了。”我附和道。有人开了头，发言变得积极起来。一个说：“另外两个班的同学都在等我们彩排，我们耽误了人家的时间。”另一个说：“还有几位老师在我们班的车上等了那么长时间，天那么冷。”一个细心的女生补充道：“老师您一直在车下打电话联系家长，上车时手、耳朵都冻红了。”暖心的话让我眼睛湿润。当时迟到的学生坐不住了：“老师强调事情的时候我该认真听，不应该分神记错时间，我对不住大家了。”其他几名迟到的孩子也紧跟着纷纷致歉。我带头微笑着朝他们鼓起掌来，教室里掌声雷动。

下午的家长会上我描述了前一天迟到风波的经过、上午和学生沟通的结果，并就自己在电话中对家长不理智的说话语气表示了歉意。会后，几个当事家长主动留下来对因孩子的迟到带来的种种不便表示了歉意。接下来的一学期里班级有需要带饭费、上信息课带鞋套诸如此类的事情，值周班长总会在班级微信群里主动提醒大家，有热心的家长也经常在家长群里广而告之。班级的大小事情不再需要我班主任一个人全程亲力亲为，参与班级民主管理的队伍越来越壮大。尽管班主任工作还是很辛苦，但我内心时常被大家拧成一股绳、奔着一个目标而努力的热情温暖着、感动着。

苏霍姆林斯基曾经说过：“有时宽容引起的道德震动比惩罚更强烈。”陶行知先生“三粒糖”的故事更是为我们树立了处理学生思想行为问题的经典范例。十几岁的孩子在成长的过程中犯这样那样的错误是很正常的现象，有了这样的思想意识班主任在处理学生问题时便会心态平和，多从自身的角度进行反思，找到更好的问题解决方案。情绪激动时不妨把解决问题的事缓一缓，待冷静下来再做处理，避免好心办坏事，对学生有好心无好脸。要避免就事论事，否则达不到长远的育人效果。教育学生的时候，不要过于强势，总是要学生怎样做、不准怎样做，而应适当学会示弱，让学生自己思考需要怎样做、怎样做会更好。要摆正师生之间、老师与家长之间的关系，在他们面前勇于承认自己的缺点和不足，这样不仅不会影响班主任的形象，反而会赢得对方的尊重。

班级管理过程中，类似迟到风波这样的偶发事件还有许多。把它们当作班主任专业发展的契机，我们便会转变心态，笑迎困难，满怀喜悦地和青春焕发的孩子们一起成长！

小于的苦与甜

山东省青岛第四十九中学 // 鲁菲菲

我校地处城市边缘地区，有一些偏远地区的农村孩子，家长为了让孩子接受更好的教育，会把孩子送来我校就读。这些孩子除了能得到父母物质上的帮助外，其他方面都是空白，如果没有正确的引导，这些孩子的学习和个性的表现都将有别于有正常家庭教育的孩子。作为班主任，如何教育这些孩子，成了一个新的课题。

小于是一个性格外向、大大咧咧、性格豪放、有点像男孩子的女孩子，学习成绩偏上，独立性较强，在同龄人中显得比较老成。开学不久，她因表现出色，被同学们一致选为班长。她在班级里是老师的得力助手，在同学眼里是有能力的班干部，威信较高。这样一个优秀的女孩子背后应该有一个幸福美满的家庭。但是，第一次期中家长会，因为是开学的第一次家长会，全班32名同学来了31位家长，唯独我们班的班长家长未到。孩子告诉我说，老师我的爸爸妈妈在临沂老家，来不了，小学六年都没有来开过家长会。听了孩子的解释，我被震惊了，这个孩子到底身后有着怎样的故事？

会后，我决定去她家进行家访。放学后，我跟随小于来到她姑姑家。一个在木材厂内租住的三间小平房，竟然住着五口人：小于、姑姑、姑父、哥哥还有一个弟弟。原来她从小跟着姑姑在青岛上学，父母在临沂老家是农民，家里还有一个妹妹和一个弟弟，家庭情况并不宽裕。父母每月给她交午餐费，没有零花钱。就在这样的家庭环境中，孩子是如此体谅父母、感恩身边的人，真是让人感动。我作为班主任，深感欣慰。

自此，我为她建立成长档案，她成了我践行草根教育的主人公，如何培养这样的孩子成才成了我的研究课题。

一、用师爱弥补孩子爱的缺失

一个孩子，因远离父母，缺少和父母的沟通，缺少父母的赏识，同时也缺少来自父母的压力，内心会很孤独。对于小于和父母之间的这种情感空白，我作为她的班主任，应该更多地从情感入手加以弥补。平时，我会主动多与她聊天，让我做她的情感依靠，她有什么生活中的烦恼都可以向我倾诉，有什么困难都可以向我求助。我会经常给她提供一些生活用品，有时组织老师们给她捐送一些衣物，让她在我们的班级中体验到家庭的温暖，以填补他们缺少父母呵护的空白。

老师是代替不了父母的。为了让孩子感到父母无时不在自己的身边，满足她的安全感，我教会孩子经常以书信、电话的方式来加强同父母的情感交流，指导她学会把生活和学习中的苦乐告诉父母，使情感得以抒发。此外，我也会经常与孩子家长电话沟通，在思想上去掉他们那种“教育孩子是学校的事情”的不正确思想，重视子女的教育，平时要多对孩子进行“电话教育”。我相信，有了父母给予的精神上的鼓励，有了学校的温暖关怀和帮助，孩子一定会感受到自己的身边充满爱。

因为孩子比较优秀，我积极申请学校的助学金，成功申请了由企业赞助的贫困孩子资助金，每年资助 5 000 元，直至孩子高中毕业。这无疑给了孩子莫大的鼓舞。她更加努力地学习，班级工作也更加用心，孩子的内心充满了正能量。

二、用心理教育引领孩子的健康人格

无论是小学生、中学生、大学生还是成年人，心理健康都是他们人生发展的基石。心理健康包含坚强的意志、敢于拼搏的勇气、宽容、谦虚、善良、有自信心、善于交往、能独立生活、自制能力和承受挫折的能力强、品质高尚等等。一个人心理健康，犹如拥有一片沃土，会使每一粒知识种子生根、发芽、开花、结果。一个人心理不健康，内心犹如一片荒漠，即使给它栽上艳丽的花草，随着时间的推移，这些花草也会凋谢。所以，一个人只有拥有健康的心理，才能拥有健康的思想，才会清楚地认识自己，找准自己的人生位置。

结合我校的心理特色课程，我会经常组织班级学生进行心理团体活动，如磨炼孩子意志的“爬梯活动”：全班同学用胳膊搭成一座桥，每一位同学依次从桥上爬过，爬的人需要坚强的意志才能到达终点，搭桥的同学需要相互协助，以此来锻炼每一个学生的坚韧不拔、团结合作的优秀品质。

平时也会注重结合一些经历挫折获得成功的名人成长故事，引领孩子们学会苦中作乐，不至于让眼前的暂时痛苦压垮自己，比如，从海伦•凯勒身上汲取战胜困难的勇气，从中国女排姑娘的身上学习顽强拼搏的精神。

三、因材施教培养孩子成才

立志是成材的必要前提，是成材的动力。我们常说：人无志不立；人穷志不穷；要立长志，不要常立志；要有明确的目标，并将目标作为自己的动力；锁定目标后，要精心策划，坚定不移地实施。

到了初二下学期，随着课程的增多与深入，我发现小于的文化课成绩出现下滑的趋势，与之交谈，她也觉得学习越来越困难，有时听不懂课，尤其是理科比较困难。她并不是一个聪明的孩子，但很努力。一次偶然的机会，我与体育老师交流，说小于的篮球打得非常好，是学校篮球队成员，平时都积极参加学校组织的篮球训练，还参加了市级的篮球比赛，取得了好成绩。在与之交谈中她也说过非常喜欢篮球。我经过多方打听，知道我市的一所重点高中刚好招收篮球特长生，我把这个好消息告诉她以后，她着实兴奋了一阵子。

初三以后，她一方面努力学习文化课，另一方面坚持篮球训练。临近中考报名，她显得非常焦虑，文化课成绩并不突出，可能连基本的普高线都难以达到。后来，她参加了重点高中的专业课测试并顺利通过初试。我清楚地记得那天早晨我一进教室，她就过来紧紧地抱着我说，“老师，我通过了，我通过了。”只要文化课成绩在普高线下 120 分，她就可以被录取了。我也是激动无比。太好了，这个孩子终于如愿以偿了。最后的冲刺阶段，她不再焦虑，心态比较放松，中考成绩超出平时许多。

孩子的成功是对老师最大的安慰。孩子成长的路上有阳光，有风雨，就看我们如何引导孩子学会与命运抗争。我们要引导他们笑着完成每一次作业，笑着面对每一次考试，笑着度过每一天，让逆境成为他们成长的阶梯，让他们为自己的进步不断喝彩！

共生·共赢·共成长

——记学习共同体“换组风波”

山东省青岛第三十九中学 // 李　婷

早上收来作业本，匆匆翻了遍，忍不住乐，清一色的呼天抢地、痛哭流涕，起因皆是昨天的换位。“昨天我们小组的某某被调走了，真是舍不得。”“老师，我不想调位，我可以再换回去吗？”“昨天放学之后，大部分同学都哭了，抱在一起哭，男同学也流眼泪了！”

从初一刚入学开始，班里就实行“学习共同体”制度，一组 6～7 名学生，有正、副两位组长，共同管理小组的学习、值日、纪律、收发作业等各项工作，每月一评比，前三名获得“优秀学习共同体”称号，学期末还有学校“优秀学习共同体”的评比。获胜者不仅有荣誉称号，还有各种奖品，学生日常表现也会和期末的各项评优挂钩。所以，小组成员的整体表现至关重要。随着时间的推移，小组成员彼此合作、互相督促，感情也越来越融洽。同样的，班级里各学习共同体各自为战，小团体主义也有冒头的倾向。针对这一情况，我在班里开始预告：期末考试之后，根据大家的日常表现，会对各个学习共同成员适当地进行调整；同时，考虑到大家的感情问题，下次考试成绩名列前茅或者进步特别大的同学，有自主选择的权利。即便如此，调位后大家的反应仍然比较强烈，从记作业本上满篇的抱怨和不满就可见一斑。

办公室里，我做好了接待“上访者”的准备。从开学到现在，我一直在鼓励孩子们勇敢地表达，对学问的不解、对老师的质疑要大胆地说。而我要做的首先就是倾听，珍视每一个学生的意见。倾听是佐藤老师的观点。在《教师的挑战》一书中，佐藤学给出了一个特别的观点，要构筑合作互利学习的关系，就要培养学生相互倾听的能力，这首先取决于教师是否能够认真倾听每一位儿童的心声。经过一年多有意识的培养，孩子们基本上能够做到真实地诉说。

果不其然，第一节课刚刚下课，就有几个学生联袂而至。我佯作不知，

“找我有什么事吗？”

几个孩子你看看我、我看看你，推搡了一阵，两个男孩子勇敢地站了出来说："李老师，我们不想换位！"

"对，别把我们调开！"

"我们会好好表现的，别换我们组。"剩下的几个孩子一拥而上，七嘴八舌地请求起来。

"停！一个一个地说。"必须各个击破，打断他们统一战线般的联合。

"李颖，你是我最放心的一个学生，安静而不失沉稳，我觉得你和任何一个同学都能和谐相处。所以，我特别相信你在哪一个小组都能做好自己，你觉得呢？"李颖红着脸点了点头。"当然了，如果你还想回到原先的小组，也不是没有办法，你懂得……"

我意味深长地看着她，她会意地说："我明白，李老师，我会在后面的时间里努力学习，争取有更大的进步！"

"孺子可教也。"我赞许地看着她。

送走了一个。我转过身来，对着叫嚣着最厉害的男生说："小明，你的成绩很优秀，老师觉得有冲击二中自招的实力，这也是你的愿望吧？"男孩很自信地点了点头。"但是自招，看的不仅仅是成绩，还要看能力。所以，自招有很多的加分项，如学科竞赛、重要场合的主持经验、班长的履历等等。而我们学习共同体的组长就是我们班的班长，在管理学习共同体成员的同时轮到你值周的时候，你还需要协调处理好班级的各项事务，学会统筹安排，学会如何和同学们相处、如何调动大家的积极性、如何使大家认同你的付出。"男孩若有所思。我趁热打铁："老师认为你有这样的潜力，可以在不耽误学习的前提下管理好班级事务。试一试又何妨？即便不在一个小组，还在一个班里呀，同学们的情感不会因为这么点距离就变淡的，你说呢？"男孩点了点头。"我看好你噢！"我用力地拍了拍男孩的肩头，送他出门。

打发走几个孩子之后，办公室里还剩下一个女生，这是我非常欣赏的一位组长，平日里不显山不露水。她刚入学的时候，成绩并不出色，但是做事情非常认真，听讲质量高，能够积极思考，自我要求的标准也高，更为难得的是做事情非常负责，班级、小组的各项事务都能高质量地完成。在她身上，似乎有一种特别的魔力，能够凝聚整个学习共同体的成员，促使他们改正缺点、发扬优点。

"你是不是觉得特别委屈？"我开门见山地说。没等她回答，我又接着说："我们小组表现得特别好，各项评比都是优秀，这学期刚刚被评为校优秀学习共同体，为什么要把我们给拆散？对不对？"

女孩一脸的委屈，眼泪在眼眶里直打转。我有些心疼她，语气更加缓和："我把李颖和小明调了出去，换了孙文和刘阳，你觉得他们俩不好吗？"

"他们俩总迟到，不讲卫生，作业总交不上，脾气还很差……"她一肚子的怨气。

"你们小组成员一开始怎么样呢？"

她愣住了。的确，她们小组一开始的时候问题也一大堆。高乐天是有名的不交作业，暑假作业没有动一个字，批评也好鼓励也罢，没有任何效果，几次三番和家长沟通都没有效果。当妈的实在受不了，一气之下，将他所有的课本撕掉，强行将他关在家里，不准他上课。后来是我到他家家访，三方达成协定，先由妈妈每天送他上学，送到我办公室，我先查作业，检查合格后再回教室，否则就要跟妈妈回家，补齐作业再来。这样持续了将近半个学期。

刚才提到的小明，成绩起先并不突出，而且十分调皮捣蛋，上课爱接话茬，为人自由散漫，尤其不能遵守校纪班规，不论哪位老师提起他来，都是一脸的无奈。

小康是个体育生，为人还算不错，成绩也不错，我常常夸他是"体育生中的一股清流"，但实际上，作为副组长，他基本上没怎么出力，责任心不强。

小组的其他成员身上也有种种的问题，有写字异常慢的（会导致作业、试卷常常写不完），有特别容易钻牛角尖的，还有身体不好常常请假的。

回想起来，这真是一个先天条件特别差的学习共同体，然而，就是这样一个共同体最后表现优异、拔得头筹，不得不说，组长小类同学居功甚大。

似是回忆起过去的种种，小类同学的情绪平复了很多。

"这一学年，你们小组都一起做过什么？"

"很多。"女孩想了想，"我们一起做学校地理平面图，一起做节日手抄报，一起坐车去学工，冬天一起出去义卖……"

"最难忘的是一起参加英语配音比赛。"对，这件事也给我留下了深刻的印象。原本按常理是想挑选几个英语不错的学生组成一个比赛队伍（别的班都是如此做的），但是他们组主动请缨，要代表班级参赛。为了不打击他们的积极性，我没有提反对意见，但是心里却为他们捏了一把汗。因为，他们组除了两个学生英语不错外，有的孩子连读都不会读。我不知道他们私底下付出了多少努力，才为我们班赢得了二等奖的锦旗。

女孩的态度开始缓和，我趁热打铁说："现在重新开始，把大家的热情调动起来，不会比以前的小组差，况且即便不在一个组，也还是在同一个班。""老师觉得你是一个心里有很多很多爱的同学，老师希望你能帮助更多的同学。快要上课了，你回去再考虑一下，如何？”

第二天的记作业本上，几个学生都表示他们接受老师的安排，同时也暗下决心，一定要在后面的考试中努力提高成绩，争取再次回到同一小组。最让我感动的还是小类同学，她在记作业本上写道：

“爱是恒久忍耐，又有恩赐；爱是不嫉妒，不自夸，不张狂，不做害羞的事；不求自己的益处，不轻易发怒，不计算人的恶，不喜欢不义，只喜欢真理。凡事包容，凡事相信，凡事盼望，凡事忍耐。

李老师，我明白了您的良苦用心，我会用更多的爱来关心、帮助这两名同学，我会努力协助老师，管理好小组，带领出更多的优秀学习共同体！”

“水”能滋润万物，润泽教育的核心理念即让学生润性泽心。佐藤学提倡的是一种宁静、润泽的课堂氛围，他认为只有这样才能让学生处于一种自然状态，不恐惧、不紧张的心态是他们安心学习的前提。这正是我管理班级所追求的——尊重与信赖。

愈相处愈是觉得，这真是一群可爱的孩子。从他们身上，我看到了他们的善良、坦诚、努力、合作以及感恩，也带给了我无限的感动与惊喜。

爱的呵护

山东省青岛莱西市武备中学 // 李海燕

从教已有十多个年头了。这些年，虽然有辛苦的付出，但同时也有快乐的收获。在教育路途中不同的学生有着不同的成长故事，这些都积淀成了一本厚厚的书册，让我在以后的教育工作中慢慢去思索、去品味和借鉴。

著名的教育学家巴特尔曾经说过："爱是一种伟大而神奇的力量，老师承载着爱的目光，哪怕仅仅是投向学生的一瞥，孩子们幼小的心灵都会感光显影，映出美丽的图像……"我感觉"师爱"体现在日常的点滴关怀中，急学生所急，让师爱照亮每一个学生的心灵，让学生获得充满成长能量的温暖的阳光，照亮他们心灵的每一个角落，使他们在人生的道路上奏出欢乐的颂歌。

小玲是班里一个挺活泼开朗的女孩，平日里对同学热情大方，对班级事务积极参加。看起来她一直都是无忧无虑的，但一天中午休息的时候……那天中午恰好我值勤，当我要进教室看同学们午休时，却发现小玲独自一人坐在走廊里，头埋进臂弯，好像在抽泣着。我立刻走过去，轻声问："小玲，怎么了？发生什么事了吗？"她还是抽泣着，没有回答。我意识到这个女孩出现了一点点小麻烦，轻轻拍了拍她的后背，说："先平静会儿，待会跟老师聊聊。"我走进教室看了下午休的同学，大部分人都跟平日一样，只有一个女生很不安地抬头看了我一眼又很快趴下了头。我走出教室，来到小玲跟前，说："是不是有同学欺负你了啊？快跟老师说说。"她却摇了摇头。经过几次开导，小玲终于抬起头，泪眼婆娑地望着我，慢慢跟我说了事情的原委。午休前班里那个女孩无意间看见了小玲的胳膊，很怪异的胳膊让她禁不住在班里喊叫起来，引来其他同学的围观。原来小玲患有牛皮癣！我恍然大悟，才想起无论天气多么热，她好像没有穿过短袖衣服。以前我从没有认真想过这个问题，原来是这么回事。小玲小心翼翼保密了这么久却被同学揭穿，难怪她那么伤心难过。她又说，其实不是怪同学在班里大喊，她只是很难过她得了这个病。

我当然理解一个花季少女的病痛以及心痛。我伸出手握住她的手，轻声安慰她："我知道你很难过，这是你的伤心事。不过呢，其实人人都有自己的伤心事，都有自己的秘密。好吧，我跟你说说我的伤心事”她惊诧地看着我。我说了说自己苦恼的事，孩子因马虎闹出的笑话，把她逗笑了。“你看，这是我苦恼的事，你却笑了。所以这些真不是什么大事。”我继续说了一个朋友苦恼的事，并语重心长地说：“人生在世其实每个人都有自己的秘密，自己的苦恼。所以说人生百味嘛。长大后还会有苦恼的，不要怕。很多事其实并不可怕，只是我们自己想得太多了。像你一样，很多人得了这个病都治愈了呢！”她惊喜地看着我问：“是真的吗？”她说她父母只带她去我们所在的县城看过，都没出去瞧过病。“当然，我记得我有个远房亲戚也得了这个病，后来却慢慢地好了！放假有时间了让你父母领你出去好好看看病。再说了，你现在年龄还这么小，科技发展得又这么快，即使现在没治好，将来这都不是什么大事。”小玲终于露出了笑脸。“谢谢老师，我进教室了。”我欣慰地看着她走进了教室。从此以后，小玲还是那么活泼、那么快乐。每次见到我，她总是满面笑容地说：“谢谢老师！”我想这才是她真正的笑，她终于卸下了重重的包袱。

小玲的故事给我留下了深刻印象。她让我明白，作为一名班主任，在平日要仔细观察每个孩子的言行，当他遇到困难、孤立无助时，老师温暖的话语、及时的开导，犹如雪中送炭，犹如指路明灯。我们在对学生的教育过程中用爱护和关怀去浇灌他们，就如同阳光源源不断地为花朵提供必要的光照，让每一个孩子的心中充满阳光，让每一个孩子在爱的抚慰下快乐成长。孩子的心灵是纯洁而美丽的，如水晶；孩子的心灵是脆弱而易碎的，如玻璃。我们做老师的要欣赏他们水晶般的心灵，更要保护他们玻璃一样易碎的心灵。

我们的教育足迹是一段生活的定格，一页历史的缩影，一份感情的珍藏，一道理想的光芒，一串记忆的珠宝，一种精神的凝固，一种生命的升华……前苏联教育家马卡连柯说：“爱是一种最伟大的情感，它总是在创造奇迹，创造新的人，创造人类最伟大的珍贵的事物。”我们作为教师就要付出自己的爱。爱是一幅山水画，洗去铅华雕饰，留下清新自然；爱是一首深情的歌，婉转悠扬，轻吟浅唱；爱是一阵和煦的风，吹去朔雪纷飞，带来春光无限。爱是黑夜里的星光，照亮了黯淡的生命；爱是酷暑里的清泉，滋润干涸了的灵魂；爱是蓝天上的彩虹，装点了苍白的青春。

每个教师都是学生成长道路上的一盏灯。在我的教学生涯中，我愿用爱呵护学生心灵，用心陪伴学生成长，做那个在很多年之后，学生还会记得你这盏给他指明方向、照他远行的最亮的灯！

用心感动每一位学生

山东省青岛莱西市望城中心中学 // 刘　宁

法国作家拉封丹有一则寓言：北风和南风比试，看谁能把行人身上的大衣脱掉。北风首先发威，行人为了抵御北风侵袭，把大衣裹得紧紧的。南风则徐徐吹拂，顿时，行人觉得春暖衣厚，始则解开纽扣，继而脱掉大衣。上班以来我一直在努力着做那“南风”。

我总以为有爱就能感动学生，但是自从担任六年级一班班主任，一开始的那种烦那种无奈，真是欲说还休！这群懵懂的孩子，面对老师的爱，他们不懂。

开学第一天，小明又唱又跳、又喊又叫，整整一节课，一秒钟也没停下来。对老师的提醒，他置若罔闻。下课后，我把他叫到身边，问他为什么。孩子振振有词地回答：“我高兴呀！高兴就要唱歌跳舞啊！”

“可现在你是初中学生了，上课要遵守纪律的。”

“大人们都说我是多动症！”

面对他那副理所当然的样子，我当即否定：“大人们说错了。你根本就不是多动症！”孩子稍稍一怔。我想我的话起效果了，这应该是一个教育的最佳时机，得立刻抓住它。我耐心地对他说：“大人们说错了。你那么聪明、那么可爱，一定能做到上课认真听的，对吗？”孩子朝我点了点头。接下来的这一节课效果甚微，不过，还是有那么一点点效果的。我想，我得坚持下去，我一定要在一个星期内把这孩子管好，要不今后班级肯定一团糟。

第二天，我通过细心观察，发现这孩子一刻也闲不住。于是，我让他负责班级的卫生。这办法还真管用。孩子有事做了，安静了许多。当晚，我马上进行了家访，与家长在教育上达成了一致：多鼓励，多发现优点，用优点引导他，用身边的好榜样教育他。

接下来，我培养他当领队组长，鼓励他当老师的小助手，用小红花奖励他的进步。一个星期下来，孩子能听从老师的教导了，两个星期下来孩子能努力管住自己了，一个月后任课教师都向我报喜了：小明乖多了！

可好景不长，正当我窃窃自喜的时候，孩子不小心把头磕在桌腿上，缝了两针。抱着孩子，看着他那双惊恐的眼睛，我很心疼；看着孩子手术时勇敢地不喊一声、不哭一声，我想落泪。想到一个多月来为他付出的心血，我欲哭无泪。晚上去孩子家看望他，孩子蹦跳着欢迎我，家长也一再地表示感谢。我又被深深地感动了：我的爱，孩子懂了。

孩子来上学了，我在班中表扬了他的勇敢，还再三叮嘱他要小心。虽然安全教育我时刻挂在嘴上，可刚下课我还没走出教室，孩子跑进来说："刘老师，刚才我又不小心摔了一跤，腿上蹭破了点皮。"此时，我的火噌地一下就冒了上来，大声嚷道："跟你说过多少次了，你怎么就那么不小心？你头上还包着呢！你太让老师生气了。"我的话音未落，孩子嗖地溜回座位，马上端端正正地坐好。唉！这个让我欢喜让我忧的孩子呀！

一个学期快结束了，这孩子的字越写越漂亮，同学们也都很喜欢他；虽然偶尔会犯点错误，只要用眼睛看他一眼，他马上做个鬼脸立刻改正。

朱自清先生感叹时间的匆匆，感叹岁月的流去如飞。一个学期了，在匆匆的一个学期里，我又做了点什么呢？我时常问自己。我也时常这样回答自己：我要用我的爱感动孩子，用自己的那份真挚的爱在孩子的心田中激起情感的涟漪乃至浪花，着力培养"多情善感"的学生。苏联教育家赞可夫指出：教学法必须触及学生的情感领域，触及学生的精神需要，才能发挥高度有效的功能。因此，我要培养学生善感的心灵，让学生真正地受到感动，以自觉的行动学习新知、养成良好的品德。

既然选择了教师这一职业，我决不会吝惜自己的情感：当一天老师，爱一天学生，用爱浇灌灿烂的希望之花。

“假如他是我的孩子”

青岛大学附属中学 // 余凤娟

“爱”这种情感，不是一个偶然幸运的体验、陶醉的快感，而是一门艺术，她的基础是给予、关心、尊重、了解和责任感。爱心包括理解、善良和对别人的神圣个体的尊重。

教师最重要的职业道德是热爱教育事业，热爱学生。没有爱，就没有真正的教育。有一位教育家曾说过，爱自己的孩子是人，爱别人的孩子是神，因为别人的孩子跟自己没有任何血缘关系，要做到从心底里去爱他们，那是很不容易的。而教师对学生的爱就是这类爱。难怪有人说，师爱就是师魂。我认为，要想成为一名合格的教师，必须能够做一个爱每个学生如己出的“神”。

可是在以前，我说不上是否喜欢孩子，自以为对待学生还是公正的、充满爱心的，对待工作还是认真负责的，因而班级成绩一向名列前茅。我一直在这种良好的自我感觉中度过了一年又一年。

后来我自己有了孩子，当我重新回到教室面对那么多孩子时，竟然发现我眼前的孩子个个都变了样：他们的眼光是那样的清澈明亮，他们的声音是那样的清脆悦耳，他们的思想是那样的率直真诚，他们的动作是那样的天真富有创意……所有的孩子都像我那个牙牙学语的女儿一样惹人喜爱，招人疼惜。

一瞬间，我全明白了，原来我以前对学生的那种自以为是的“爱”是肤浅表面的，不是血融于水而是油浮于水的。难怪那时我那么容易误解孩子，动不动发脾气，动不动苦恼烦躁，结果把孩子们搞得噤若寒蝉，也把自己搞得很苦很累。原来我的“师爱”里面缺少一种最高尚、最无私的成分：母爱！

我从根本上明白了一个道理，要让自己在艰苦、繁忙的教育岗位上过得健康幸福快乐，最重要的就是要悦纳职业、悦纳学生，在日常工作中寻找幸福，在与学生的交往中寻找快乐，在真切地热爱学生中得到爱的回报。于是，不知不觉地，在我的师爱中就增加了一种爱子女的深情。孩子们在我的眼里真正成了天使，我能细心地捕捉到他们的兴奋、他们的苦恼、他们的期待、他们的担心。看到他们胆怯躲闪的目光，我再不会以不信任的目光盯视和逼视他们，我会拍拍他们的肩膀以示鼓励；遇到令人头疼的后进生，我不再"河东狮吼"，而会耐着性子不厌其烦地讲到他听懂。教了近十年的书，只有在这时候我才真正明白什么是责任、什么是从心底里发出的爱。我终于明确了以后应该怎么去做。

美国的一所学校为什么会提出这样一句话："假如他是我的孩子。"这不仅是一句口号，它浓缩的是一种真诚、真情和真爱。正因为我用看自己孩子的目光去看待所有的学生，我才学会了赏识、学会了宽容、学会了耐心、学会了疼爱……

班里有个叫媛的女孩，由于先天的残疾无法像正常人一样自然行走，走起路来歪歪斜斜需要别人扶持。报到的第一天，当她的母亲把孩子交到我手里的时候，一脸的不安。她也许担心孩子是否能够适应一个全新的环境，担心我这个班主任能否善待这个孩子，对这一切不得而知。我热情地接过了孩子的手把她安排在第一位，方便她进出。我告诉她的母亲我会像对待自己的孩子一样去关爱她。看着她母亲放心离去的背影，我感到肩头的重任。三年里，我会兑现自己的承诺：幼吾幼，以及人之幼。

在以后的日子里，我时刻关注着这个特别的孩子，所有事情我都嘱咐到人：搀扶她上厕所的同学、给她端饭的同学、放学为她拎书包的同学、给她辅导功课的同学……后来大家都已经把随时照顾她当成了一种习惯，谁有空闲谁就帮她一把，在玩的时候也不会让她落单。

但意外的事情还是发生了。有两个女学生悄悄地找到我，说她们发现媛在别人都下去做课间操的时候，喜欢乱翻同学的东西，并拿走一些零食、文具等。我在嘱咐她们不要扩大知情范围的同时，意识到这是一个危险的信号。这个孩子可能由于身体的残疾而导致思想上的扭曲，认为世界不公平，于是采取了这种方式来平衡内心，如果这种事态继续下去可能会升级为盗窃。该怎么跟这个孩子来谈这个问题并且同时不伤害她的自尊呢？

两天后，我利用一节体育课的时间来到了班级。当时只有她一个人在，我就跟她闲聊起来，从生活谈到学习。我似乎佯装无意中提到班级的安全问题，问她是不是有别的班级的同学在课间或体育课来咱们班，因为有同学反映有些小东西丢失的现象。接着我提出让她当我们班的义务监督员，避免这种现象再次发生。她很认真地点点头。

此后，我又悄悄地问起那两个"告状"的女学生，她们说没有再发生这样的情况。我又嘱咐她们以后有好吃的、好玩的多跟媛分享，让她不要把自己当成局外人，帮助她彻底融入班集体中。事件就这样在很小的范围内很快地解决了。我很欣慰，在不伤害她自尊的同时让她改掉了自己的不良行为。

面对学生犯错的那一刻，我只是在想："假如她是我的孩子，我会怎样做？"我尝试着做了，我想我成功了。古语道："亲其师，信其道。"我们应该用爱心去温暖学生，呵护学生。

"爱"是生命的源泉。我们应尽量让每个学生都能感受到老师对他们的爱，主动关心他们的学习、生活、思想。但是，爱不是没有原则，不是纵容，严也是爱的一种表现形式。

教师只有洒出融融的爱，才能激起学生暖暖的情。作为一名教师，对工作的爱首先是对学生的爱，这正是教育学生的前提。一个曾经跌倒过的孩子，或是一个经过努力却不曾成功的孩子，都将永远记得老师在他前进路上所点燃的星点烛光，永远记得曾给予他滴水之恩的引路人……

我愿意，当这样一位引路人，用爱为学生撑起一片健康成长的天空……

家校合作，教育工作的助力

山东省青岛第三十三中学 // 宋 妍

著名教育学者杨天世先生曾经说过：教育的合力要发挥到最大的效力，基础在于家庭和家长，重点在于学校和老师。与家长的密切合作关系的建立，是教师教育工作走向成功的法宝。一旦学生家长背离了自己的监护责任，对学校和老师敬而远之，那么教育的隔阂和问题随之就会产生。

作为一名工作近 20 年、担任班主任 13 年的教育工作者，我目睹了家庭教育与学校教育有机结合的整个发展过程，亲自经历了学生个体发展归根于家庭教育与学校教育的合力，同时也亲身感受到了家长们对家庭教育的重视程度的逐年提高。我们仅通过家长会这一个层面，就有很大的感触。20 世纪 90 年代末我刚参加工作的时候，每次家长会都会有少则五六个多则十几个家长缺席，而且不参加家长会的家长让孩子给我捎个口信就算不错了。有的家长不参加家长会，也没有任何解释，根本没有意识到要跟班主任说明情况，哪怕是出于礼貌或尊重。一些家长认为，家长会是由他们个人的意愿决定的，愿意参加就参加，不愿意参加不参加，没有必要向学校或班主任说明情况。即使参加了家长会的家长们，也没有正确地认识到家长会的重要性。在家长会上，有睡觉打呼的，有相互聊天的，有摆弄自己手指的，有当场剪指甲的，等等。形形色色的家长们只不过是迫于自己孩子的压力，不参加让孩子面子上过不去，不得不参加罢了。现在的家长会与 20 年前的情况有了很大的不同，几乎每次都是全勤。偶尔有一两个家长可能由于身体原因或很特殊的情况缺席家长会，他们也会在接到家长会通知单的时候，主动打电话给班主任说明情况。还有一些家长，虽然当天不能参加，但会根据自己和班主任的时间，或电话或亲自到校向班主任了解自己孩子的情况以及家长会上强调的事情。

能够重视家校合作并根据自己家庭教育的实际情况积极配合学校教育的家长，培养出来的孩子对待问题的时候更加冷静理智，对待周边的人更宽容、善解人意，对待自己的学习或工作更有责任心。

曾经，我所担任班主任的班里有两个后进生小西和小东。从某种角度上来说，他们算不上是一对真正的朋友，只是一对玩伴。其中，小西的为人不友善，只要有同学不顺他心意，他就会对人动手动脚，嘴里还时常骂骂咧咧的。班里的同学都不愿意跟他交往，对他敬而远之，生怕惹祸上身。小东的性格随和，几乎不会与同学发生冲突，但是因为从上小学的时候就没有养成良好的学习习惯，对学习失去了兴趣，从而会经常与其他的后进生混在一起，聊聊游戏，看个小说。小西就喜欢小东随和的性格。小西说什么，小东从来不反对，跟着他就是了。所以小西到哪儿都愿意叫上小东，不管做什么事情，他也会让小东一起参与。有一次，小西跟低年级的一个同学发生了矛盾。经过几天观察，小西发现这位低年级的同学每天骑自行车上学。所以，他不计后果地想出了一个馊主意，拆卸了这位同学的自行车。小西并没有亲自动手，他指挥小东和其他几名同学实施了拆卸。事情败露后，因为小东是动手拆卸的主要成员，受到了学校的处分。小西被其他几位同学指控是主使者，也受到了学校的处分。为了让两位违反纪律的学生深刻地认识到自己的错误，学校政教处的主任把他们的家长请到了学校。政教主任同时向两位家长说明了事情的经过和即将处分的决定。家长离开政教处回到我的办公室时，我正在政教处与政教主任进行工作交接。当我也离开政教处回办公室时，在走廊上远远地听见小西的家长满嘴脏话，手还不停地向小西挥来指去。他既是在抱怨孩子给自己惹是生非，同时也觉得学校在处理这件事情上小题大做。我知道我急着上前劝解也不会起到很好的效果，因此只是跟在他的身后，等待他的情绪平稳下来。回到办公室里，小西家长的情绪果然平静了许多。我先将两个孩子平日里在学校的表现以及出现的问题向两位家长做了反馈。小东的家长听了后，立即表示回家后会与孩子好好交流，争取配合老师，解决他存在的问题，学习方面也尽量保证作业及时完成。而小西的家长却一味地强调，他们太忙，没有太多时间关注孩子，麻烦老师多上上心管教他。我听到这里，再次强调了家庭教育的重要性，对于家长来说没有比教育孩子更重要的事情了，提醒他要分清主次。小西的家长听我这么说，依然没有认识到自己的问题，根本不愿意考虑自己要如何改变、如何借助学校教育的力量帮助孩子完善自我，仍然强调孩子不听他们的话而只听老师的话，最终还是把教育的权利冠冕堂皇地送给了我。

之后，小东在家长的引导下，积极地赔偿了被拆卸的自行车的修理费，并认真做出了书面检查。在学习方面，小东也开始努力完成作业了。就这样，小东时好时坏，起起伏伏，但最终还是以上升的趋势有惊无险地完成了三年的初中学业。而小西仍然我行我素，自行车修理费是被迫交出的，对这件事情的自我反思也很敷衍。家长这种不配合的行为为小西之后的辍学埋下了祸根。小西由开始的只吓唬吓唬本班同学，逐渐发展到纠结高年级或外校学生欺负学校里其他的同学，打架、索要钱财等都有他的参与。在学校一次又一次无可奈何地请他的家长到校处理他的烂摊子。在我一次又一次不厌其烦地引导他的家长该如何回家之后跟他做心理疏导和正面教育的情况下，他的家长仍然没有意识到作为家长对孩子耐心教育和正向引导的重要性；没有意识到要和孩子一起成长，要为了孩子的转变而提升自我、完善自我，仍然还是他当初跟我说的那一套，认为孩子一旦上了学，教育就是学校和老师的事。每次被请到学校回家之后，他唯一的处理方式就是谩骂孩子。因此，就会出现这种情况：小西在学校在我的面前表现很乖，一旦离开我的视线，放学之后就是另外一个他了。家长每一次的谩骂都会让小西的恶劣行为变本加厉，导致最后与家长的关系也完全崩盘，家长干脆放手不管了。小西就是在这种家庭教育的环境中成长的，最终辍学混入社会。小西在离开学校前沉重地对我说："老师，我会记住你对我的好！"由于家长没有重视家庭教育，没有把握住家校合作的契机，因势利导及时做出改变，导致了这样一个结局，让人感到痛心。

在又一届的新生季时，我将这个事例补充在了新生家长会的课件中。我不仅把它排在首位在我们班做了强调，也在我任教的另一个班里重点提到这个事例。我希望家长们能够意识到家庭教育的力量和家校合作的重要性。让我感到欣慰的是，好多家长在会后跟我提到这个事例的时候，感触很深，纷纷表示受益匪浅，一定会积极配合老师和学校，积极创造条件，让孩子在初中有更好的发展，不留遗憾。

在新一届的学生中，有这样一个女生 Q。她在暑假里掌掴了另外一个学校的女同学并将全过程录制视频发布在网上。被欺凌的这位女生的家长得知这件事后报了警。就这样，还没正式开学，在军训的时候，女生 Q 就被叫到了派出所。我得知此事后，找到这位女生进行了教育，同时联系到她的家长，说明了情况。她的家长对此非常重视，积极配合派出所工作人员解决了此事，并借机对孩子进行教育和正面引导。事后，她的家长打电话告诉我处理的结果，同时委托我一定要经常观察她的孩子，一旦有不好的苗头要及时告诉他们。

Q 是个非常活跃的女孩，时常会惹出一些麻烦：打架，顶撞老师，考试作弊，课堂上玩手机，在我外出培训的时候浓妆艳抹，觉得学习没意义致使考试成绩不断下滑，等等。总之，Q 这三年的初中生活可谓是"丰富多彩、有滋有味"，她自己都不记得闯了多少祸。出现小问题的时候，我会找她及时沟通，让她明白这些小问题会产生的恶果；出现严重错误的时候，我不仅会及时地正面教育，同时还会给她的家长打电话，一方面告诉她的家长我的处理方法，另一方面听听家长的反馈，然后我们达成一致，做到双管齐下。就这样，家长跟我和谐完美地配合，帮助Q不仅顺利毕业，而且还考上了她理想中的学校。在Q拿到高中录取通知书的时候，她的家长亲自打电话告诉我Q顺利录取的好消息并激动地对我说："宋老师，说实话，这三年来我一直记得你在第一次家长会上告诉我们的那个事例。我知道我自己的孩子是什么性格，有时候疯起来就像脱缰的野马。如果我当家长的不去关注她，不积极配合老师的话，我都不敢想象她会是什么样。在这里，我也要感谢宋老师这三年来对她的辛勤付出，成就了一个知道为实现自己目标而努力奋斗的她！"放下电话，我感触良多。回想这三年来我与她的家长为了不让她误入歧途，不知费了多少心、打了多少次电话互相沟通，不知与她谈了多少次话耐心地教育她，对此真是感慨万千。我们心领神会的家校合作挽救了一个孩子，幸福了一个家庭。

总之，一个深刻、全面和真实的教育是以家校合作为基础的。家校合作是教育工作的助力。教师必须要了解孩子的成长环境和成长经历，同时也要有智慧地成为家长的合作者。教师还要积极鼓励家长，使他们成为学校教育的密切伙伴。在孩子成长的过程中，要让家长明确自己应尽的义务和职责，本着对孩子负责的原则，为孩子的成长提供良好的环境。

我和我的“下跪姐儿”

山东省青岛第三十九中学 // 牟中华

一节原本常态的期中复习课，因为夏丹的突然一跪，必将长久铭刻在我的记忆里，给我警示。

夏丹是我的课代表兼体育委员，我是她的英语老师、班主任。她假小子一个，上初一了，走起路来还一蹦一跳的，学习上马马虎虎是常有的事。我则教学严谨、带班严格、做事注重细节。那是个四月的午后，边看学生午休并边批作业的我略带倦意地投入了下午的“战斗”。

在作文讲评环节，轮到夏丹通过实物投影展示作文。这是一篇要求向新同学 Tom 介绍学校规章制度的小文章，同学们分组就她的作文进行评价然后小组代表发言。评价意见集中在开头不错，与下文衔接自然。我也赞成学生的说法，指出除 Tom 拼写成 Tome 这个小瑕疵外，开头的确不错。上讲台取回《新课堂》的时候，夏丹嘴角上扬，心里美滋滋的。但是，事情很快出现了逆转。因为“不要损害花草树木”这条校规教材中未涉及，学生表达有困难，我想领学生看看书后给出的范文，结果意外发现除人名的拼写外，夏丹的作文开头竟然与范文一字不差，包括字母的大小写与标点符号都完全一致。若作文给了汉语提示，这种情况也可以解释过去。但实际并非如此啊，而且学生手头是没有答案的，难道是利用职务之便私自留下一份答案？上课容不得再多想下去，我脱口而出“比起不动脑筋抄袭得来的完美，我更喜欢有错的原创”。“我没抄！”夏丹坐在位上大声说。事实如此清楚还敢抵赖？我强压着怒火，要求她上黑板把开头重写一遍，我则继续讲课。待她写完后，我让另一名学生把夏丹写在书上的作文与写在黑板上的作文进行对照，把不同之处圈出来。结果短短三句话，在讲评过又看过答案之后，依然出现了包括 Tom 拼写错误在内的三处问题。事实面前我认为夏丹定会服软了，可她依然昂着头，坚持说“我没抄”。撒谎对我而言，是一个人道德品质的问题了，我生气地责令她课后来找我。

下一节我在另一教学班还有课，而自己班则是体育课。我希望速战速决解决夏丹抄作业的问题。我把她叫到面前，厉色质问：“在清楚的事实面前你还不承认错误吗？”她开始边抽泣边说：“我的确没抄”。“那再写为什么会和原先写得不一致，多了好几处错误？不认错，只能是错上加错，使问题更加严重。”“我紧张。”她辩解道。还没等我甩出下一句话，她咕咚跪在了我面前。“请你相信我。”她激动地近乎哀求。准备出教室的其他学生见状凑上来，教室外几个外班的学生也在好奇地往里张望。说实话，我也被她这一跪惊呆了。做了二十几年教师，第一次碰到这种情形。我赶紧把她拉起来，说我们都先上课，找时间再聊。让其他围观的同学散开后，我悄悄嘱咐班长体育课多关注夏丹。接下来的那节课我上得有几分心神不宁，“下跪”的那一幕总在头脑中挥之不去，担心她情绪激动会做出其他过激的行为。

终于熬到下课，我冲回自己班的教室，眼睛搜寻着夏丹的身影。她没像平日课间那样与同学兴奋地说笑，而是安静地坐在位子上翻着书。我长舒了一口气，决定先缓一缓把思路理清楚再找夏丹交谈。依我对她英语水平的了解，我相信自己的判断是没有错的，作为一个负责任的老师我及时指出她存在的问题也是在为她着想，可为什么她会不接受，而且有这么激烈的反应呢？百思不得其解之际，我想换位思考一下：假如我是夏丹，面对老师的当众质疑，面对其他同学的 50 双眼睛，我会作何反应？我想我找到了事情的症结所在。

当天下午趁自习课办公室其他老师都不在的时候，我把夏丹找来。我们面对面地坐着。夏丹低着头，避免和我对视。我拉过她的手安慰地问道：“还伤心呢？今天这事情是老师处理得过于心急了，不该当着全班同学的面来解决……”显然，我的态度是她未曾预料的。她抬起头，还没开口，眼泪先流了下来，说“不，老师你没有错，我也知道你说我是为我好。”我抽了几张餐巾纸递到她的手上。“我另买了一本《新课堂》，作业有不会的题可以查查答案，这篇作文的确是我看着答案写的。”“是这样啊！”我以为的利用职务之便私留答案还是错怪了孩子。“马上班级班干部要改选了，我不想同学们因此看不起我。”事情的原委清楚了，我告诉她每个人都不是圣人，都会犯错误，包括老师也一样，知错就改还是好同志，老师和同学都不会因为这件事情抹杀了她既往工作的成绩。“跪天跪地跪父母。男儿膝下有黄金，我们女儿也一样。你这一跪，老师受之不起啊！”她不好意思地点点头，表示以后遇事不会再如此不理智并如释重负地离开了办公室。

习近平总书记曾说：“老师在学生心目中具有重要位置，老师无意间的一句话，可能造就一个天才，也可能毁灭一个天才。”对待学生的错误，以平和的心态、宽容的心胸去面对，成就学生的同时我们将收获沉甸甸的信任。我和我的“下跪姐”的故事让我想到作为教师要提高处理突发事件的能力，不能因为自己的出发点是为学生好，便一味地坚持所谓的原则。教育的对象因为家庭背景、性格特点的不同，千人千面。因材施教不仅仅体现在教学上，做学生的思想工作亦是如此。入理、入情、入心的教育，才能真正走进学生的心坎里，收获孩子们最美、最纯真的笑容。

让阳光洒遍每个被遗忘的角落

山东省青岛第六中学 // 孙海文

学校是什么？学校是实施教育的场所。教育是完善人的事业，有了这样的目标定位，教育才会有理想和信仰。由此看来，学校就应该是唤醒人性，亲近善良，远离无知，拒绝邪恶的地方。

人人都说教学苦，在古代有“家有五斗米，不做孩子王”的说法。确实，做一名教师挺苦挺累的，做一名好教师就更苦更累了，但这是我们选择的职业，所以我们要做的只有默默工作。

还记得大学毕业之后，我第一次走进教室时学生脸上那种松了口气的表情。可能是老师严肃的表情看太多了吧，换了一个新来的老师他们都觉得很放松。但是，我一想到或许学生不听话甚至故意与老师作对这种恐怖故事，心里便默念着：我要给他们一个下马威。于是，在我教书生涯的第一年，发怒成了我生活中出现得最多的情绪。课堂上有人不专心，没完成作业，这些都会引起我的怒火。于是，我会在课堂上大声呵斥犯错误的学生，觉得只有这样做才会在全班起到震慑作用。当时，我没有去想被训斥的学生会有怎样的感受，也忽略了那些满怀期待等候老师讲课的学生。现在想来，每一个孩子都是可爱的，虽然他们有的学习成绩有些差强人意，但他们在运动会上能夺得冠军，再是劳动吃苦在先、积极能干，在同学生病时会主动把同学送回家。谁能说这样的孩子不是个好孩子，又有谁是完美的呢？

无意中我读到了一个故事。故事说古代有位老禅师，一日晚看见墙角处有一把椅子，不知是哪位出家人违犯寺规越墙出去溜达留下的。老禅师没有声张，走到墙角，移开椅子，就地而蹲。少顷，果真有一个小和尚爬上院墙，黑暗中踩着老禅师的背脊跳进了院子。当他发觉刚才踏的不是椅子而是自己的师傅时，惊慌失措，张口结舌。但师傅并没有厉声责备他，只是以平静的语调说：“夜深天凉，快去多穿一件衣服。”故事深深地打动了我。孩子们对老师是宽容的，只要你对他们付出过爱心，那么你曾经对他们的冷言冷语、暴跳如雷，他们都可以原谅。他们崇拜你、爱你。我又常常想，老师也应该对学生宽容一些再宽容一些。芸芸众生，各有所长，各有所短。可能孩子们经常无法克制自己的言行，无法很好地完成学习任务，不一定有辉煌的未来，可是谁说一个平凡的人就低人一等呢？像故事中的那个老和尚就清楚地知道，宽容是一种无声的教育。虽然对书本知识的讲解是很重要的，但是给学生营造一个宽松的学习环境，对于激励学生人格力量的成长、个性张扬的发展是多重要啊！

有人说过这样一句话："老师不经意的一句话，可能会创造一个奇迹；老师不经意的一个眼神，也许会扼杀一个人才。"老师习以为常的行为，对学生终身的发展也许会产生不可估量的影响。作为一名教师，应该经常回顾自己以往的教育历程，反思一下：我造就了多少个遗憾，刺伤了多少颗童心，遗忘了多少个不该遗忘的角落？我忽然想起当年看的那部张艺谋导演的电影《一个都不能少》。一个小小的代课老师魏敏芝，只因老师离去前交代过这些孩子一个也不能少这样一句话，就如此坚定执着地寻回每一位辍学的孩子。这种精神值得每一位老师学习。我们不仅要保证学生的数量，更重要的是让阳光撒遍每个被遗忘的角落。

做教师的，即使没有能力点燃火种，但绝不能熄灭火种！面对眼前充满好奇和天真的孩子们，要珍惜更要努力地让每一个孩子的心中充满阳光，让每一个孩子在爱的抚慰下快乐成长。每一位为人师者，放弃了一个学生，可能会减少你的工作压力，可能会提高你的教育质量，可能会给你赢得荣誉，但你放弃的却是一个孩子的美好前途，放弃的是一个家庭的希望，留给自己的也将是一个永远的遗憾！

现在每当我要发火的时候，我的脑海里就不由自主地出现自己初为人师时的情景。有时我觉得愧疚，后悔当时吓着了那些孩子；有时又觉得可笑，奇怪自己当时怎么会发那么大的火。现在回想起来，实在觉得自己做得确实不妥。当时可能为了维护那么一点尊严，可能是为了挽回那么一点面子……总而言之，只是为了证明我是一个老师，我是不可侵犯的。在与学生一次次磨合的过程中，我慢慢学习着宽容，学习着理解。学生对我们教师的要求并不高，只要我们真心一点、平等一点、赏识一点，他们就会心满意足、"言听计从"。在以后的日子里，我会努力地蹲下身子与学生对话，努力地去用自身的行动影响他们。

快乐可以使人延年益寿，快乐可以使人青春永驻。在我们的工作中，在我们的生活中，一定会留下许多不尽人意的地方，但只要我们试着在不经意间拣拾快乐，我们的生命道路上将会洒满阳光，我们的青春将不会流逝太快。所以，我们不要随便扔掉他人的快乐，也不要轻易去掉自己的快乐，我们每天都要把笑脸送给每个人——送给我们的同事，送给我们的孩子们……

青春期萌动的女孩

山东省青岛第四十九中学 // 鲁菲菲

青春期的爱本是人世间最纯洁美好的情感，却又相当脆弱。当我们的学生初涉爱河时，他们正处于人生的十字路口。作为他们的班主任老师，我们应该如何面对呢？

春节之后，初三的最后冲刺阶段就要开始了，班里的每一位同学都在为自己的将来努力拼搏，班级里散发着浓郁的备考气息。唯有小青开学至今一直有点心不在焉，上课时会偷偷地瞄上小熙一眼，甚至有时两人一对眼还相视一笑。还有几次，放学时我发现两人也是结伴而行。很快，他们两个的事情都被大家“发现了”，他们成了教室里同学们闲聊的主人公：有人羡慕，有人不屑；有人赞成，有人拆台。

小熙是一个性格大大咧咧的男孩子，非常聪明，学习成绩优秀，生活中有点“坏坏”，正是那种特别容易招女孩喜欢的男孩。而小青是一个比较内秀的女孩，平时话语不多，学习中上，长相甜美，性格文静，父亲早年去世，属于单亲家庭的孩子。她平时跟母亲一起生活，妈妈把所有的希望都寄托在她的身上。可能正是因为父爱的缺失，让她很容易对男孩产生好感。

作为他们的班主任，我知道现在这个阶段，如果这件事得不到很好的解决，可能会产生严重的后果，也许会毁了两个孩子的前途，毁了两个家庭的希望，影响班级的备考氛围。首先，我找到小青与她进行了深入的交谈，并站在她的角度对小熙进行了评价：小熙是一个长得帅气、性格外向、人又聪明、人见人爱的男孩。这时，我看了看小青，她脸上幸福的笑容说明她对小熙非常崇拜。我说着，小青不时地点头对我的评价表示赞同。最后，她实在忍不住了，对我说道：“老师，你也觉得小熙很好，是吧？”我成功地打开了她的心门，她终于把她与小熙的故事一一讲给我听。原来，他们两家住得比较近，寒假，小青有许多不懂的问题就会去小熙家问他，还一起去上辅导课，一来二去，再加上青春期的萌动，两人就产生了好感。好在现在他们都是纯洁的交往，家长也没在意他们的不正常举动，以为他们都是小孩子，不是在谈恋爱。其实，青春期男孩、女孩的好感就像是一层薄薄的窗户纸，没戳破之前觉得非常神秘和向往，一旦戳破也就坦然面对了。经过一番交谈，我告诉她，男孩、女孩之间有好感是现在这个年龄段孩子的正常行为，不必有过重的负担，更不必遮遮掩掩，一切顺其自然就好。因为现在，我们有更重要的目标需要完成，那就是中考。老师希望你们两个能够相互扶持，先把主要精力转移到学习中去，不要因为这件事情而分心；作为女孩，要懂得保护好自己，以后的路还很长，要学会为自己的人生负责。

我还跟她讲了我上初中时的少男少女的故事。我们班的一个男孩一直偷偷地喜欢我们班的一个女孩，但是，一直到中考毕业男孩也没有向女孩表白，而是与女孩考入了同一所高中，默默地守护着女孩。大学毕业后，男孩又考研去了女孩所在的城市，最终男孩终于感动了女孩，现在他们已经结婚，过着快乐幸福的生活。通过这个故事，我想告诉她现在他们没有能力为自己的感情负责，甚至随着时间的流逝可能会发生变化，如果有缘，以后定会再续。

其次，我还针对这件事情专门召开了一次主题班会“青春期萌动的心跳”，男女同学自由搭配，通过表演舞台剧体验少男少女之间的情感。通过主题班会对学生进行青春期爱的教育。学生觉得接受起来很自然、亲切，异性交往被扯掉了那层本不该有的神秘面纱。从此，班级异性交往变得明朗、和谐、融洽，男女学生很自然地聚在一起探讨问题、共同学习，同学之间好像兄弟姐妹，谁有困难大家都乐意帮助。这样，班级里又恢复了浓浓的备考氛围。

歌德说：“哪个少男不钟情，哪个少女不怀春。”青春期的爱是人世间最纯洁的感情。爱情的到来是生命之花绽放的象征。青春期的爱，需要教师的正确引导，这样，年轻的学生才能走出困惑，握住温暖的手，感受美好的心，驾驭青春的小舟顺利漂过突如其来的爱的旋涡。

用传统文化浸润孩子的心灵

山东省青岛第三十九中学 // 李 婷

军训尚未结束，担任我们班副班主任的邹老师就一脸同情地探过身来，悄悄说："嫩班有个刺头。"我也悄悄地以目视之，心照不宣地点点头，无奈地相视一笑。

说他是"刺头"，一点也不为过。军官要求站军姿，他在队伍里扭来扭去；军官要求下蹲，他直着身子就是蹲不下去；一会打报告说口渴，一会又说头晕。最可气的是中午午休，他坚决不睡，嚷嚷道："我从幼儿园起就不睡午觉，凭什么要睡觉？""谁规定的一定要午休？""我就是不睡！""我就是睡不着！""我不想趴在桌子上，趴着太难受！"

这是一个典型的被惯坏的孩子，习惯以自我为中心。这种自由散漫同样表现在课堂上。开学后，课堂上随意接话，不尊重老师，顶撞老师，而且上课发言从来不举手，张嘴就说，毫无纪律可言，行为与一个中学生的标准相距甚远。除了课堂纪律问题较大，课下也不消停，经常用小动作招惹其他的同学，同学们都不愿与他为邻。因为课堂纪律问题，导致给自己所在的学习共同体扣分过多，引起同一学习共同体成员的不满和反感。

一时间群情激愤，任课老师和周围同学意见都很大。

通过与家长联系，我逐渐了解到了他身上一些我所不知道的细节。

他，小佳，毕业于一所私立小学。私立小学的环境相对比较宽松，很少规范孩子的行为习惯。爸爸妈妈工作比较忙，大多数时间是老人在照顾他。老人只注重对他的物质保证，让他吃好、穿暖，一切以孩子的意愿为主，对于他的教育几乎为零。在这样的环境下成长起来的他，最大的问题是不能吃苦，行为习惯太差，再加上学校和家庭教育管理不到位，养成了散漫的性格；同时，他又很喜欢在别人面前表现自己，因而有了此前那样的表现。

在跟孩子妈妈沟通的时候，我发现孩子妈妈是一个特别通情达理、善解人意的人，尽管偶尔会对孩子娇惯，但是基本上能正视孩子身上存在的问题，并予以积极配合。这让我对这个孩子的成长充满信心，因为在家庭生活中，母亲"像磁石一样将所有心灵吸住，像启明星一样受人关注”，只要做家长的能够正视并重视起来，与老师和学校形成合力，那么解决孩子身上的问题就会容易得多。

随着和孩子的接触越来越多，我发现，这是一个非常聪明的孩子，同时也带着孩子特有的天真和直率，只是更多的时候太注重自己的感受而没有集体观念，也不懂得如何在适当的场合表现自己，常常给别人造成困扰。这种过于自我的现象其实存在于大多数孩子的身上。现在的孩子大多数都是独生子女，是整个家庭的中心，是名副其实的“小皇帝”“小公主”，他们接受得太多、付出得太少，还没有学会替别人考虑，只是习惯性地力求在老师面前好好表现，而小佳更直接、更简单。

针对这一情况，我安排了以“一句话《论语》”为主题的课前演讲，力求用传统文化浸润孩子的心灵，告诫他们先做人再做事！

在讲到“己所不欲勿施于人”时，我告诫他们己所欲者亦勿施于人。尊重他人，平等待人，这是处理人际关系的重要原则。在一个班集体中除了关注自身的存在以外，还得关注他人的存在，所以在课堂上要约束自己的行为，只有这样才能更好地融入集体。

在讲到“不患人之不己知，患不知人也”时，针对学生之间总是闹矛盾、总是抱怨同学不理解自己的情况，引导学生设身处地地站在对方的立场想一想；当希望他人理解自己的时候，首先应该做到自己能正确地了解和理解他人，做到“躬自厚而薄责于人，则远怨矣”；即便真是不被理解，也可以大度地说一句：“人不知而不愠，不亦君子乎？”

在讲到“君子博学于文，约之以礼，亦可以弗畔矣夫”时，提醒学生作为君子不仅要博学多才，还要在行动上小心谨慎，处处以礼仪、礼节、文化、传统等约束自己，这样大概就不会走上弯路，也就是说，要勤学善思、谨言慎行。

在讲到“益者三友，损者三友。友直，友谅，友多闻，益矣。友便辟，友善柔，友便佞，损矣”时，表扬小佳是一个正直的、敢于直言的，就好像是《皇帝的新装》里的那个敢说真话的孩子，不失赤子之心，同时阅读面非常广，博览群书，是益友！

在“每天一句”的课前演讲中，同学们还涉及了“知之为知之，不知为不知，是知也”“士不可以不弘毅，任重而道远”“仁远乎哉？我欲仁，斯仁至矣”“君子不器”等经典名句。除《论语》外，后期学生还扩大到了其他传统文化的名篇名句，学习中华民族的崇高精神和优良美德。这其中，有“先天下之忧而忧，后天下之乐而乐”的伟大胸怀，“宁为玉碎，不为瓦全”的士人风骨，“富贵不能淫，贫贱不能移，威武不能屈”的做人操守，“天行健，君子以自强不息”的坚强意志，更有“君子以厚德载物”的雅量和“无欲则刚”的人生哲理。

就在这一天天的“润物细无声中”，孩子们也在一天天地发生着变化。还是以小佳为例，原来那个桀骜不驯、冲动易怒的孩子，变得温和有礼、宽容大度，和老师、同学的关系也越来越融洽。从刚开学时和同学们吐槽“李老师太凶了”，到现在越来越亲切地打招呼，偷偷地跟妈妈说“李老师其实很温柔”；从刚开学时不断地被同组同学排斥、反感，到现在被各小组争着、抢着要；相应的，成绩也从班级的中游，到现在的名列前茅，他的变化让人欣慰。虽然他现在也并不完美，仍有管不住自己的情况，但是在老师们和同学们眼中，他已经有了一个全新的开始。

他变了，好像我也变了，原来一提起他就如临大敌的感觉不见了。他变得可爱了，我也从这种教育中感受到了成功，感受到了教育带给人的满足感。

爱的智慧

山东省青岛莱西市武备中学 // 李海燕

一个孩子因为爱蝴蝶，为使它免受挣扎的痛苦剪开了蛹壳，却毁了一只本能振翅飞翔的蝴蝶！就像生活中随处可见的笼中鸟，因为人类自私的爱，却使它们失去了鸟儿本该引以为自豪飞翔天空的能力。读了彭卫平的《让每只蝴蝶都能飞》这篇美文，让我对真正意义的“爱”陷入了深思。

作为教师，爱是教育的源泉。教师有了爱，才能用温情去融化学生心灵上的坚冰；教师有了爱，才能找到打开学生心灵大门的钥匙。霍姆林斯基也说过：“教师爱学生，不是姑息迁就，不是放任自流，而是一种父母亲的温存，睿智的严厉与严格要求相结合的爱。”我们在向学生倾注爱的同时又必须“严”字当头，对学生的缺点、错误绝对不能姑息迁就，该批评的就要批评。或许，这种“狠心”的爱在短时间里得不到认同，甚至会被误解，但是，为了让“每只蝴蝶都能飞向更广阔的天空”，请收住我们“柔情而短浅的爱”，让孩子直面生活中的重重挑战，接受生活的洗礼，让我们的爱伴随孩子更久远的成长。

再看文中的故事：老鹰等幼鹰长到足够大时，会把它们从巢穴的边沿赶下去，当幼鹰开始坠向谷底时，就会拼命拍打翅膀来阻挡自己继续往下落。于是，它就能展翅翱翔了。孩子的成长更需要父母“狠心”的爱，智慧的爱。娇宠溺爱对孩子的成长并无好处；相反，后患无穷。

这让我想起了小琪。他是一个高高大大很帅气的男孩，但娇生惯养，打架骂人，抽烟喝酒，迟到早退更是经常的事。我跟他交谈过多次，每次他都昂首挺胸，嘴里倒还说着“嗯，好”，可过后还是老样子。他对我这个班主任表面上应付着，还算尊重，对其他任课老师则是一副满不在乎的样子。背后他对班里的同学说：“老师又能怎么着？也不敢把我开除了！哼！”这个学生真是让我们头都大了，这样下去也不行啊，孩子就毁了！我决定跟他的父母好好沟通一下。有熟悉他的老师告诉我，他家庭情况十分复杂，母亲非常溺爱孩子，父亲管教方式很粗暴，就会动手打他，被打了他就离家出走，然后全家谴责他爸爸。通过多次电话联系，他爸爸表示也看出孩子有很多毛病，现在简直就是管不了了，很无奈。再加上他在外开大车，半个多月才回家一趟，眼不见心不烦，所以放弃了管教。听着家长的话语，我一边开导他，孩子这个年龄的确不好管；一边也严肃地说，这是我们作为家长的责任与义务，必须要管，老师都没有放弃呢。另外，我还说对孩子的管教不能只是打骂，要该换个方式。通过多次通话，他父亲表示下次回家要跟孩子好好谈谈，不动手。

如果跟小琪的父亲还算沟通得顺利的话，那跟他的母亲的沟通真是大费周折。在她看来，他家孩子可听话了，在家要他干吗就干吗。我表示很疑惑，她说："是啊，我说你出去给我买点什么东西，他立刻就去了。不过，我得给他 50 块钱跑腿费。"原来在家里，孩子是以给钱、买手机、买这个买那个、可以成天玩游戏换来的听话。他妈还说，打架都是闹着玩，不算什么事。对于家长的这种教育方式，我表示了不赞同，还跟她谈起了几年前刚毕业的几个学生在网吧欺负一个孩子，开始闹着玩，后来却闹出了人命。这事小琪他家长也知道，那个学生就是家长溺爱的结果。其实，他妈妈也知道自己孩子在外打架骂人惹事是不对的。或许是我举的实例触痛了她，加上与她进行了长时间的多次沟通，她愿意配合老师对孩子进行管教。但是，老师和父母多次的说教收效甚微，毕竟这个孩子在很多方面都养成了习惯。

有一次在跟小琪交流中，他说初中毕业后要去当兵。"当兵，军人"这可是很多小伙子的梦想，当然这也是一个严肃的话题。我可算是抓住了"牛鼻子"，从军人的英姿气魄谈到内在涵养，从军人的遵规守纪、热心助人、大公无私、谈到他自己的表现，谈到父母的担忧、老师们的焦急，小琪终于低下了头，承认了自己的错误。最后我说："你的梦想很好，想要当兵就要有当兵的样！"他终于坚定地点了点头说"是"。从此以后，他自己努力克制，加上父母教育方式的转变、老师的鼓励，所发生的变化让我们刮目相看。

从小琪这个案例当中我觉得，家长的教育方式是影响孩子的重要因素，对孩子的成长至关重要。或许从小有了父母的正确引导，小琪就不会走这个弯路。作为父母，我们自然应该尽己所能给孩子更好的生活，但是大多数人必须遵守的规矩，就一定要让他遵守，不要娇生惯养、舍不得让他吃苦。其实，仔细想想，孩子的适应能力是很强的，大多数时候，不是孩子吃不了苦，而是作为家长的不舍得让孩子吃苦。可是，这些家长应当知道人生的道路上吃苦这条路是必经之路。你能够保护他的时候，他没有吃过苦。等到有一天，你保护不了当苦难来临时，孩子会承受不住。要不然，等到有一天，他应该顶天立地时却承担不起，就会吃更大的苦。家长们，别舍不得孩子吃苦，要学会"狠心"！你不舍得对孩子"狠心”，将来社会可不会对他“心慈手软”。到那时，孩子的人生之路走得艰难，你免不了会伤心。“狠心”放手吧，让孩子学会飞翔，勇敢地搏击风浪。这才是给孩子最好的爱。

西汉文学家刘向在《战国策•赵策四》中有一句名言：“父母之爱子，则为之计深远。”此言旨在劝诫那些一味宠爱、娇惯子女的父母，要为孩子的将来着想。教育中没有爱是不行的，但只有爱是不够的，爱还应该充满智慧。孩子的成长需要家庭教育、学校教育、社会教育的共同合作。只有这样，才会让爱有科学的方向，我们的孩子才能“蜕变成蝶，展翅飞翔”！

尊重和善待每一位学生

山东省青岛莱西市望城中心中学 // 刘 宁

自从迈出校门踏上讲台，我就与班主任这个角色紧紧联系在一起。在这八年的班主任生涯中，我的内心真的是酸甜苦辣咸五味杂陈，有许多说不完的教育故事。

我今年所带的班级里有一个叫任凯峰的学生。他是一个单亲家庭的孩子，跟爸爸一起生活。而他的爸爸是个文盲，没有固定工作，只在村里靠出苦力打工挣点钱养家，所以对孩子的生活、学习都不是特别关心。有好几次任凯峰没有完成作业，在组长的严厉监管下才补齐了作业。可是，有一次他的作业又没完成，当组长要去办公室向我报告时，他突然将桌子推翻，将书包扔向组长，撒腿跑出教室，直奔校门口。这时班里的孩子有的来向我报告情况，有的追出去拽住他。我听说后赶紧跑向校门口，着急地问他为什么要跑，他说："我不想上学了，我觉得学习没意思，我要回家跟爸爸挣钱。"听了他的话我很惊讶："为什么不想上学了？难道家里发生什么事了？"于是，我打电话把他爸爸叫到了学校。跟他爸爸交谈后才了解到，他的爸爸每天要干活到很晚才能回家，早上天不亮又走了，小小年纪的他回到家没有亲人的嘘寒问暖，还得自己洗衣做饭，所以作业隔三岔五就落下了。每当作业完成不了的时候。他就很自卑，不想让老师知道，更不想让同学们用异样目光来看他，所以好几次积攒的消极情绪就这样爆发了。在办公室里，他爸爸表态会尽量抽时间陪伴孩子，与孩子多沟通。家长走后，我又好好开导了任凯峰，要他理解父亲的不易，要懂得珍惜时光好好学习，这样才能报答自己的父亲。他又重回教室开始学习，状态也比之前好多了。5月24日是任凯峰的生日，我给他买了个生日蛋糕，在班上和同学们一起给他过了生日。当同学们给他唱起《生日歌》时，他的眼里充满了幸福的泪花，哽咽着说："谢谢老师和同学们对我的关心，请你们原谅我曾经犯过的错误，我一定努力学习。"他说完后，同学们立刻报以热烈的掌声。从此，他和同学们的交流更多了，学习的精神头也更足了。

这个故事犹如浩瀚星空中的一颗闪耀的星星，时刻提醒我貌似可恶的孩子也有他可爱的一面。每个孩子都是鲜活、灵动的个体，有着各自独特的性格。作为一名班主任，应用自己的和颜悦色，用亲切的目光，用慈爱的胸怀给每一名学生以自尊、自信、关爱和鼓励。只有这样，教师才会变得心明眼亮，才会成为学生喜欢的老师。前苏联教育家苏霍姆林斯基曾说过："相信孩子，尊重孩子，用心灵塑造心灵。"在以后的班主任工作中，我会一如既往地以火一样的热情辛勤工作，以平等、尊重和真诚的爱心去打开每一个孩子的心门，不让任何一个孩子掉队。

反思：刚当班主任的那几年里，我常常想：自己不是班主任就好了。因为这份工作需要处理太多太多的事，需要付出太多太多的心力与精力，遗憾的是一直没能"逃脱"这样的工作。既然"逃"不了，那就得努力让自己做一个幸福快乐的班级管理人。想让自己快乐，就必须和学生建立良好的师生关系，让学生信服自己。那么，如何去做呢？攻心。攻心比强硬管理的效果更好，这就需要和学生交心，把自己真实的想法、感受、经历告诉他们，他们会很容易接受，并很快和你建立一种信任关系。"生活是一面镜子，当你对它微笑时，它也会对你微笑。"学生管理也是如此，所以一定要对学生投入真感情。教育是用情感营造的一种事业。班级管理固然缺少不了制度，但师生感情远远不能用制度来衡量。只有坚持用感情赢得感情、用真诚换取真情，才能抓住学生的心。这样，我们就会有一种超凡的指挥能力，班级管理才会得心应手。

教育之本，谓之善喻

山东省青岛大学附属中学 // 余凤娟

初一上半学期的一次体育课，一名平时就爱闹爱动的小男孩，在练习立定跳远时不慎脚骨骨折，原因是没有充分做好准备活动及没有选择合适的场地。看着孩子在卫生室里那痛苦的近乎抽搐的表情，我内心充满了前所未有的自责："为什么事先没想到会发生这种情况？本来孩子可以避免遭受这样的痛苦。"蓦然间，我意识到做一名班主任责任的重大。一通手忙脚乱之后，我开始反思自己的工作。当天下午的临时班会上，结合这件事我谈了有关安全的问题。因为有了发生在身边的事例，所以班会的效果不错，一切似乎归于平静。

可事实并不像想象的那么一帆风顺，让我意想不到的事情又发生了。一天中午，一个学生急匆匆地跑来告诉我说班里另一个孩子的手受伤了，医务室的老师让我快去看看。直觉告诉我，事情可能不妙。我以最快的速度跑到医务室，看到的是孩子裹着厚厚冰块的胳膊。顾不上多想，我三步并做两步地来到孩子的身边。此时，任何安慰的话语都成为无力的点缀，我只能按住他瘦小的胳膊来减轻他的痛苦，阵阵的抖动如同把把匕首扎进了我的心里："接二连三地发生这样的事情，我的责任不可推卸。"随即，我又不断地告诉自己："问题既已发生，再后悔也没有用，当务之急是怎样更好地解决问题。"当我迈着沉重的步伐走进教室时，孩子们在安静地等待着我。在这次班会上，我面对孩子们反思了自己作为班主任在安全方面考虑不周全、提醒不到位的问题，同时也提出了希望孩子们接受教训注意安全的要求。发挥学生的主动性果然管用，不一会，每个小组就列举了很多我没有考虑到的安全隐患。这次班会，感觉比上次又有了一些进步，效果也明显好了很多。从此以后，班里再也没有出现过类似的安全事故。一系列的安全事件让我深刻地体会到了一个道理：应该给学生提供解决问题的线索，但不能代替他们作出结论，这样的教育才能事半功倍。

《学记》中说"道而弗牵，强而弗抑，开而弗达。道而弗牵则和，强而弗抑则易，开而弗达则思。和易以思，可谓善喻矣"，意思是说"引导而不逼迫，师生间就融洽；多鼓励不压抑，学生学起来就感到容易；启发而不详尽讲解，学生就会用心地思考。做到了这三点，就称得上善于启发诱导了”。多年的班主任工作，让我深刻地明白了：教育的根本在于“善喻”。

当然，我觉得“善喻”还应该表现在抓住最合适的时机进行教育。《学记》中说：“当其可之谓时，不陵节而施之谓孙。”班里有个男生，在平时学习中多次表现出“学习无用，生活单调”的态度。为此，我和他的家长都很着急，力图通过反复的说教来劝服他，结果却适得其反。一切情况表明，孩子无论思想、学习还是行动都是处于一个比较危险的境地。“对于这样的孩子应该怎么办？”我反复思考这一问题而不得要领，直到我看到《礼记》中这段话才恍然大悟：这个孩子，应该说逆反心理提前到来，他最反感说教，应该用事实让他清醒。所以，我和他的家长经过沟通，决定采用“不闻不问”的方法，表面上减少了对他的“唠叨”，实际上在暗地里互通有无、及时了解他的情况。孩子看到了老师和家长的态度向着自己希望的方向变化，更加放松了自己，在随后的考试中成绩由班里的第 7 名一下子落到第 42 名。当成绩单摆在他面前的时候，我发现孩子平日那张满不在乎的脸上涌现出了一丝出乎意料的尴尬，他的头渐渐低下了。直觉告诉我，最佳的教育时机来了。我压抑住内心的激动，脑海中思考着该用什么方法与孩子沟通并不断付诸实践。

一个假期过去了，开学回来后，我惊喜地发现，这个孩子无论是行动还是态度都有了质的变化：面对批评时，他能够虚心接受了；面对问题时，他能够积极解决了；在学习生活中，也开始流露出理解老师和家长的想法了。现在这个孩子正在努力地弥补初一的不足，学习成绩也有了明显的进步。由此我总结出，教师在教学中应因时、因人制宜，避免简单问题复杂化和产生师生隔膜。

“和易以思，可谓善喻矣”。我现在明白了教师在教学中起的是引路人的作用。引路人要善于引领，善于砥砺，善于启发学生沿着正确的道路迈进。对孩子，应多一些鼓励，少一些斥责；多一些关爱，少一些冷落；多一些引导，少一些强迫。这样，孩子与老师的距离才会更近，才更有利于我们教育工作的展开。

她是那片多彩绚丽的云

山东省青岛第三十三中学 // 宋　妍

“如果树木因为惧怕疼痛而拒绝剪裁，那它就永远不会成材。”这是云非常喜欢的一句话。

云，一个长相极为平凡的女孩。然而，这样一位长相平凡的女孩却有着极不平凡的成长经历。她是我教过的很特殊的一名学生，特殊到让我瞠目结舌。2013 年年仅 11 岁的她被查出患有恶性卵黄囊瘤。从此，云开启了她不平凡的人生。先是肿瘤切除手术。虽然手术很成功，但术后麻药失效带来的疼痛不是常人所能忍受的，更何况是一个未成年的少女。这只是一个开始，接下来云经历了六次化疗；每次化疗虽然只有三天，但在这三天的时间里需要不间断地输液，所以粗长的针头也会一直埋在身体里，直至这个疗程结束。每次化疗云都无法进食，常伴有恶心、呕吐，头发也在第二次化疗的时候基本掉光了。即使在这种情况下，云也没有选择听天由命，没有屈服于这种不公。她选择了一种乐观积极、自信顽强的人生态度，继续完成小学的学业，升入初中并考入了自己喜欢的高中。

然而，我作为她初中三年来的班主任，对云的具体情况没有太深入的了解，这让我感到惭愧。只是清楚地记得那年暑假伊始，我正在精心准备七年级新生的家长会，忽然响起一阵敲门声。“请问七年级的宋老师在吗？”我连忙抬起头答道：“我就是。请问你是……？”“哦，我是云的妈妈，很抱歉，占用宋老师家长会前的时间。我有一件事情想告诉您。云在六年级的时候做过子宫肌瘤切除手术。”什么，子宫肌瘤？这么小的孩子就会有子宫肌瘤？我听到云妈的话，心里想着。通常肌瘤都是良性的，尤其是这么小的孩子，因此我没有多想是否是恶性的，随即问道：“现在恢复得怎么样？可以正常上学吗？有什么需要我特别注意和关照的吗？”“老师，您说到我心里去了。这也是我这次提前来找您的原因。她一直在恢复中，六年级手术恢复后就照常上学了。只是由于这种情况，医生交代过不能做剧烈运动。麻烦老师帮我多关照一下她。我也会写个体育课的假条，麻烦您帮我转交给体育老师。还有课间操期间，如果需要跑步或活动强度比较大的话，也不要让她参加了。我就这么一个孩子，这么小就经受了这么多的痛苦，我当家长的心里很难过，也很心疼，请老师一定要理解我的心情。”云妈说这一番话时，我不住地点头表示理解，并握住她的手，说了一些安慰和让她放心之类的话。云妈离开后，我的内心久久不能平静。这会是怎样一个孩子？心里这样想着，脑海里浮现出一个体弱多病、抑郁寡欢的形象。那时候，我只是想一定要帮助这位家长看护好孩子。既然是这种情况，有时也不方便多问，以免引起家长的悲伤。也是因为这个原因，我没有深入地追问下去，对云的真正情况也没有彻底了解。让我真正认识到云病情的严重性是在体育中考的时候。她的情况可以办理病免。办理病免时，需要提供相关的病历和材料。当我看到她在申请表“病情”一栏中填入“恶性卵黄囊瘤”时，我惊呆了。我指着那一栏，瞪大了眼睛反复地问她是否确定是这种病，她非常肯定地告诉我她的输入没有错。她的淡定让我开始重新认识我面前的这个女生。那段日子，我的脑海里不断地浮现出她在初中这三年里让我印象深刻的许多事情。回想得越多，越让我感到云的人生不同凡响。

最早与云的接触是在云妈找过我的那个暑假即将结束的时候，我们开始了新生入校前的军训。那天，孩子们都按照学校的要求，头戴小白帽，身穿小学时的校服，带着马扎和水壶，按时站到了操场指定的地点。由于云妈的托付，我在点名时特别留意了云。出乎我的想象，云以一种积极健康的形象出现在我的面前：胖胖的形体却不失动作的敏捷；一头乌黑浓密的短发，即使在小白帽的遮盖下，也不难让人看出这是一头令人羡慕的卷发；并不是很高挑的鼻梁上架着一副黑框眼镜；一双明亮的眼睛机灵可人。只见她和其他学生一样笔直地站在队伍中，认真地听着军训教官的指令。在操练时，她的动作也做得那么用心到位，丝毫没有疲劳想脱离队伍的样子。我观察了她一阵子，又见这么毒辣的太阳，怕她的身体承受不了，于是在教官第一次允许休息的时候走到她的身边。当时，我不想让其他学生感到我对她的特殊关注，引起其他学生的好奇；更不想让太多的学生知道她身体的特殊情况，以免影响她的情绪以及未来三年的发展。所以，我没有直接问她是否需要休息，而是跟她以及她周围的同学聊起天来。“同学们表现得都很不错嘛！”为了消除新生对陌生班主任的恐惧感，我首先打破僵局，赞叹了他们刚才的表现。“老师，我不累！”有些性格开朗的学生回应我道。看到他们很兴奋的样子，我也很自然地用手拍了拍他们的肩膀，继续说道：“炎热的天气下能坚持训练，这对同学们来讲是一个巨大的挑战。若身体条件允许，同学们可以尝试突破自我。但如果身体感到不适，不要逞强，适当的休息可以帮助你更好地调整状态。”说到最后这句话的时候，我的目光投向了云。我在暗示她一定要注意身体，不要对自己的要求太高而造成不必要的伤害。云与我对视了一下，理解了我的意思，顺势说道：“老师，您放心，我们不会傻到让自己的身体吃不消的。”“就是，老师，我们不会这么傻的。”周围的学生三三两两地喊道。听到云所说的，我就放心多了。不过也不敢掉以轻心，在这接近一周的军训中，我时刻观察每一位学生身体状况和表现，尤其是云。令我惊讶的是，除了有一天我安排云在教室里办黑板报外，她个人没有跟我请过一次假。用她自己的话来说，就是军训给她提供了一次超越自我的机会。从那时候开始，我就确定云是一个意志力顽强的女生。

在接下来三年的初中生活中，我更加了解了云。这不但印证了我当初的判断，还让我发现了这位可爱女孩更多的闪光点。

为了能够让家长随时掌握孩子的作业情况，我们班在七年级第一学期开学的时候就建立了一个微博，专门用来发布当天各个学科的具体作业。当时我就想找一个认真、有负责心的学生每天负责在微博上发布作业。于是，我在班里询问是否有同学愿意承担这项任务，要求是每天必须按时发布作业，除了周末外不得有间断。我的话音还没落，就见云高高地举起手，喊道：“老师这项任务交给我来做吧。我一定按照老师的要求把这项任务完成好，相信我吧！”就这样，云首先成了我们班的作业发布员。当天一放学，她就跑到我的办公室里，向我询问微博的帐号、密码以及发送的具体要求。她将我的要求一一做好记录，并在我的指导下发布了第一天的作业。这以后，不需要我提醒，云每天在放学前将各科作业认真地记录在自己的作业记录本上，并在每天放学后，即使在其他同学都离校回家的时候，云也会到我的办公室里登录微博完成作业发布的任务。有很多次云去医院复查，请假不在校，她也会想办法完成这项任务，从来不会因为个人原因而影响家长们查看作业。我们用微博发作业的做法得到了一些班主任的认可，因此许多班级也纷纷效仿我们，开始建立微博发布作业。但是，有些班级不知该如何具体操作。他们看到云每天都熟练地登录、打字、输入最终发布，整个过程完美地一气呵成时，决定让云给这些班级的作业发布员进行一个培训。我征求了云的意见，她爽快地答应了并说好当天利用课间操的时间统一教授。那天我外出培训，回到学校办公室里的时候已经是晚于下班接近一个小时的时间了，我发现办公室里的灯还亮着。当我推门进入的时候，只见云正在耐心地手把手地教给另外班的一名作业发布员如何操作。我一看时间这么晚了，她还没有回家，有些着急地走过去进行了干预：“都这么晚了，赶紧回家吧！有不会的地方，明天再说。我会跟这位班主任解释一下的。”“没关系的，老师！我已经给我的家长打过电话了，他们会在车站等我。这位同学在课间操期间有别的任务没有参加培训，因此跟我约好了，放学后让我教他，我也答应他了。现在我们马上就结束了，已经进行到最后一步了。老师，您别担心。您家远，又辛苦了一天了，赶紧回家吧。”还没等我回应，那个学生兴奋地说道：“是的，老师。她教得可清楚了，也很尽心。刚才她让我又重新操作了一遍，明天我就可以独立发作业了。”听到这些话，我既欣慰又感动。欣慰的是云如此抱诚守真，牺牲了个人的时间耐心教授，不孚众望；感动的是云对老师、对家长是那么贴心和体谅。

云的自信也给我留下了非常深刻的印象。还记得那是在八年级上学期，学校开展了金秋艺术节。其中有一个“超级演说家”的活动项目，要求以“雷锋照我心”为主题进行演讲。云是我们班第一个也是唯一个报名参加这项比赛的学生。比赛分为初赛和决赛。初赛的时候，由于工作的原因，我并没有去当观众。但是，当观众的几位学生回到教室后，表现得异常兴奋。“宋老师，您知道吗？今天云的演讲实在太精彩了，她的气场好大啊！她进入了决赛，成绩很靠前哦！决赛在一周以后进行，老师，到时候你一定要去观看哟，绝对是不虚此行！”只见云淡定地走进了教室，走到我的面前稳稳地说了一声：“老师，我进入决赛了。”她的话音刚落，下午上课的铃声就响起了，我匆匆地向她表示了祝贺，准备上课了。下了第一节课的时候，我们学校的团委书记笑嘻嘻地走进了我们教室说：“你们班真是卧虎藏龙呀！今天的演讲比赛中又发现了你们班的一棵好苗子，这孩子绝对自信。她叫云，是吧？以前从来没有注意到有这样一位学生，今天真是一鸣惊人啊！等着瞧好了，决赛的时候她的成绩肯定也错不了。以后区里再有演讲比赛的话，就有候选人了。”听到这番话，我理解了为什么当观众的那几位学生回来的时候都那么兴奋。同时，我心里打算着下周争取去观看决赛。一周过得真快，来到比赛现场的时候，我的心里还有些小激动，也替云捏了一把汗。只见云泰然自若地就座于选手席，手里拿着纸稿，嘴里念念有词地准备着，丝毫没有一点紧张的感觉，仿佛胜券在握。比赛开始了，云是第二个上场的。她向评委和全场的观众问好并深深地鞠了一躬之后，开始了演讲。整个演讲过程，她语言流畅、慷慨激昂、表情丰富，肢体语言也恰到好处。一声“谢谢大家”的话音刚落，全场不由响起了热烈的掌声。云再次深深地鞠了一躬结束了自己的演讲。我看到评委老师之间互相赞许地点着头，并向云投去赞扬的目光。最终云凭借自己精彩、自信的展现，以第一名的成绩将“超级演说家”的称号收入囊中。事后我跟她聊起此事时，她告诉我，演讲稿是她自己用心写的，一字一句都很投入。为了取得好成绩，她回家后吃饭、洗澡、上厕所的时间都用上了，抓住一切时间背稿子。其实，当时她非常紧张，但之前的充分准备让她还是自信满满。赛后，我送她的“Congratulations”也让她开心不已。一分耕耘一分收获。在这种身体状况下，她仍能尽自己最大的努力达成最好的结果。我想在她自信的背后少不了付出比其他人更多的努力，这种精神实在令人感动。

云，不仅是我们班的作业发布员，在八年级的时候她还担任了物理课代表。除了课前协助物理老师准备各种实验器材、教具，收发作业本、记录物理作业等常规工作外，云还在物理老师的指导下组织同学们以小组合作的形式进行物理学习，并通过积分的方式调动同学们进行物理学习的积极性。这种做法使得我们班的物理成绩在级部里名列前茅。在八年级整个学年即将结束的时候，物理组的老师们举办了一次“小牛顿杯”物理大赛。其实，这次大赛是一种过程性的比赛，成绩来自两个部分：平日积累得分占60%，最终展现得分占40%。我们班平日里的成绩就不错，占有一定的优势。为了在这次大赛中获得好的成绩，云带领我们班的同学，经常到物理老师那里寻找试题做，完成试题后跟老师要答案自行核对，总结其中的错题、不理解的题，组织小组讨论积极解决。这种良好的学风，最终让我们班在“小牛顿杯”物理大赛中摘取桂冠。这一切，让物理老师对我们班的物理学习非常放心，也对云这个物理课代表的工作非常满意。物理老师也经常在我面前夸赞云的工作态度和工作能力，还向我透露说云是一个管理能手：对待工作态度谦和、富有耐心，但在不遵守纪律的学生面前，却表现得非常严厉、毫不留情。有一次，由于物理老师开会，到我们班上课的时候就已经打过2分钟铃了。当时她想，班里的学生在打铃后没有看到上课老师，纪律有些乱很正常。当她赶往我们班上课的时候，让她意外的是，我们班的纪律不仅有条不紊，而且还发出了一起读定律的声音。走进教室一看，原来是云正在领着同学们一起复习上节课的笔记。事后，物理老师了解到，一开始班里的纪律确实很乱，但云及时站了起来，对那些捣乱的同学大声制止，并要求全体同学打开笔记，一起读定律进行复习。自此，学生都知道云是一个很有原则的人。你若按照要求来，她便跟你是朋友；你若违反了规矩，她对你会毫不客气。所以，那些调皮捣蛋的学生在她面前也不敢轻易造次了。

痛苦的经历不仅没有让云意志消沉，反而让她的性格更加开朗。她特别爱笑，她的笑特别富有感染力，甚至有的时候我们都不知道她为什么而笑。用有些同学的话来说，她的笑点并不高，即便如此，我们也往往因为她莫名其妙但又富有感染力的笑而忍俊不禁。云是个活跃分子，喜欢参加班级和学校组织的各种活动。由于身体的原因，许多体育活动她不能参加，但是在这些活动中也永远少不了她的身影——她是出谋划策者，她是加油助威者，她是提供服务者。

如果云是一个没有经历过病痛折磨的学生的话，在学校里能有这样的表现就会被老师视为一名爱将了，何况她还是一个曾经挣扎在生死边缘上的少女！如此优异的表现，如此富有爱心和责任心，如此坚强自信、积极乐观，令人敬佩。她在青春期对人生的诠释让我更加敬畏生命。我禁不住要为她鼓掌。身为她的班主任，我感到莫大的骄傲和自豪！

以前，我一直认为教师这份职业只有教书育人的无尽付出，会抱怨太辛苦、付出太多、回报太少。直到与云接触，才深刻地感受到教师这份职业也有着羡煞旁人的幸福。幸福在于你是一个见证者，你见证了不同生命体在他们人生中最美好的时期中的成长。幸福在于你是一个参与者，你参与了许多生命体由低级向高级的转变。幸福在于你是一个受益者，你受益于每一个生命体在各自成长过程中呈现出的各种精彩、各种美好。云，就是那个让我身陷于幸福中，成为一个见证者、参与者、受益者的不平凡的女孩。她如同朝霞里那片绚丽多彩的云，向我们展现了五彩缤纷的人生。在此，我也要祝云芳华永驻！

情到深处花自开

山东省青岛第六中学 // 孙海文

有时候，班主任很纳闷：自己尽心尽力了，学生却并不理解。经过反复反思，终于明白了：我们所面对的学生是有人格尊严、有思维、有情感的人。“情”的投入是对教师工作的内在要求。情到深处，学生的内心世界就会向你敞开，他有话愿意和你说，有困难愿意请你帮助，有苦闷愿意向你倾诉。你的“爱”他能领悟，你讲的道理他能接受，你指出的缺点他愿意改正，从而产生强烈的情感效应。我们与家长的区别在于教育学生的方法有所不同。

作为一名班主任，时间久了，很容易把自我扮成“庙堂之上的”的“严师”，以为这样就能够有威严了，能让学生敬畏三分。其实这样做，学生是惧怕你了，但在心里不一定服你。在高一的一年里，我严格要求学生，班级井井有条，成绩在级部名列前茅，各项活动均获得奖项。后来我与一名学生交流，这个学生说：“老师，你对学习成绩不太好的同学太苛刻了，所以他们都不喜欢你。”我也体会到我的形象在这部分学生心目中的地位在一天天下降，慢慢地我觉得与他们心灵的距离上越来越远。我幡然悔悟，如果长此以往，那么班级的这部分学生我是永远也转化不了的。

从那之后我开始着手改变自我，一点一滴地拉近与学生心灵上的距离，开始打心眼里关注他们、关心他们，遇到事情不再是呵斥他们，而是先站在他们的角度看问题，让他们大胆陈述自己的问题，也就是给予他们发言权，不再是自己先劈头盖脸来一顿了。慢慢地，我发现这些问题孩子也不再像以前那样讨人厌了，原来他们每个人身上都有闪光点。

班主任都有这样一种感觉，班级总有几个学生既不勤奋上进又不惹是生非，对班级一切活动既不反对抗议又不踊跃参加，一般情况下既得不到老师的表扬也得不到老师的批评，是一些容易被老师“遗忘”的学生。

我班的宏同学就是这样一个似乎没有什么特色的学生，直到有一天，一件微不足道的小事改变了我对她的看法。那是一个中午，我站在班级门口，看着走廊里来回走动的学生，无意中发现走廊里撒了一些米饭粒。许多学生说着笑着绕着而过，好像没有注意到地上所撒的米饭粒。这时宏同学走了过来，急忙跑回教室拿来清扫工具，将饭粒扫净，又用拖布拖了一遍地。我被这一幕感动了，回教室后，立刻在班级表扬了宏同学，并极力赞美了她关心集体、为他人着想的良好行为。

我又从几件小事里发现宏性格中闪光的地方，并及时给予表扬，使“真、善、美”的精神得以激发和升华。渐渐地，我发现她变了：上课听讲特别认真，作业完成得尤其好，学习成绩也有了很大的提高。这件事给我启示颇深，使我懂得，教师一句激励的话语、一个赞美的眼神、一个鼓励的手势往往能对学生产生意想不到的影响。教师对学生小小的成功、点滴的优点给予赞美，可以强化他们获得成功的情绪体验，满足他们的成就感，进而激发他们的学习动力，增强他们的自信心，促进他们良好心理品质的形成和发展；另外，有助于建立和谐的师生关系，营造一个奋发向上的班集体氛围。请多给学生一点赞美吧，因为他们明天的成功就蕴藏在你的赞美之中。

我班里有位男同学宇，性格内向，孤僻，喜欢一个人独来独往，学习习惯差、基础差，班里的同学都不太喜欢和他一桌，因为他从不与其他同学交流，每天作业上交都很困难。了解到这个情况，我先与这个孩子的家长进行沟通，家长也是很着急；相对学习而言，家长更关心他的性格。我开始每一天关注、关心他，引导他说话。我让他担任班干部，发现他工作做得很好，每天晚自习后把班里的门窗关好后最后一个离开。我多次在班里表扬他。我从他的脸上看到了自信的笑容，从他的身上看到了努力进取的精神。宇在各方面对自己要求严格了，也开始与同学去交流了。我明白这一段时间我的努力没有白费，而且我也慢慢地喜欢上了这个性格内向的孩子。我做的这一切其他学生也都看在眼里。有个学生说：“老师，您变了！开始表扬我们了，您变得容易接近了……”我明白我与孩子的心灵距离越来越近了。这件事让我明白训斥是恨铁不成钢，而表扬是望铁早成钢，是启迪自信心的一把金钥匙。

那些学习有困难、性格有偏差的学生，其实他们更需要老师正确的引导和温暖的鼓励，以此来树立学习的自信。充满爱意的关切，会改变一个学生的行为；反之，哪怕是一次不当的批评，也可能会严重挫伤孩子的自尊。每个孩子都有一片属于自我的乐园，我们不能发现它，那是我们还缺少一双智慧的眼睛。我们要热爱每一个学生，学习好的要爱，学习一般的要爱，学习差的也要爱。我们要相信每一朵花都会绽放熠熠光彩。我们用真心去温暖每一个学生，去关爱每一颗稚嫩的心灵，那么我们将收获充满希望的天空。

教育需要有情：把学生当作自己的孩子用心教育，用爱心换取学生的真心。每个孩子都希望得到老师的认可，因此我们应多给孩子们信任和赞美，让每一个孩子在班里都能有尊严地学习和生活。教师对学生的爱应是真心的爱，是不含杂质的爱，是宽容而不纵容、关心而不包办、严格而不强行干预的爱，让学生和谐健康而且又全面地得到发展。

“师傅”小凡

山东省青岛第三十九中学 // 牟中华

美国教育心理学家吉诺特博士曾经说过这样一段话:“身为教师,我具有极大的力量,能够让孩子们活得愉快或悲惨,我可以是制造痛苦的工具,也可能是启发灵感的媒介。我能让人开心,能伤人,也可以救人。”起初我觉得这些话夸大了教育者的作用,有些危言耸听,但“师傅”小凡的经历让我对此有了新的理解,让我愈发认识到肩上扛着的班主任这一担子的分量。

小凡是我班一位非常有个性的男孩,他曾经的玩世不恭与消极懈怠在相当长的一段时间里给我的工作带来很大的困扰。如今,他终于走出那段阴霾,重新找回属于自己的那片蓝蓝的天……

发新生分班榜第一天与学生见面的日子,小凡便给我留下了深刻的印象。刚刚送走学生回到办公室落座,伴随一声清脆的报告声,一身运动装、手捧篮球的他便恭敬地站到我面前,原来他是来询问自己入学考试成绩的。“三门都是优秀,蛮有实力呀!”我说。据他自己介绍,他擅长体育以及电脑。在开学初的那段日子里,小凡的确显示出了他的实力。凭借在校园网上为班级建立主页、成功组织第一期板报的优势,在临时班委竞选中他以较高的票数当选为班级的宣传委员。

然而,良好的开局并没有维持多久。先是各位任课教师对小凡上课自由散漫的抱怨接踵而至。每每问及原因,小凡总是振振有词,把责任推卸得与自己毫不相干。之后,他交友不慎的问题也逐渐暴露出来,经常有外班学生到班里找他,甚至连续发生了两起与本班同学的打架事件。尽管处理的结果都是以小凡向同学赔礼道歉而告终,但过后他依旧是寻衅滋事。入学后第一次期中考试,他的各科成绩便一路直线下滑。小凡在同学心目中的地位与日俱减,在正式班委竞选中,他名落孙山。

面临如此大的能力与表现上的反差,我意识到问题的严重性。难道对中学生活的不适应会让一个人在如此短的时间里发生这么大的变化?经了解得知:小凡虽很聪明,但在小学就一直很顽皮,学习较为被动。父母做生意,家庭条件优越，在孩子教育问题上父母舍得投资，小学六年级三门主科都请了家教，所以入学成绩还不错。

为了安抚小凡，以防“落聘”让他的自信心再次受到打击，我安排了一次与小凡及其母亲的三方会谈。但没想到结果受打击的不是小凡，却是我。没等我将事先经过斟酌的鼓励安慰的话说完，他先矢口否认自己因“落聘”有任何的失落感，因为他根本没把这个角色放在眼里。之后，便是他与妈妈的一场口水仗。他认为自己的退步是因为父母不按照他的意愿，将其送入想去的学校造成的。他说他的朋友都不在这儿，偌大一个班级，只有他一个人会制作网页，和老师同学没有共同语言，这个班根本不适合他继续待下去。作为班主任，我觉得自己分明受到了侮辱，那一刻真希望小凡的妈妈会答应他的请求将他转走，以便省去日后的诸多麻烦。

事情并不像小凡想得那样简单，他的父母因种种原因没有答应儿子的请求。作为班主任，我将如何面对这个孩子？是任其自由发展，还是帮其尽快找到集体归属感，真正融入班级呢？教师的职责让我选择了后者。我一边加强与家长的沟通，谋求家校联手解决孩子思想上的症结，一边寻找新的教育契机。

小凡为什么觉得班级不适合自己而要转学？尽管这个直白的要求曾经让我尴尬，但却一直萦绕在心间。初到一个新的环境，生活学习遇到了困难；父母忙于生计，与小凡交流的机会较少；以前的朋友又分在不同的学校，一切的烦恼、苦闷没人倾诉，这才是问题的关键所在啊。在孩子需要安慰的时候，我却想一推了之……我不敢再想下去。班级的网页内容需要不断更新，我这个“门外汉”不时需要向小凡请教，那何不再叫上几个感兴趣的学生一块儿向小凡拜师学艺呢？想法一出，响应者络绎不绝，班级网页制作小组很快成立。小凡成了忙人，下课往外班跑的时候少了，转学的事再也没提。

学校一年一度的体育节，再次给小凡提供了施展的舞台。五人制篮球比赛，从队伍组建到训练我全权交给他去处理。比赛当天，我带领全班学生到操场观战，呐喊助威声中的小凡身先士卒，并终于不负众望，带领全队赢得了比赛的胜利。从赛场下来，我为小凡送上事先准备好的矿泉水并向他表示祝贺。他冲我俏皮地来了一句:“怎么样，见识到‘师傅’的实力了吧！”篮球赛的胜利大大增加了小凡在同学们心目中的人气指数，他也乘胜追击在接下来的100米，200米等多项比赛中摘得桂冠，为班级立下汗马功劳。昔日同学们眼中蛮不讲理的“常有理”，这下简直成了“飞人刘翔”。看着被激动不已的同学们高高举起的小凡，第一次见面时那个帅气、自信的小凡的形象又映入眼帘。

著名教育家苏霍姆林斯基曾经说过，教育的成功，在于教育者“要赢得学生的思想和心灵”。而实现这一目标的关键在于教育者要尊重他们的个性，呵护他们的心灵，要有开启学生心门的金钥匙。这把金钥匙仅靠爱心是难以铸就的，还需要讲究爱的艺术，否则便可能出现最初解决小凡问题上采取的头疼医头、治标不治本的情况。尽管每每出现问题，为师者要三番五次地找学生谈心，但他们是在犯了错误的前提下被动地听取老师的教诲，所以哪怕再动情的语言都很难触及学生的灵魂。源于教师的爱心行为，但实际却给学生带来伤害，这方面的例子屡见不鲜。世界上找不到两片完全相同的叶子，来自不同家庭，有着不同性情、不同兴趣爱好的学生更是如此。只有在全面了解孩子的基础上，才能有针对性地对症下药，在爱中走进学生的情感世界，被学生所接受，取得一定的教育功效。

要让学生理解、感受到老师的爱，教师还必须与学生实现真正意义上的平等。长期以来我们习惯于以教育者的姿态凌驾于学生之上，顺理成章地把学生当成了服从者，我们享受着这种良好的自我感觉。所以当小凡置我的同情于不顾对班级表现出轻蔑时，我从感情上接受不了，产生回避、放弃的情绪。其实，将心态放平和些，承认教师在许多方面不如学生，这并不会有损教师的形象。恰恰相反，只有教师意识到自己的不足，并主动向身边的学生学习，拜他们为师，才真正有利于教师的自我完善，才能赢得学生的尊重。这正所谓“无贵无贱，无长无少，道之所存，师之所存也”。只有当教师俯下身子，与学生平等地交流沟通，才能实现师生间零距离的心灵对话，实现情感的共鸣。

带上我们的爱，踏上伴孩子们共同成长的心路历程吧，给予学生快乐的同时，不经意间我们也会收获无尽的快乐。

阳光总在风雨后——问题生转化

山东省青岛第四十九中学 // 鲁菲菲

“问题生”是指那些与同年龄段学生相比，由于受到家庭、社会、学校等方面的不良因素的影响及自身存在的有待改进的因素，从而导致在思想、认识、心理、行为、学习等方面偏离常态，需要在他人帮助下才能解决问题的学生。这样的学生在班级管理中最令班主任“头痛”，也是每天“出镜率”最高的学生。这样的学生如果不能得到妥善处理，他们对班级的稳定性的影响是很大的。苏霍姆林斯基说过:“世界上没有才能的人是没有的。问题在于教育者去发现每一个学生的禀赋、兴趣、爱好和特长，为他们的表现和发展提供充分的条件和正确引导。”

说起我们班的大男孩小张，全校的老师都认识，典型的“问题生”，爱打架，不服管教，上课捣乱，下课打闹，“缺点”一箩筐。这不，开学刚一周，班长急匆匆地来找我:“老师，不好了，你快去教室看看吧，小张和英语老师打起来了”。我捂着咚咚直跳的心，一路小跑到教室，拨开围观的学生，听到小张嘴里不断地传出不堪入耳的脏话，甚至还想与老师大打出手。我冲上前去，一把拽着他的胳膊，想让他去我的办公室。结果，我的力气没有他大。他挣脱开我的手，跑下楼去，还朝老师嚷嚷“你等着，我这就找人来揍你”。

我眼看着孩子不听管束，还可能发生危险，心急如焚。因为刚接手这个班，对学生的情况也不是很熟悉，与学生的感情还没有建立起来，我只能求助于他的父母。我迅速地联系上他的母亲，让他帮忙找到孩子再送回学校。一会儿的工夫，小张的妈妈抹着眼泪，领着孩子来到学校。

我憋着一肚子的气，但我知道现在不是发脾气的时候，孩子的情绪还很激动，他妈妈是束手无策，任课教师更是一肚子的窝火，现在就靠我来协调。我首先要做的就是安抚大家的情绪。我为每一位当事人安排好座位，劝解大家都安静下来。冷静地回顾事情的经过。原来，事情的起因就是小张学生上课不认真听课，看小说，老师让他把小说收起来拿出课本，他不但不接受还与老师顶撞，冲突就这样发生了。

整件事情非常明显，小张犯了错误不但不改正，还变本加厉，思想的确很有问题。在班主任和家长的双重压力下，他“勉强”承认了错误，但是，作为班主任，我知道，他的问题才刚刚开始，并没有从本质上解决。针对这个学生，我实施了一系列的转化计划与措施。

“竹外桃花三两枝，春江水暖鸭先知”——广泛收集资料

首先，我找到该学生以前的班主任老师，了解到他的学习基础比较差，脾气比较暴躁，自尊心很强。针对这种情况，我认为有必要联系他的家长，共同做好他的思想转化工作。为此，我专门进行了一次家访，了解到他在家里是最小的，上面有两个姐姐，自己是唯一的男孩，从小娇生惯养，集各种宠爱于一身。因为他体育比较好，小学时他妈妈就送他去体校参加锻炼，对文化课并没有上心，到四年级时成绩就开始下降，加上没有养成良好的学习习惯，学习成绩越来越差，开始结交不良青年，这种种实际情况造就了他今天的状况。他的妈妈也是后悔不迭。我就告诉家长和孩子，以前的已经无法改变，但是，我们可以把握现在，未来就在我们自己手中。

“山重水复疑无路，柳暗花明又一村”——走出困境

首先，我与家长沟通，帮助孩子寻找自身的优点，并使它们得到充分的发挥。他的体育成绩非常棒，我就任命他为我们班的体育班长。9月底是我校一年一度的盛大体育活动——校运动会。我突然意识到，这次活动可能正是转化小张的一次教育契机。我单独找到他，非常诚恳地对他说：“小张，我刚接手咱们班，对同学们的体育特长不是很了解，这次校运动会，你能帮我组织同学们报名吗？要充分发挥每一个同学的优势，为咱们班争创佳绩。”他非常兴奋地答应了。一个星期里，他非常忙碌，先是征求同学们的意见，再根据学校的要求，经过反复调整与修改，到周五兴奋地告诉我完成任务了。在他的带领下，我们班在校运动会上取得了优异的成绩。看到运动场上，他忙碌的身影，我感受到了什么是欣慰；看到跑道上，他飞扬的身姿，我感受到了什么是幸福。之后的很长一段时间里，他都沉浸在成功的喜悦中，课堂上不再捣乱，纪律也好了很多，与同学们的关系也有了明显的改善。大家不再觉得他是班级的累赘，甚至有的学生开始羡慕他的良好身体素质。

阳光总在风雨后

抓住这次机会，我与他商量制订了一年的计划与目标，既然父母给了他强壮的身体，他也热爱体育运动，为何不走体育特长生的道路呢？与他父母商量后，

大家一致同意他考体育特长，中考时只要文化课成绩在普高分数线下 200 分以内，他就有机会考入高中，这对整个家庭来说都是不可思议的事。妈妈给他报了课外辅导班，上课他也开始努力听讲了。因为基础太弱，虽然成绩提高比较缓慢，但是他的思想状态发生了很大的转变。用学生的话说，小张也是有理想、有目标的人了。

也许是他感受到了老师信任的目光，也许是他理解了父母期盼的目光，也许是他学会了承担责任，也许是他找到了自身存在的价值，也许是他体验到了成功的乐趣，他学会了尊重、知道了感恩、懂得了回报。教室里的卫生不好，他会管一管；教室里谁扔粉笔头，他会管一管；教室里有打闹声，他会管一管。最终，小张顺利地考上了体育特长学校。毕业那天，他的妈妈哭着对我说，“老师，是你救了我的孩子，是你救了我们一家人，你是我们一家人的恩人。”作为教育者，能及时帮助孩子走上“自然”“当为”的正路，于个人、于家庭、于社会功莫大焉、善莫大焉！

与学生一起成长

山东省青岛第三十九中学 // 李 婷

子以四教：文、行、忠、信。

——题记

当班主任的时间不长，却充分感受到了班主任工作的琐屑与繁杂，见识了形形色色、个性迥异的孩子。在与他们相处的过程中，我试图用传统文化去塑立他们的人格。教学相长，在与他们一起成长的过程中，我发现其实自己也受到了《论语》里孔子教育学生理论的影响，有很多的体会与感动……

文

涵在我的心目中一直是一个“女汉子”。她，皮肤白净，五官秀气，却有着敦实的体形，个子也要高出同龄人不少，一直以来是我们班的“铅球女将”。初一刚见面，搬发新书，原本是只安排男同学的事，她却主动请缨，自诩是个“女汉子”。她干活麻利、不怕吃苦、不怕受累，给我留下了极为深刻的印象。然而，不知道从什么时候起，她身上有了越来越多的坏毛病。性格大大咧咧的她交友广泛，众多的朋友难免良莠不齐。于是，撒谎、抽烟、吵架……我有些看不懂她了。每次犯错之后，记作业本上总有她诚恳的道歉，让我心里多少有些安慰。

近一年来，我时常会接到她妈妈的电话，说是早上喊不起来，她不想上学了，几番劝说之后勉强来上课。就这样断断续续，时不时地请假，一个学期结束了。新的学年，开学一个星期了也不见她的踪影。再三跟她妈妈联系，才得知孩子在家里谁也不理，日日睡到日上三竿。妈妈听从了心理老师的建议，决定冷处理，不再对她呵护备至，一周以后决定来剂猛药——休学，并希望我和她唱一出双簧。

周一一大早，收到孩子妈妈的请求，希望去家里劝一下孩子。待我上完课赶到她家时，已是中午 12 点，涵仍在呼呼大睡。被叫醒后一脸的睡眼惺忪。据她妈妈讲，这是认出了是我才没有发脾气，否则是喊不起来的。我问她为什么不去学校，是没写完作业、怕成绩不理想、讨厌老师、厌恶同学、想要换个环境、换个学校？对这些问题，她先是不停摇头，再问，便是沉默，最后抛出来一句：“我要休学。”最担心的事情还是发生了。无论是家长还是老师，都不希望孩子休学。她才13岁，才是一个初中生啊，休学在家能做什么呢？孔子教育学生的第一方面就是“文”，即文化知识。对于一个刚刚十来岁的孩子来说，有多少文化知识在等待着她去汲取？

“能告诉我原因吗？”我问。她想了想，拿出手机，噼里啪啦打出了几行字：

我有个朋友刚刚去世了，因为我在上学，没能去看他，所以对学校有抵触。

能交流就好，就害怕一言不发，封闭自己。

“什么样的朋友？多大？什么病？”

“十七八，肺癌，学习很好，刚刚考上北大。”她情绪有点激动，说：“他没有家人照顾，是个孤儿！我要是知道，会去帮他的。”

“什么时候成为孤儿的？怎么上的学？在那个学校？哪个医院？医药费谁来承担？”我试图找出漏洞。

她愣住了，说：“他不是青岛的，好像初中就是孤儿了，一直在外地上学，考上大学后来青岛玩才查出来的。我认识他不过半年，是朋友介绍的。他住在市立医院时，我还去病房看过他。”

“哦，那初中之后的生活费用是谁承担的？如果是考上了大学，那为什么不去上学，要留在青岛治病？外地求医医保很难报的。更何况对于肺癌，我国已经研制出了靶向药，效果不错，不至于存活时间这么短。你确定这是真的？”我平淡地指出她话语中的漏洞。

“即便你说的都是真的，没有说谎，也没有被骗，面对这种情况，你又能做什么呢？”“为他承担医药费，你有这个经济实力吗？贴身照顾，有护士专业吗？”

她有些呆住了，一句反驳的话也说不出来了。一个13岁的孩子能有什么常识呢，又怎么能识别人心的丑陋、避开社会的黑暗呢？

“更重要的是，国家普及九年义务教育，你没有别的路走，只能选择上学。即便不回三十九中，你也得去别的学校继续求学。你如果想换一个环境，也可以和父母说说你的想法。”我转过她一直侧向一边的头，语重心长地劝慰她。

“人就是这个样子，越懒散就越会失去斗志。而青春，是用来奋斗的！你真的愿意在家当一只好吃懒做的米虫吗？未成年的时候还可以赖在家里，成年以后呢？能永远不长大吗？”

“李老师，您不讨厌我这样的差孩子吗？我总是给您添乱，您还愿意让我上学吗？”

我可爱的孩子，老师怎么可能讨厌你呢！在老师的眼中，你们都是有着美丽梦想的天使，而文化知识便是助你们飞翔的翅膀，老师怎么忍心让你过早地折断翅膀呢！

行

这是一个怎样的孩子呀，我很难用一个词来形容他，只是从他的眼神中感觉到了他的偏执与自以为是。他似乎在仇视所有人，即便是老师一个善意的提醒也被他视为是故意针对的侮辱，就更不用说同学对他不良行为的批评了。于是，经常能看到他和不同的同学发生冲突。每次看到他，我都在琢磨，到底应该怎样走进他的内心世界与他很好地交流呢？

初一刚开学没几天，大家才刚刚熟悉，他就和班里的一名同学打了起来。两个人皆是人高马大，动起手来也毫不含糊，周围的同学都被吓得目瞪口呆，几个女生惊恐地跑来办公室喊我。待我赶到教室，风波已经平息，询问起事情的经过，才得知，他经常欺负女生，而另一个男生是出于打抱不平。看到我，周围的女生拥了上来，七嘴八舌地指责他。而他，仍是一脸的桀骜不驯，不肯低头，更不肯认错。

“我跟她开玩笑的，老师！”

“有你这样开玩笑的吗？趁你不注意把你的凳子抽掉摔你个稀巴烂，你高兴？把你的书画得乱七八糟，你愿意？”我厉声说道。

“老师，你这样做我不会生气的。”他回答道。

“做人要忠诚老实，你不介意的事情不一定别人不介意。我们不是刚刚学过‘己所不欲，勿施于人’？己所不欲，勿施于人，己所欲之，亦勿施于人！而且，你这种方式很危险，会对同学造成伤害，你不觉得太过火了？”

“我怎么不忠诚老实？”他愤愤不平地反问了一句。

“男同学应该谦让女同学，而你却选择了欺负；开玩笑得有分寸，而你却不管不顾、肆意妄为；做错了事要敢于承担责任，并且要真诚地道歉，你却在自私地抵赖狡辩。你自己说，这算是忠诚老实吗？”

“李老师，我错了，我以后改，你相信我会改吧？”

我转身问周围的同学：“大家相信他吗？”

“相信！”

人与人之间应该有最起码的信任。大家相信他了。可是，同样的事情还是屡有发生。而且随着时间的推移、大家的日益熟悉，这个孩子身上的问题也暴露得越来越多。他会时常嘲讽女同学或比较弱小的男同学，甚至有时还会抡起拳头，但对于比他强壮有力的男生，抑或是面对比较强势的女生，却唯唯诺诺，成了缩头乌龟。同学们因此很是瞧不起他，我也有点恨铁不成钢。

适逢语文课新学了一篇课文——郑振铎的《猫》，作者郑振铎讲了他三次养猫的经历，描绘了三只性格迥异、命运却大不同的小猫以及形形色色的人。文章中，第三只猫尤其让人印象深刻。它不漂亮，性格不讨喜，好吃懒做，最终被主人冤死了。猫的可怜命运让人唏嘘，同学们读后哀其不幸，又怒其不争。而更让心惊的是文中的作者在误认为猫吃了芙蓉鸟之后，狠狠地踢了猫一脚后："我心里还愤愤的，以为惩戒得还没有快意。"打了之后还不过瘾，已经由惩罚变成了发泄。而倘若凶手是那只活泼可爱的猫，又或者是一只大狼狗，这一脚还能踢出去吗？勇者愤怒，抽刃向更强者；弱者愤怒，抽刃向更弱者。很多时候，我们都是弱者，只会选择向比我们更弱的人宣泄我们的愤怒，于是产生了心理学上著名的"踢猫效应"。

"第三只猫很可怜！"讲完课，我找到他，请他谈一谈学完课文之后的感受。

"那假若你就是那第三只猫，你准备怎么改变自己的命运？"

"改变自己的性格。"他想了想，若有所思地说。

"对，性格决定命运。改变性格，其实是要改变你对现实的态度，改变你处理事情时相应的行为方式。那作为一个学生，是不是就要改变对学习的态度，改变对老师、同学的态度呢？"

"老师，我明白了您的意思。我会改的。"

"老师相信你！你身上有很多的优点，为人勤快，班里的大桶水都是你换的。每次做课间操，班牌也都是你拿！这些，老师都看在眼里。但同样的，你身上也有很多的问题，欺负女生，欺负比你弱的人，只能彰显你内心的懦弱！你要知道，一个人，只有当他不给别人带来灾难、不欺负和扰乱别人时，才能成为一个生活得平静而又幸福的人！"我语气严厉地批评道。

他的脸红了，有些难为情，沉默了一会，终于开口："李老师，我错了！我一定改！我不会再欺负女同学了！"

孔子认为，"行"不离心，强调表里如一。只有在人的内心建立起自觉和自律，其外在行为才可能真正展现仁德。我希望我的学生不必成为圣人，但至少是一个坦荡的人，内心丰盈，充满勇气！

忠

这是一个很内向又自卑的孩子，像个小蜗牛一般，整日地缩在教室的一角，颤巍巍的用“触角”试探着，一有风吹草动就缩回自己的“安全屋”。小学时光的荒废导致她成绩极度地差，初中课时多、学科多、任务重，加上没有养成良好的学习习惯，更是让她焦头烂额、分身乏术。几次考试之后，没有任何起色的成绩让她越来越自卑，渐渐地对学习失去了兴致，上课不再正襟危坐，整日地涂涂画画、得过且过。

看在眼里、急在心里的我联系了她的母亲，一位小学老师。本以为同在教育领域会有很多共同语言，然而出人意料的是，她的母亲直截了当地告诉我，他们已经对孩子的学习不抱任何希望，准备帮孩子一辈子，能帮到什么时候就到什么时候。我目瞪口呆，不知道这是父母深思熟虑之后的决定还是一时的气话。惊讶之余，我自然是极力劝说。

家长的路子走不通，只好再做女孩的工作，鼓励她树立目标，从一个一个的小任务开始，制订计划，认真学习。我一再地向她强调，老师和家长都不看重她的成绩，只是希望她能有一个端正的学习态度，能学多少是多少。孔子认为，“忠”的核心是“忠”于己，对事诚心尽力，对信念贞一笃定。作为学生，我认为，有积极向上的学习态度，有一以贯之的学习热情，有持之以恒的学习习惯，那便做到了尽心竭力，就是对自己的“忠”。

教育的最高目标不是知识而是行动。在我的再三鼓励下，在学习共同体同学的大力帮助下，她的努力是有目共睹的，特别是语文学科，不管是简短的古诗还是长篇累牍的古文，总能看到她稚嫩却端正的默写，每一处红笔圈出的错误旁都有她认认真真的修改。课堂上，时不时能见到她勇敢举起的手，她的回答虽不够成熟，却闪烁着思考的理性。尽管在她的记作业本上还会有对作业繁多的抱怨，对自己成绩不高的自卑，对不良学习习惯的懊恼……但总而言之，她一直在进步，这足以让人欣慰。

信

如果人和人之间没有了最起码的信任，这个世界会很悲哀。

“李老师，我胃痛得厉害。”她又来请假了。

“很痛？不能坚持？”

“是的，痛得直不起腰来了！”

“去医务室检查了吗？医务室老师怎么说？”

“老师说要好好休息，多喝水。最好去医院检查一下。”

“那怎么办？”我观察她的脸色，确实有点苍白。“我下午有课，没办法带你去医院。给你妈妈打电话，她会来吗？”这其实是一个很让人心疼的孩子。两岁时，父母离异，是爸爸独立把她拉扯大。一个大男人，还是个脾气暴躁的男人，怎么会教育孩子呢，于是打骂便成了家常便饭。最过分的是，小学时因为撒谎，做父亲的居然把一个七八岁的女生绑在小区的树上，用鞭子抽！这简直是匪夷所思！而到了现在，父亲在伤心失望之下，对她全然放弃不管不顾，每次与他父亲沟通都是无功而返。最后，当父亲的更是下了最后通牒：“李老师，这个孩子在学校里的一切事情我都不会管的！我现在供她吃、供她喝已经很可以了，等她到了18岁，就会被我扫地出门的，爱咋地咋地！”这位父亲不是在开玩笑，孩子因为不吃早饭，升旗时站了不过十几分钟就晕了过去，告知其父亲，只有三个字：“随她去！”父亲的教育不得法，幼年时又不允许母亲探望，孩子的成长过程中缺失了太多的关心和爱。可想而知长大后的她让人头疼：迟到、撒谎、不写作业……太多的问题，让人生气又心疼。

“你先在我这休息一下，喝点热水，吃点饼干，我给你妈妈去个电话，看看她能不能带你去医院检查一下。”

妈妈答应前来，领她去了医院。可不成想，刚走了没一会，她妈妈就来了电话，说女儿不肯随她去医院，挣脱跑开了。

第二天，我问她：“胃病好些了吗？医生怎么说？”

“老师，我没去医院，我妈给我拿的药。还行吧，比昨天好多了，谢谢老师关心。”

“哦，没事就好。有空的话还是得去医院看看，年纪这么小总胃病可不好。在家里休息了？”

“恩，是的。”她很坦荡地回答道。

“我说嘛，有同学说在咖啡店里看到你了，我说这不可能！”

她愣了一下，做出若无其事的样子，说：“没……没有……”

“就是，老师知道你是个诚实守信的好孩子，我没怀疑你，当时听到那话我直接说根本不可能。”

她有点讪讪地坐下了。

第三天，她在记作业本上写道：李老师，谢谢您的信任，我以后会讲信用的！我知道，这是一个孩子发自肺腑的保证。我很好地保护了她的自尊心，她一定知道自己做错了什么，也知道以后应该怎样去做。

班主任的工作辛苦，却又充满了幸福！我欣喜于每一个孩子的进步，而孩子们很感念于我的付出。我想，这一切得感谢这部古老且教育意义深远的著作——

《论语》，这其中孔子对教育学生提出的四个字“文、行、忠、信”，我也会铭记终生。苏霍姆林斯基说，从我手里经过的学生成千上万，奇怪的是，留给我印象最深的并不是无可挑剔的模范生，而是别具特点、与众不同的孩子。我想，那是因为在这些特别的孩子身上，我们倾注了更多的爱和关怀。其实，在帮助这些孩子成长的同时，我们也在收获、成熟！

青春飞扬，师爱无疆

山东省青岛莱西市院上镇武备中学 // 李海燕

苏霍姆林斯基说过："没有爱就没有教育。"巴特尔也说过："教师的爱是滴滴甘露，即使枯萎的心灵也能苏醒；教师的爱是融融春风，即使冰冻了的感情也会消融。"

恰逢教师节，我收到了好多学生的祝福短信，倍感幸福欣慰。其中，有今年刚刚毕业了的学生丁的，他说："老师，今天教师节，我嘴太笨了，太好听的不会说，祝您教师节快乐！"看到这，我的泪差点流了下来。这是一个刚开学时令我头疼的调皮捣蛋的学生。跟所有的"差生"一样，他不爱学习，捣乱纪律，不讲卫生，不爱劳动，破罐破摔。任课老师们配合我这个班主任多次做思想工作，但收效甚微。我一直觉得对他的教育没有抓住一个恰当的切入口。直到有一次在早晨升旗仪式上，我突然看到他在队伍中左摇右晃，多年的班主任经验告诉我："不好，孩子站不住了。"我冲上前，一把拉住他，看他脸色惨白，赶紧搀住问是不是不舒服。他点了点头。我把他搀出队伍稍作休息，又赶紧去拿了些甜饼干、水，让他补充一下能量。正如我所估计的，他并没有吃早饭。父亲远在烟台，母亲也是起早贪黑忙于打工，并没有人照顾他。

后来，我去家访时跟他母亲进行了长谈，告诉她应该怎样在语言上、在生活中关心这个敏感的孩子。从那以后，孩子脸上的笑容多了，各方面表现得都有很大的进步，而且很爱跟我说话。但有一天早晨他突然哭着跟我说他不想读书了，要去找他爸。我尽力安慰他，得知了他跟母亲闹了矛盾。后来我悄悄联系了他妈妈，跟她沟通了小孩子的敏感脆弱以及有些话可能造成的伤害，共同商讨了办法。他妈妈很感激我，觉得老师真的是在尽力地为孩子着想，真心地爱他们，这个孩子也是从此以后慢慢长大懂事起来。

爱是什么，爱是日常生活中点点滴滴的积累。有爱的付出，就有爱的收获。今年 6 月份毕业时他选择了学建筑，告诉我说："老师，我要好好学门技术，将来工作了就能让父母不那么累了。"老师的爱，引燃了学生心中的爱。我觉得这就够了。

是的，那些特别的孩子会犯各种各样的错误，我们永远都不要绝望，只要我们充满期待，他们就会充满希望。照亮学校的将永远不是升学率或者其他名和利的东西，而是圣洁瑰丽的师道精神，是对孩子们的不染一丝尘埃的博大的爱。我们教师要用爱心去开启学生心灵的窗户，走进学生的心灵世界。对于那些尚未开放的花朵，我们就应该倾注更多的耐心，倾注更多的温暖；特别的爱给特别的他们，百花齐放才能迎来满园的春色！

从刚毕业时的懵懂，凭着对教育事业的热爱，成长为今天的成熟稳重，是孩子们给了我舞台，是教师这个职业铸就了“学高为师，身正为范”的师魂。我们一年又一年地在这个平凡而朴实的岗位上辛勤耕耘着，一批一批的孩子从学校里走出去，走向高中、大学，走向社会。这犹如一棵棵小草从我们这里得到了一块可以扎根的土地，一只只小鸟从我们这里得到了一对可以飞入云天的翅膀，一条条小船从我们这里得到可以顺利地驶入他渴望的大海的双桨。这才是老师最大的欣慰，这才是为人师表的自豪！

作为教师的我们，往往是两袖清风、囊中羞涩。或许我们也曾羡慕别人豪车、豪宅的生活，羡慕别人轻轻松松的职业，但是，当曾经的学生大街上一声甜甜的“老师”，公交车上你已不认识的学生非要让座给你；教师节、过年期间学生的祝福短信，集市上你并不熟悉的家长亲切地跟你打招呼、学生送给你的两个自家的刚摘下来的油桃，所有这些就会打消你所有的想法，会让你心甘情愿地在这个清贫的山村守候着一年又一年。桃李不言，下自成蹊。虽说我们不具备金钱的富有，但我们在精神上是富有的，有谁能像我们一样，一举手、一投足、一个美丽的微笑、一个鼓励的眼神、一句关切的话语就能拨动一个个美妙的心弦，就能带给他们无限欢乐，就能拯救一个近乎堕落的灵魂？！

当鲜花绽放于阳光之下，是绿叶最快乐的日子；当果实成熟于金秋时节，是园丁最欣慰的时刻。让我们用师爱去呵护纯真，用智慧去孕育成长，用真诚去开启心灵，用希望去放飞梦想。师爱无疆，让我们飞扬的青春伴随着孩子们茁壮成长！

爱心·耐心·诚心

山东省青岛莱西市望城中心中学 // 刘 宁

对待学生要有爱心，辅导学生要有耐心，教育学生要有诚心。只有一心一意善待每一个学生，才会在教育教学上喜获丰收。

——题记

燕子去了，有再来的时候；杨柳枯了，有再青的时候；而岁月却如流水一样，一去不复返了。多年来为人师表，在讲坛上不断地上演着自己的教育教学故事，许多都已随着时日的流逝而渐渐淡忘，可也有一些就如同树根一样深深地扎在了我的心上。它们虽不曾惊天动地，但仍历历在目，感悟至深。

那是2016年的秋季，学校给我安排了七年级一个班的班主任。七年级的学生，初来乍到，对任何事情都有着新奇感，在任何老师的课上都积极表现，唯恐自己在老师那儿没有留下好的印象。尤其在我这个班主任面前，学生可以说表现得相当活跃。也正因为如此，我也就很快地掌握了本班学生哪些上课爱思考问题、哪些在学习上很用功、哪些上课喜欢调皮等基本情况。其中，有一个学生引起了我特别的注意。她叫珊，分班时在班上她的成绩属中上等。对于一个上课不回答问题的学生，老师一般是不会去过多在意的，更何况一个成绩也不十分突出的学生。珊就是这样一个学生，上课时很少回答问题。我估计，她在其他老师的心目中也是印象不深刻的。然而有两件事情，她让我不得不去注意了。一件是在一篇作文中，她抒写了自己心中既矛盾又困惑的想法，可又不希望别人去了解、去帮助。可她明明是写给我看的呀，我思忖着。另一件事情是学校组织春游活动。一路上，学生排着长长的队伍有说有笑，唱着歌儿兴高采烈地行进，歌声传遍了山谷，而唯有珊独自远远地落在队伍的后面，既不和同学们谈笑，也不唱歌。这是典型的性格孤僻。从我从教多年的经验来看，这个学生一定有什么心结，她的心里一定隐藏着什么东西，如果不打开这个心结，对她的发展是很不利的。我试着慢慢接近她。上课间隙时，我问一问她是否听懂了；有时候，我也把她叫到办公室问问她对一些问题的看法。起初，她默不作声，偶尔笑一笑罢了。后来，她对我有了一些了解，于是态度有了一些转变。我抓住这一契机，适时地和她交流着心里话。原来，她确实是有心结的。她说了她小时候身体不好，经常得病，一病就得去看医生，也因此导致学习成绩下滑。而她小学的班主任却不理解她，有时还当着全班学生挖苦她、打击她。所以在同学面前，她觉得抬不起头，在老师眼里她又觉得自己没用，久而久之，她就不再说话了，也就养成了独来独往的习惯，不愿再和任何人交流沟通，把自己封闭了起来。听了珊的述说，我半开玩笑地对她说："你觉得我是不是也像你原来的班主任？"珊想了想，摇了摇头说："您不像，如果您也是那样的老师，我一定不告诉您这些。""是的，那你现在感觉怎样？""好多了，我会记住您的话，我也一定会去和同学搞好关系。相信我，我会把成绩赶上来的。"我肯定地点了点头说："不需要怀疑，你本身就是很棒的。"是啊，又有谁会对别人的关心弃之不顾呢？珊同学可以说是认同了我对她的关心，也因为我的无微不至的关怀，才化解了她心中的坚冰，才使得她重新找回了自信。后来珊在期末考试中取得了年级第八名的好成绩。

教育学生不是一朝一夕的事，是一项长期的工作，为此需要具有足够的耐心。在平时的工作中通过细心观察发现学生的错误，坦诚地和他们交流。例如，我曾经教过的一个学生叫阿文，平时上课下课都很爱调皮捣蛋；上课时不是身子动过来扭过去，就是嘴巴说个不停。第一次找他谈话，他就直爽地告诉我，他也想好好学习，但就是坐不住。这时，我知道要提高他的成绩，首要的是解决他的思想问题、改变他的坏习惯，但这种根深蒂固的思想和习惯岂是一朝一夕能改变的？于是，我耐下性子多次找他谈话。只要他犯了错误，我就找他谈。次数多了，他也被我的诚心所感动，努力尝试改变坏习惯。后来，他基本上能做到和老师积极配合上好课了，学习成绩也有了较大的提高。

三尺讲台，道不尽酸甜苦辣；二尺黑板，写不完人生风景。"捧着一颗心来，不带半根草去。"陶行知先生的真知灼言，言犹在耳。我深知一位人民教师的责任，教师的责任就是点亮学生心中的灯；也深感一位人民教师的光荣，作为一位人民教师，只有勇于进取、不断创新才能赶上时代的步伐、取得更大的成绩。作为一位人民教师，只有像爱自己的孩子那样去爱自己的学生，尽情欣赏学生的成长，才能感受到人生的幸福。

展开爱的羽翼

山东省青岛大学附属中学 // 余凤娟

我曾经听说过这样一个真实的故事：泰迪是一个聪明可爱很有前途的孩子。一年级的时候，残酷的死神夺走了他的妈妈。泰迪因此变了：接受能力慢，反应迟钝；浑身脏兮兮的，乱发下是挑衅的目光。没有人愿意理他。但一件小事却使他发生了变化。那是圣诞节，按习惯每个孩子都送给老师一件礼物。泰迪的礼物是旧报纸包着的一只旧的假宝石手镯，还有一瓶快用完的香水（这是他妈妈的遗物）。让他想不到的是老师高兴地戴上了手镯，把香水高兴地喷向空中……泰迪因此又一次完全变了。桀骜不驯的眼眸里充满了感激的泪水。因为老师真诚地向周围同学喷洒那香水时，已经播下了爱与尊重的种子。

爱可以改变学生的命运。作为班主任，要真心去爱、去尊重每一个学生。爱能消除隔阂，尊重理解能迸出火花。

陶行知说过："像屋檐水一样，一点一滴，滴穿阶前石。点滴的创造故不如整体的创造，但不要轻视点滴的创造而不为，呆望着大创造从天而降。"我认为，即使是一块顽石，也会被焐热的。一个良好的班集体，应该有一种健康向上的奋争精神。作为班主任，除了要用集体的力量去感召每个学生外，还需要给全班每个学生尤其是后进生上紧发条，使他们能够紧紧地随着班集体的齿轮转动。而做到这一切，爱是前提。

班级里总有几个这样的孩子，严厉的批评教育，从他们那似乎温顺的眼神中看得出，他们并未被这教育而驯服。于是，我注意抓教育时机贴近他们，寻找他们身上的闪光点；不是等他做错了什么才去找他，而是他做好了什么就去表扬他、鼓励他，让他知道老师关注着他的点滴进步并为之欣喜；同时，也要指出他们还有哪些方面亟待改善，并视机委以重任，把班主任的信任和殷切希望传递给他们。

学生向我反映班里的程值日不认真，迟到，懒散。我先从侧面提醒他。有一次，班里大桶水喝完了，他立即下楼抬水，我马上就表扬他，肯定他的优点，并就势让他负责班级日常卫生保洁工作。事实证明，他干得相当不错。同时，他对其他的事情做得也很在意、很认真了。

我深深体会到，如果教师传递给这些所谓后进生的永远是“你是我的坏学生”，使他们思想上形成抵触情绪，那事情就不好办了。

我们班的博，在入校时还是个不错的孩子，但随着他与初三的几个不好好学习的学生经常在一起之后，学习态度、处事态度都有了很大变化，作业不写，逃避值日，上课不听讲，并且他犯错误时老师一批评就跟老师脸红脖子粗地顶嘴，在班里造成很不好的影响。对于他，我先是采取了冷处理的方式。事后坐下来单独谈，他很快就承认了错误，并且坦诚地说自己的冲动是在同学们面前强烈的自尊心使然。于是，我就跟他围绕着“自尊”这个话题展开来谈，告诉他自尊的表现是严谨、克己，是对自己的尊重，而不是事事以自我为中心、放任自己，那样只会带来别人的轻视和不尊重。谈话之后，他向我保证不再跟那几个不好好学习的同学来往。我还跟他的父母联系，监督他在周末也能履行诺言。在我们三方的共同努力下，他各方面都有所改进。

我们应拿出一颗真心来，让学生知道你心中有他，所做的一切都是为了他。我班新转来的学生旭，头脑够用但纪律差，上课和周围同学没话找话，周围无人呼应便自言自语，老师管多了便发呆，然后依旧是说话、干其他的，周围的同学都烦他。我找他，他一脸的诚恳、满纸的保证说要一改毛病，但事隔几天依旧故我。面对这样一个学生，怎么办？我找他坐下来，了解了他的求学经历：本该上初三的他因为腰伤休学一年，于是来我校借读。他借读的这段时间里，我看到他的学习成绩依然落在后面。我单独找到他，温和地问：“孩子，你来这所学校的目的是什么？是玩还是学习？”他愣了一下，错愕的他以为会迎来一顿训斥，没想到居然是和平的场景。他很肯定地对我说：“我是来学习的！”我们心平气和地谈了很久，这深深触动了他的内心。他说：“老师，看我的表现吧！”他现在确实变了。虽然还时有反复，但他已经知道怎样控制自己，知道自己最应该、最迫切要干什么了。

对所有的所谓后进生，我都是以充满爱的真诚来教育管理他们，让他们自然走到我的身边，主动改正自身的缺点，跟上集体的脚步。

爱生之心，是教育力量之所在。但是光有爱还远远不够，只有加上严格管理、严格教育的爱才能达到真爱的境地，即教育要有情、有严、有力、有度。

尽管是所谓差生，我也让他们知道每天的生活目标是什么，该怎样努力去做。对于他们，达不到目标、不合要求决不能放松；否则，爱就成了放纵，对学生就只有百害而无一利了。

十多年的班主任工作让我深深感受到:对于所谓差生,尤其是纪律、卫生甚至思想品质等方面都有欠缺的学生,不要把他们从你身边推出去教育,而应该用爱心接纳他们,善于发现他们的优点,抓住教育时机,有情、有理、有力、有度地开展工作,“严”字当头,毫不疏忽。这样,还有什么工作做不好呢?

阳光属于每一个孩子。教育心理学上讲,调动学生积极性不仅取决于教师的责任心和教育能力,也取决于教师的真诚,取决于教师是否热爱学生。

让我们去做一朵爱的云彩,化作无声的细雨,去滋润那干渴的土地和稚嫩的花草。如果爱是天使的翅膀,那让我们老师展开爱的羽翼,和学生一起翱翔在蓝天之中!

加油，八组！八组，加油！

山东省青岛第三十九中学 // 牟中华

“白驹过隙，初一上半学期已经结束。我们小组虽然只获得了团体总分第五名的成绩，但相比较刚刚组建时的表现，已经有很大进步。相信在以后的日子里我们会继续互帮互助，再接再厉！最后衷心说一声：谢谢，我的八组组员们！加油，八组！八组，加油！”戴着黑框眼镜、说话眼睛会笑的叫臻的女孩，在班级“学习共同体”的总结表彰大会上面对自己的组员深深鞠了一躬。其他五个小伙伴在各自的座位上使劲地为臻鼓掌，脸上笑靥如花。班级内掌声雷动。

臻是班级期中考试后重新组合的八个“学习共同体”中八组的组长。是班级正式班干部竞选中毛遂自荐后经民主评议产生的新的组长。相对于已经有两个多月工作经验的“老干部”来说，她还是个新手。按“组内异质，组间同质”原则组成的八组“学习共同体”的小伙伴，性格上差异比较大，有的安静内敛，有的张扬好动，还有的让我这个班主任都尚未琢磨透。要把这么一个“学习共同体”的六个人团结在一起，形成集体的合力，我还真替臻捏了一把汗。

新的“学习共同体”第一周周总结，班长宣布量化考核的综合排名，有的小组欢呼雀跃，有的则是沉默无语，还有的是一地叹息。八组排名最后，位列班级的第八位。臻的脸涨得通红。她是个对自己要求严格、不肯服输的女孩，这样的结果自然是她难以接受的。我想看看各组面对现状组长会有什么新的动作调整，所以决定先按兵不动。

转过周来的周一，臻的妈妈在家校联系本上留言说，公布成绩的当日臻在组内召集了短会，制定了下一步的具体目标。回家后心情还是很沮丧，和妈妈说了心事，六个孩子的家长也立即行动起来，组建了八组家长群，积极为“学习共同体”的发展出谋划策。给臻的妈妈回复留言以示感谢后，课间我把女孩叫到身边，打趣地问：“怎么样？从小组成绩的阴影里走出来了吧？”她不好意思地微笑着连声“恩”地应答着。我轻轻拍打她的肩膀，做了个加油打气的手势。接下来八组主持了班级诚信主题的班会，因其出色的策划、丰富的形式得到同学们的充分肯定，并在班级公众号上进行了相关报道。组员们配合得似乎也越来越默契，一切朝着利好的方向发展，直到臻第一次在我面前崩溃。

那天午休铃声已经响过，臻并没有请假，可她的位子还空着。我记起前一天晚上他们组一位成员的妈妈给我发过微信申请那天上学让孩子带智能手机上学，原因是读过英语童话《爱丽丝梦游仙境》之后我给各组留了一个二选一的任务：选取片段表演情景剧或是英语趣配音，要求“学习共同体”内至少三分之二的成员参与。八组准备表演趣配音，带手机方便大家对照视频练习台词。带手机的事情我答应了，难道他们排练没回来？可八组的其他成员都回来午休了呀，臻去哪里了？正在我着急纳闷之际，臻轻推教室门侧身走了进来。“老师，我去洗手间晚了，对不起。”她声音有点发抖，眼睛低垂着，故意避开我的目光。多年的班主任工作经验告诉我这背后一定有问题。我把她领进办公室，端了把椅子让她坐下来，开门见山地问：“怎么？哭过了？受什么委屈了？”臻的眼泪唰地顺着脸颊流了下来。我赶紧抽了几张餐巾纸递上去。她抽噎着断断续续地解释说：“还有三天就该趣配音表演了。说好的利用吃完午饭到午休的空档排练的。可这两天我就忙着满操场找人去了，等把人凑齐，时间就所剩无几了。他们怎么能这样呢？”“你别哭，咱们一起来想想办法。”我一边安慰一边说。“你们组准备几个人参加配音，目前准备到什么程度了？”臻的情绪渐渐稳定了下来，说：“我们全组都积极报名了，小杨的妈妈是影片制作专家，帮我们找到了高清英文原版影片，不但做了剪辑和消音处理，还为了照顾到所有组员的水平，帮我们放慢了影片的语音速度，并且制作了片头和片尾。每个人的角色也都分配好了……”说实话，布置这项任务时，我对学生能完成到什么程度心中并没有底儿，单是找到合适的视频做音效处理就非常有难度，再者每个共同体内都有学习水平偏弱的学生，能否有勇气参与也是个问题，所以布置任务时给了两个选择，参与人数上也留有了余地。“确定六个人都能上吗？”我追问道。“恩，其实每个人的热情还挺高的，这两天晚上都在抽空做着准备。”最后我建议臻除了再调动组员积极性外，当天再在家长群里发个通知，调动爸爸妈妈的力量一起来督促。

汇报演出当日，八组的表演收到震撼性的效果，连英语课上极少主动发言的小李声音配得都活灵活现、妙趣横生，观众们听得更是聚精会神、津津有味。八组以全场最高分毫无争议地拔得头筹。臻像是自己得了大奖一样，开心得眼睛笑眯成了一条缝。

著名教育家何炳章先生在《从教育原点出发》一书中说过：“教育教育就是教会学生自育；教学教学就是教会学生自学。”现在也有人提出：授人以鱼不如授人以渔，授人以渔不如授人以欲。“欲”应该是自我教育、自我成长的欲望。当每一位学生渴望发展、渴望在一个优秀的群体中实现自我、突破自我的时候，学生集体所爆发出来的能量是一个班主任的力量所不能及的。苏霍姆林斯基也曾言："如果对孩子缺乏信心，不信任他，则全部教育智谋，一切教育和教学方法和手段都将像纸牌搭小房一样定然倒塌。"

八组的《爱丽丝梦游仙境》趣配音海报

八组同学在趣配音

“学习共同体”为学生共同发展搭建了一个平台，把几个风格各异的孩子甚至是几个家庭，为了共同的目标组织在了一起。他们在摩擦、交流、碰撞中学会分享、学会互助、学会担当。相信这些优良的品质带给孩子们的将会是惠及一生的宝贵财富。

用爱为孩子撑起一片蓝天

山东省青岛第四十九中学 // 鲁菲菲

“好雨知时节，当春乃发生。随风潜入夜，润物细无声……”那密密的雨线、淅沥的雨点，不正如我们教育人的辛勤耕耘，犹如我们为师者的谆谆教诲吗？而这辛勤耕耘、谆谆教诲的背后正是爱心的驱使，耐心的守护。

教育大师叶圣陶先生曾把教育比喻为农业。当你站在一棵幼苗面前，你可以看出它旺盛的长势，却感觉不到它的成长，只有隔一段时间才会发现它的变化。农田里的秧苗，只有通过培土、浇水、施肥、除草等才能茁壮成长。培养学生，也像培养秧苗一样需要耐心。浇花浇根，育人育心。作为教师，要时时处处关注学生的发展与变化，在孩子需要你的时候扶他一把，为他保驾护航。

小马是一个性格外向，大大咧咧、活泼可爱的男孩；身材圆滚滚的，笑起来有两个可爱的小酒窝；人很聪明，上课反应很快，理科成绩很好，文科成绩较差，有点随性而为。开学一个月后，我发现他的性格突然变得沉闷了，偶尔会看到他在发呆，脸上的笑容越来越少。凭借多年的班主任工作经验，我断定这其中肯定有故事。于是，我找他来办公室询问。他无精打采地说：“老师，没事，没什么事。”开始他什么也不肯说，过了一会就哭了起来。一个大男孩，有什么事情会哭得如此伤心？近来教室里一直比较平稳，应该不是因为学校的事情，那就是家里出事了。下午放学后，我要求跟他一起回家进行家访。他们家离学校很近。一进家门，我呆住了，妈妈在床上打针，爸爸坐在床边抹眼泪。爸爸向我介绍说，他的妈妈病情非常严重，得了癌症，而且已经到了晚期，可能过不了年了。我的眼泪瞬间涌了出来，心想：“孩子还这么小，而且今年就要毕业了，这可咋办呀？”我与他爸爸交流了一下。他爸爸告诉我，现在他妈妈大多数时间需要住在医院里，孩子自己一个人在家，现在孩子正好初三，可是真的顾不上了，非常害怕这件事情对孩子的打击太大，毁了孩子的一生。我回到了学校，在办公室里一坐就是一个小时。这个家庭如此不幸，怎样才能让孩子渡过这个难关？

给精神一个归宿，灵魂就有了寄托

首先，我选择一个中午的时间与他在心理咨询室聊天谈话一个多小时。我主要是倾听者，让他充分地把心理的恐惧、委屈全部倒出来。我一直拉着他的手，不断地给予鼓励与安慰。我承诺这一年会像妈妈一样关爱与照顾他。同时，作为老师，我希望用实际行动转移他现在的注意力，询问明年的中考他有何打算。我鼓励他认真学习，争取考取一所重点高中，为这个家庭带来新的希望。我与他共同商定了中考目标、期中目标、期末目标。我充分剖析了他目前的学习现状，他很聪明，有着充分的潜力等待挖掘，困难是英语落下的太多，文科的理解力有待提高。针对这些问题，我们共同寻找解决的办法。

相信自己，方法总比困难多

我把孩子的具体情况向各位任课老师通报，老师们一致同意共同帮助他。我们制定了一些具体措施。第一，我与英语老师沟通，每天督促检查他背诵英语单词，每周两天中午给他补习英语课，一直到英语成绩提上来为止。第二，联系心理教师，每周一次心理放松辅导，舒缓他的情绪压力。第三，联系与他住得比较近的同学家长，允许他放学后可以先和同学一起写作业，尽可能地照顾他。第四，做孩子的思想工作，让他化所有的悲痛为动力，保证在课堂上认真听讲，回家严格自我管理，坚决不再玩游戏，保证认真完成作业，以好成绩来安慰和回报父母。

孩子的成功是老师最大的欣慰

就这样，我经常地去他家看看，经常辅导他，经常找他聊聊天。慢慢地，每天教室里都会看到他认真学习的身影，他偶尔也与同学们开个玩笑。任课老师反馈说这个孩子真的很坚强，他终于站起来了：上课炯炯有神的眼睛紧跟老师的节奏，反应很快，积极回答问题，成绩提高非常迅速。他的精神有了依托，变得更加勤奋、更加努力，期中考试直接杀进级部的前几名，远远超出我们当初制定的阶段目标。家庭的不幸让这个孩子过早地成熟了。他理解了父母的不易，理解了老师的良苦用心。最终，他如愿以偿地考上了重点高中，遗憾的是他的妈妈没能熬过病痛的折磨离开了。接到录取通知书的那天，他的爸爸来到学校，眼含泪花激动地说："老师，谢谢，谢谢你救了我的孩子。"

我很庆幸，家庭的不幸没有压垮这个孩子；我很庆幸，我是他的班主任；我很庆幸，我及时发现了他的困惑；我很庆幸，我帮助这个孩子度过了他人生的艰难阶段。关心、关爱是人间最美妙、最动人的雨露，它能滋润干涸的心灵，在心灵深处盛开世间最美丽、最绚丽的花朵！

随着时间的流逝，孩子今天就要高中毕业了。三年来，每年的教师节他都会回来看望我，跟我说说他的高中生活，跟我聊聊他的大学梦想。每次走的时候他都会给我鞠一躬，说声“谢谢老师”。是师爱为孩子撑起了一片蓝天，原来这就是为师者的幸福。每每回想起这个孩子，我都会在心尖涌起一丝丝的幸福。

陶行知说:“生活即教育。”班主任对学生的教育很大程度上就是对他们进行生活的引导，在他陷入泥泞时能够拉他一把，在他跌倒时能够扶他一把，在他迷茫时能够引领他，用爱心、耐心守护孩子的健康成长。

用心灵接近心灵

山东省青岛市第六中学 // 孙海文

前年秋天，对我来讲意义非凡。在这个象征收获的季节里我迎来了我的第五批学生。作为一名教师，深深明白高中是人生中的一个重要阶段，它对人格塑造所起到的作用不可忽视，在某种程度上甚至可以影响到一个人的未来。正是抱着这种心态，我丝毫不敢松懈，希望不仅能在知识方面传道，更可以在人生中这个充满变数的阶段为他们解惑。

经过一年多的努力，由我担任班主任的七班，班级有凝聚力，学生乐观向上，学习主动性强，形成了很正气的班风。在多年的班主任工作中，我的收获不少、感受颇多。如何加强班级建设，创建充满活力、有凝聚力的班集体呢？下面是我的几点粗浅体会。

一、信任学生，放开手脚

高一刚入学时班级有 38 人，其中男生 7 人，女生 31 人。从高一军训开始，通过观察我发现，女生训练热情高涨、训练质量很高、集体荣誉感很强，这是优点，但有些女生表现欲过强，希望能引起大家的重视，其中以云同学最为突出。在训练时她表现得极为突出，对同宿舍的同学很热情，主动照顾身体不舒服的同学。为了最后的文艺表演排练节目，强度很大的军训过后，她还利用午休时间精心排练。但是，由于纪律问题她被其他老师批评过一次。男生普遍训练踏实，较为认真。我没有对过分表现的学生予以压制，而是在心中默默地计划。开学后根据每个学生的性格特征，以及在军训中的表现并适当参考他们以前的经历，任命了我班临时班委会，并大胆地予以在军训中表现活跃的学生重要职务。班委会名单宣布后，虽然嘴上说不想担任职务，从云的脸上我看到了一丝惊讶和激动。我更加坚定了这样做的决心。经过一个学期的实践，证明了我当初的决定没有错。相信学生，给他们机会展示自己，既能稳定本人及周围学生的情绪，也能使他们在不断地为班级服务、组织活动中找到自信，获得其他同学的认可。这样，就形成了互相促进的良性循环。

二、用学生的眼光来看问题

记得美国总统华盛顿在他的演讲中曾经这样说过：人，生来是平等的。老师和学生也应是平等的。但是，我想这只是对人格而言的，在关于对知识的拥有上，老师和学生绝对不应该是平等的，老师应该拥有得比自己的学生多，此所谓“学高为师”。老师要有一桶水甚至是更多的水，才能够去满足学生这不同的“杯”。我们提倡老师要与学生平等指的是：老师要学会用学生的眼光去看问题，这样，你才能知道学生需要什么，切合实际地满足学生的需要，让他们有满足感与幸福感。在教学活动中，教师要以学生学习的合作伙伴的角色出现在学生的面前，从学生的心理角度出发，与学生共同讨论、探究，在适当的地方给予点拨，引导学生自己发现问题、解决问题。现在，我每天在处理班级事务之前与之后都不忘提醒自己：我所做的一切尊重了学生的权利了吗？

三、尊重、肯定、赞扬学生

我们要尊重学生，以肯定、赞扬来代替指责、批评。学生不是物品，我们应该把学生当作具有自己的思想、感情、性格等个人品质的人来对待，即使对待暂时后进的学生依然要倾注满腔的热情，不带偏见，要让每个学生都抬起头来走路。我们应当多跟自己的学生说“你行”“你能行”。也许，在某一天你会发现，他真的做得很好，你不得不对他刮目相看。即使你非得要批评一个学生，也应该先肯定他的优点，然后再接着跟他说“如果你能……的话，那就会……”。这样做了之后，你常常会看到被批评的学生心悦诚服的表情，既让你的学生虚心接受了你的观点，又避免了师生间因批评而起的矛盾与冲突；而且，这样做的实际效果要比直接批评所收到的效果好得多。直接批评，有时候表面上看起来学生是听你的话、照你所说的去做了，但其实心里并不一定信服于你。尊重学生就要把学生的行为和思想当作有意义的事情来关心，尊重学生的人格和感情，关心学生的进步与成长，扶植他们正当的兴趣和专长，同时严格要求他们——严格要求也是尊重他们。

四、关心、体贴、爱护学生

“转轴拨弦三两声，未成曲调先有情”。我在班主任工作中深深地体会到，情是心灵的钥匙，爱是教育的基础，深厚融洽的师生之情带来的是轻松愉快的气氛及高质量的教育教学效果。因此，做一名优秀班主任的首要任务就是，要像关心自己的亲人一样去关心、爱护班内的每一位学生。学生是很敏感的，他们会在第一时间发现并感觉到老师的爱。例如，某位学生昨天生病了打个电话问候一声就不失为一种师生关系的良好开端，他病好了上学之后你的一声“好点了吗”会令他感觉到老师是真心关心他；天气冷了，嘱咐学生一句“别忘了加件衣服”会令学生备感亲切……所有这些，都处处体现了对学生的爱。而且，一旦你付出了真心的爱，那是一定会有回报的，那就是：亲其师，从而信其道，无行中形成一种积极的热情与动力，学生会以刻苦的学习态度、优良的学习成绩来报答你对他的爱。

多萝茜·洛·诺尔特在《学习的革命》一书中提到，一个孩子如果生活在鼓励之中，他就学会了自信；如果生活在表扬之中，他就学会了感激；如果生活在接受之中，他就学会了爱；如果生活在认可之中，他就学会了自爱；如果生活在承认之中，他就学会了要有一个目标……在教学和班级管理工作中，如果能做到以学生为本，用爱去真心走进学生的世界，学生就一定能够快乐地扬起希望的风帆，开始他们快乐的人生之旅。

理性看待“小熊们”

山东省青岛莱西市武备中学 // 李海燕

今天看了一个题目为“蜜蜂追小熊”的故事，我备受感触。故事是这样的：有个小朋友画了一幅画，画中有一只可爱的小熊，穿着一件非常漂亮的花裙子，神色慌张地跑在前面，后面追来了一群可怕的小蜜蜂。她的妈妈很奇怪，就问她蜜蜂为什么会追小熊。孩子不告诉他们，让大人们猜猜。妈妈说因为小熊欺负了小蜜蜂。奶奶说因为小熊偷吃了蜂蜜。孩子听了却直摇头。你能猜到吗？孩子的回答出乎了大人们的意料，也出乎了我的意料。其实答案很简单，只是因为小熊的裙子太漂亮了，小蜜蜂把它当成了花园，所以一直追在后面。我们大人却想小熊被蜜蜂追逐，不是小熊闯了祸还能是什么啊？我们的意识里已经给小熊定了性，怎么会想到它漂亮的花裙子呢？作为班主任，我立刻想到了我们眼里的“问题生”，是不是只会想到他们是“只会偷吃的熊”，而看不到那“漂亮的花裙子”呢？

我们班的王同学，经常调皮捣蛋，很是让我伤神费心。一次，课都上五分钟了，他还没有进教室，我心想他肯定又不知去哪儿玩，才回来晚了。不一会儿他喊报告了。这下我可生气了，就严厉地批评了他一顿：“你干什么去了？又去哪玩了？马上就要期中考试了，你还上课迟到。还是准备考二三十分吗？”平时大大咧咧的他这下可急了，眼泪分明在眼圈里打转。但是，他还是低着头回到了座位。下课了，数学老师说：“小王知道问问题了，上节课课间讲了个大题，有点耽误上课时间。”我的脑中顿时“轰”的一下。是呀，我和数学老师商量了的，为了调动他的学习积极性，让他当数学科代表的嘛。他知道主动学习了，我却错怪了他。下课后我连忙找他谈谈，跟他道歉。他却有点不好意思，说没关系，知道老师是为他好。在以后的学习中他更加努力了，成绩进步不少。

这件事对我来说是深刻的教训。事后我进行了反思。

一是在老师的眼里，“问题生”的调皮捣蛋是班级中学生和老师所公认的，教师看待事情的时候会受思维定式的影响。难道他们永远得戴“问题生”的帽子了吗？为什么班上一有风吹草动，他们就是被怀疑的对象呢？我在没有调查清楚事情原委的情况下就主观武断地下结论，是造成了这起本可以避免的“冤案”的原因。对“问题生”，我们不能自以为是，不能只从经验、印象出发或戴着“有色眼镜”看问题，不能凭借个人感情处理问题，不能只看表面现象，而不透过现象看本质；否则，就会挫伤学生上进的积极性。因为孩子们的心是稚嫩的，一旦你伤害了他们，就不容易愈合。我们作为教师在批评学生之前一定要好好想想事情弄明白了吗，千万不能草率去判断、处理。如果学生和你产生了对立情绪，那我们的教育就更难进行了。

二是从批评艺术角度看，我选择在全班学生面前严厉地批评一个学生，显然有悖于班主任的处事原则，没有考虑到学生的自尊，学生会觉得十分委屈，如果处理不当还可能会产生更坏的后果。

再遇到这样的事件，一是在没有弄明白事情发生的缘由时不要武断下结论，以免给学生造成伤害；二是不要总戴着有色眼镜看人，要善于发现别人的闪光点，善于向别人学习。教师摘下“有色眼镜”，看到的学生会更加真实、更加亲切，更容易察觉他们身上被遮掩着的多面优势。后来我逐渐意识到，这个学生身上几乎再也没有出现过任何出格的现象，学习热情被重新点燃，考试成绩在稳步提升。令人惊喜的是，他会主动找我谈谈班里出现的不良现象，勇敢、主动地站出来帮助教师及时了解并纠正班级的不良风气。他身上散发着的正义、正气，不正是一个人最难能可贵的品质吗？而我以前竟然一点儿都没看到，就是被他身上那些“不良标签”蒙住了眼，不愿去发现。这对我触动很大。

班主任一定要树立正确的学生观，学生都是可教育、可塑造的，只是过程、方式不同教育效果也会不同。所以，当学生犯错时，班主任绝不可太过冲动。教师急躁的情绪或一时不冷静说出的过火话语，会严重伤害学生的自尊心，使他们失去努力改正缺点的勇气和信心，严重抑制学生的主体性。“小熊们”会有消极逆反的心理。所以，班主任一定不能用一成不变的老眼光看待学生，要注意学生取得的每一点进步，善于捕捉他们身上的每一处闪光点。

心理学家普遍认为，“爱是教育好学生的前提”。作为教师，要以学生为本，尊重爱护每位学生。班主任的最好的教育方式，肯定是对学生发自内心的公平的爱。教育无疑是启迪心灵的一门艺术。教育学生，首先要与学生建立一座心灵相通的爱心桥梁，这样师生之间的沟通才会顺畅无阻，教师给予学生的知识与能量才能及时有效地输送到位。教师看到的是全面真切的学生，学生亦能真切地感受到教师无限的关心与爱意。学生与教师心灵相通、相互尊重，这应该是教育的最美境界。我们教师，尤其是班主任，更应摘掉“有色眼镜”，抛弃一切主观臆断，打破固有的思维定式，用真心、真爱和温暖的行动，化解一切困难与冷漠，拉近师生心灵间的距离，这样才能看到“漂亮的花裙子”，他们才能在灿烂的阳光下表现得更加精彩。

捧着一颗心来，不带半根草去

山东省青岛莱西市望城中心中学 // 刘 宁

决定要用这个篇名写作后，我便坐在电脑前，回顾自己从教以来记住了什么、留下了什么、成长了什么又遗憾了什么……

2004 年 12 月踏上讲台，至今走过 13 年的岁月。不敢说我最美好的 13 年贡献给了教育事业，但至少这 13 年我以教育为伴，为学生哭过，也为他们的成就笑过。如今想来，所经历的都是我职业生涯中的一抹亮色，不管是甜是酸。

对于 09 届的一个女生，至今记忆犹新。初见她，知道她是个任性固执还有些小脾气的所谓叛逆女生。几乎所有的课任老师都认为她上课没规矩、对老师不够尊重、性格过于火爆，从没把她往好学生里归类。那一年，我担任她的班主任兼英语老师。在教学过程中，我发现她的确孤僻、与同学相处得不好，还动不动就闹情绪，但是表达能力特别强、语感很好、表现力很不错。“她是个苗子，我要改变她。”我心里暗暗下定决心。我开始留心并鼓励她：“你好好努力，下次口语大赛选你去比赛。”第一次被老师如此重视，她由衷地高兴，在我的课上也格外认真和努力，似乎找到了一点学习目标并为之努力。到了选拔口语大赛选手的时候，我义无反顾地推荐了她。当然，很多老师并不认为这样的选择是对的。他们认为她不够踏实、不够稳定，怕比赛 hold 不住她。在我看来，给她一次机会，赢得的不仅仅是比赛，更重要的是她的信心、她的希望。最终，她还是成了参赛选手。在备赛的那一个多月里，她像变了个人一样，勤奋，认真，专注。比赛结果很快出来了，她竟然拿了莱西市口语大赛的二等奖。消息传来，她非常开心，久违的满足感荡漾在脸上。这个女生的初中生活也从此改写了。她变得爱笑了，与同学似乎也相处得来，在第二年的口语大赛中她顺利地拿到了一等奖。

重要的是初中四年级的时候她考上了高中，她意识到读书对未来的重要，她要继续坚持、努力。毕业聚餐那晚，临分别时她给我发来一条信息：“老师，感谢您！真心感谢您！在很多人看来，我曾经是那么坏、那么不可救药，我考不上高中，我读不好书，亲戚们从不认为我有什么前途。是您改变了我，真的谢谢！”看完这条信息，我的眼圈也红了。是啊，如果当时我放弃了她，没有看到她的闪光点，没有继续鼓励她，也许我就错过了一个“差生转优生”的机会了。作为班主任，发现学生优点并不断感化和鼓励他，对学生是何其的重要啊！

另一个要分享的则是需要我认真反思和改变的案例故事。11级的一个男生，生性胆小，似乎还有些心理问题，遇到被老师批评或同学孤立就会情绪失控，整个人胆怯发抖。通过了解，知道他来自单亲家庭，父亲出国后就抛弃了他和母亲。母亲每天忙于生计，在怨恨和无法释怀中度过，不断叮嘱孩子要出人头地，要给她争口气。一开始我对这个母亲是很同情的，对孩子也是鼓励多于批评，但是久而久之，也许是职业倦怠，也许是对这个孩子失去了耐心，我认为他更多的应该是去找心理医生调节，渐渐忽略这个孩子的情绪，不再主动找他谈话，也不再有意改变他。对于同学对他的看法，我也没用心去协调，最终这位男生因为各种原因没有读完初中以退学收场。进入社会后，他却没有忘记老师，还会经常给我打电话，每次电话都会亲切地喊一声“老师”。也许在他心中，一辈子都把我当成他的老师。而我却是内疚的……我意识到，我对他没有起到班主任该起的作用。也许当时我努力调节、努力改变，他现在会是另外一种光景。我自认为是失职的，是倦怠的，是不够用心的。职业倦怠，每个人都会有，而我要做的是如何化解自己的倦怠。只有这样，我才能无愧于任何一个学生，无愧于教师和班主任的职责。

三尺讲台，道不尽酸甜苦辣；二尺黑板，写不完人生风景。以上两个案例，一正一反，也是我13年来一直提醒自己的学生案例。我深感一名人民教师的责任，只有不断创新、不断反省才能取得更大的成绩。“捧着一颗心来，不带半根草去。”陶行知先生的真知灼言，将伴我在教师生涯中不断前行……

用教师的智慧守护孩子的成长

山东省青岛第四十九中学 // 鲁菲菲

儿童喜欢表现自己，以获得他人的表扬与肯定；当他们得不到某些方面的满足时，就自然利用其他手段借以“发泄”，以获得心理的满足感。小润很聪明但喜好捣乱，是因为他长期得不到表现自己聪明的机会，而不能获取学习上或行为方面的肯定与表扬，就用“捣乱”来证明自己的实力，成为老师与同学眼中的“差生”。

小润是我们班名副其实的“差生”，学习成绩倒数，上课说话，课间打闹，集会捣乱，纪律非常差，每周的班级评比中他都是扣分最多的一位，学习小组的组长没有一位愿意接受他。因为同学们的孤立，他变本加厉，在教室内闹腾得更加厉害。针对这样的“差生”，班主任应该怎么办呢？

苏霍姆林斯基曾言：“没有不想成为好孩子的儿童。从儿童来校的第一天起，教师就应该善于发现并不断巩固和发展他身上所有的好东西。”教师要精心创设育人环境，慷慨地把重新跃起的机会献给孩子，帮助他们建立自信。

培养与提高学生的自我效能感，增强学生成功的信心需要教师的智慧。我决定先帮助小润建立起在班级的存在感。因为他纪律不好，所以我就先封了他一个纪律班长的角色，让他负责课间纪律检查，眼操、课间操和午休的执勤，试用期一个周。开始的两天，他比较认真，工作完成得不错。课后因为自己执勤，所以他不参与打闹了，班里其他打闹的学生也逐渐减少，纪律好了许多。每一位学生都感受到了小润的变化。我趁热打铁，在第三天的时候把他叫到办公室，表扬了他这两天的表现，感谢他为班级做出的贡献。他一脸惊奇地看着我说：“老师，你这是表扬我了？”我微笑地点点头，说：“是啊，你这两天执勤，咱们班的纪律比以前大有长进，这都是你的功劳啊。”然后我继续问道，“你还愿意继续为我们班服务吗？”他用力地点点头，高兴地回去了。一直到这周结束，他的表现都非常好。再一个周一，我在班会课中又大力地表扬了小润同学。任课老师都反映说，小润这个周上课也不说话了，纪律比以前大有长进。我与任课老师沟通，对于小润的点滴进步都予以肯定和表扬，促使他心底正直的小苗健康成长。

通过让他担任纪律班长，以此成功地转移了他的注意力，也让他切身体会到了捣乱纪律对班级同学造成的影响，更重要的是让他体会到了认真完成一件事情从中获得的成就感和自豪感，成功地让他感受到了他在班级中的存在感。

我知道要想让他彻底地融入班级中来，还需要指导他学习好；否则，好景不会长远，他会逐渐失去成就感，出现行为的反复。为此，我专为他安排了一次家访，与家长和孩子坐在一起计划着孩子的未来。通过谈话，我发现家长已经对孩子的学习彻底失去了信心，说他小学四年级以后学习就越来越差，现在是放任自流了。我及时地纠正了家长的错误观点，要求他们帮助孩子重拾学习的信心。首先，要求家长每天认真地督促孩子完成一些简单的作业，并经常与孩子交流谈心，在家里形成重视孩子学习的氛围，做好孩子的精神支撑。我与家长和孩子一起制定了一个美好的愿景，希望孩子能够经过初中三年的学习，培养对动漫设计的兴趣，到职业高中去学习动漫专业，在将来能够设计出自己的动漫人物。我们希望他对未来拥有美好的憧憬，克服现在的困难，为实现自己的目标而不懈奋斗，我和家长做他坚强的后盾。

家访之后，我发现小润真的开始学习了。因为他的基础太差，我与文科老师商量，先让他从文科背诵中获得自信，重点抓语文、历史再加上理科的生物，慢慢地渗透到其他学科中；只要他努力、认真就给予大力的表扬。也许是老师的良苦用心感动了他，也许是从学习中获得了自信，也许是有了奋斗的目标，小润真的变了：变成了班级的有用之才，帮助老师管理班级纪律；变成了积极向上之人，努力地去学习文化知识。

著名特级教师吴正宪说过一句话："在育人过程中没有什么比保护学生的自尊心更重要的。"通过这件事，我深有感触。人需要自尊，孩子也一样。有了自尊，才有自信的可能；有了自信，就有了学好知识的内部动力。

教学的艺术，不在于传授本领，而是在于激励、唤醒和鼓舞。没有兴奋的情绪怎么激励人？没有主动性怎么能唤醒沉睡的人？事实正是这样，坚信学生一定会成功，学生便会从师爱中获得一种信心和力量，情不自禁地投入到学习的过程中，从而迸发出智慧的火花。教学是一门艺术，也是一门科学。作为科学，它要求教育者善于发现和利用教育规律；而作为艺术，它要求教育者要以人为本，善于春风化雨、润物无声地启迪学生的心灵，激发他们的创造力和探索兴趣，帮助他们通过学校生活构建起属于自己的完整的精神世界。

青春的萌动

山东省青岛莱西市武备中学 // 李海燕

随着精神文化生活的丰富、大众媒体和网络的普及，中学生青春期教育的问题越来越受到人们的关注，尤其是中学生的早恋问题。早恋是一朵带刺的玫瑰，处于发展阶段的中学生常常被它的芬芳所吸引，然而，一旦情不自禁地触摸，又常常被无情地刺伤。

早恋是青春期性萌动的结果。“异性相吸”本是自然规律，无可厚非。在中学生的心理健康日益得到关注的今天，面对这个问题，我们应更加严峻地看待、认真地思考：该粗暴地阻止还是恰当地引导？

在我的教育历程中，曾发生过这样一件事。记得一次课堂上，我班一个男同学小伟没有抬头听课而是在忙着写什么。我走过去发现，满满两张纸，写得工工整整。从大体的几行字中不难看出，他正在写情书。抬头发现我后，小伟的脸、脖子都红了。我这才明白，难怪这几天感觉他上课心不在焉、闷闷不乐，成绩下滑明显。然而，我没有声张，继续上课。后来我多次找他谈话，谈谈学习，谈谈听课。看得出他很心虚，但也表现得好了很多。终于有一次，老师反映他在课堂上又走神了。我心平气和地把小伟叫到了一间空的会议室。

记得我当时说的第一句话是：“现在我不是你的班主任，你可以当我是你的姐姐或朋友。”他本来羞得脸都红了，听我说完惊讶地抬起头看着我。“今天我想听听你对这件事的心里话，走出这扇门我就当没听过，但是必须是发自你内心的。”我继续说，但是并没有点明“早恋”这个事。那时我的态度是极其严肃而认真的。在沉静或是犹豫了片刻之后，小伟终于将自己内心的想法毫无保留地讲给了我听。小伟是单亲家庭，他有许多苦恼。而小倩是班里的团支书，她是班里气质最好的女生，文静中有几分成熟的美，学习成绩也很不错。在一次统计班级特殊家庭情况时，她了解了小伟的情况，并没有嫌弃他，而是更关心他。从那以后，当小伟有不明白的问题也很愿意请教她，而小倩总是认真热情地解答。“她的性格非常好，脸上总是挂着甜甜的笑，她笑得很美。所以有时候，我会为她的笑容想入非非。”小伟坦白道。“也许是彼此交流得多了，也就产生了好感。我很想与她交朋友。那次上课我就是在给她写信。被你发现了以后，我们都很害怕。老师，我知道我这样做不对。在别人眼里，我们是坏孩子，我们只是觉得在一起很开心……”小伟低下了头，声音变得很小。

这期间，我只是静静地聆听着，并不时地用自己真诚的目光鼓励着这个早熟的“男子汉”。我没有对他进行严厉的教育，只是说：“我一直认为你是一个很善良的孩子，聪明有主见，各方面一直表现得很好。你们现在的男女同学之间的所谓的“喜欢”其实只是一种相互的钦佩、仰慕，是对别人优点的一种认可，这是正常的，也是一种友谊的开始。我也是从学生时代走过来的，我也有谈得来的男同学，只是我们那时重在比学习成绩，你追我赶，互相激励。十几年后的今天，我们仍是相互学习的好伙伴。我想这才是真正的友谊。而你现在是不是都影响学习了？再说了，其他同学知道了的话，他们并不会认为你们在正常交往啊。如果被家长知道了的话，会怎样想你呢？”“老师，我知道错了。”“青少年时期是长知识长身体的黄金时期，很多看法和想法很不成熟，等将来有了立足社会的本领，再思考这些大问题也不晚。人不可能一辈子不做错事，每个人的人生都有关键的几步，后悔过去不如奋斗将来。”我继续说。他含着眼泪不住地点头。我了解此时他复杂的情绪。无须太多的语言，老师给予他的尊重和信任比什么都重要。

后来我也找小倩聊了聊，她说她会在学习上多帮助他、思想上开导他，愿意帮助小伟走出漩涡。从此，小伟转变了，脸上重见了笑容，学习成绩也呈上升趋势。多年以后，小伟想到自己的早恋，或许会有诸多感慨，或许会感激老师，而不是陷入“阴影”中被阴郁困扰。

早恋真的是一个棘手的问题，不要让学生成为早恋的牺牲品。有的家长会粗暴地、千方百计地要剪除这朵“毒花”，打压这青春期的萌动。可是，粗暴又能浇灌出怎样的“硕果”呢？抑郁症，自暴自弃，父女、母子反目……早恋固然要不得，但是在给孩子上这人生重要一课时，建议找准症结对症下药。要意识到孩子只是一时被蒙蔽了双眼，应该及时启发、正确引导、真心关爱孩子，让他明白什么是爱、怎样才能得到真爱，学会做出理性思考与分析。

通过这件事，我觉得做一名好班主任的先决条件是了解学生、相信学生、尊重学生，一味地责骂并不能解决问题，甚至会引起他们的反感。因此，指导学生对已出现的情感问题进行观念和行为的调整变得尤为重要。教师在处理某些敏感问题所表现出的对学生的尊重，有时往往会取得意想不到的效果。

多信赖、鼓励和尊重孩子

山东青岛莱西市望城中心中学 // 刘　宁

一位教师，想把工作做好，仅靠工作热情是不够的，在教育教学过程中要讲究方法，要善于抓住孩子的闪光点。只有学会信赖、鼓励和尊重孩子，才能真正走进孩子的心灵深处。世界上没有完全相同的两片叶子，学生也是如此。由于遗传、性格、环境、生活习惯等因素的影响，学生之间存在很多差异，有的听话懂事，有的倔强顽皮，有的聪明伶俐，有的迟钝呆板。教师应该承认差异，尊重学生差异，在教育教学过程中要讲究方法，善于抓住孩子的闪光点，学会信赖、鼓励和尊重孩子，真正走进孩子的心灵深处。

下面是我教学中的一个事例。2010 年 9 月，我定岗来到实验小学工作。当时的我心里充满了激动，对未来充满了期待和憧憬。那年我接手了二年级的英语教学工作。这个班有几个让我头疼的孩子，每每进教室，这几个学生总在教室嘻哈打闹，迟迟回不到自己的座位上，弄得教室一片嘈杂声。上课的时候，他们不但不认真听讲，还找其他学生讲话或搞小动作，导致我每节课都不能很好地完成教学任务。刚开始，我还信心十足，以为凭借我循循善诱的教学方式、兢兢业业的工作作风和富有情趣的谈吐，能够转变他们的学习态度。对于这几个不听话的学生，每节课后我都会带他们到办公室进行教育：批评、辅导、找班主任等，我使尽了浑身解数。可是，一个月过去了情况没有多大改变，原本满脸带笑的我却怎么也笑不起来了。

有句话说得很好："态度决定一切、细节决定成败。"就在我百思不得其解的时候，我发现班上纪律不好主要是那几个爱随意讲话、搞小动作的学生在捣鬼，尤其有一个叫伟的学生在班上特别具有号召力。于是，我决定从他入手。为了改变他的学习态度和提高他的学习兴趣，我每次讲新课时会走到他身边，他不懂时我会给予他提示；有时在他又想开小差的时候，我用眼神提示他或走到他桌旁轻叩他的桌子；有时我也会提一些简单的他能回答出来的问题让他回答，让他找到一点自信和成就感，等等。记得有一次讲"现在进行时"，我让他回答一个有一定难度的问题，他的回答出乎我的意料。我对他的回答给予肯定并表扬了他，教室里响起了雷鸣般的掌声。这时，我观察到他快速而又细微变化的眼神：高兴？感激？总之，非常复杂。据学生说，老师以前很少提问他，就因为他调皮捣蛋。后来我发现他渐渐地对英语产生了兴趣，于是借机在全班学生面前宣布他为英语课代表。没想到，以后上课，他果真认真听讲、积极回答问题，还会帮我管住那些爱开小差的同学。我有点惊讶，没想到他会有这样的变化。于是我就想，这个学生不是不可救药的，我应该对他充满信心。在我的尊重、表扬以及激励下，他各个方面出现了前所未有的变化。期末考试他竟然考了86分，虽然不是全班第一，已是许多学生羡慕的对象了！于是，在以后的教学中，我每天都是满面春风地走进教室，用最亲切的眼神面对学生，鼓励和尊重每一个学生，而学生也慢慢地被我感染，脸上有了笑意，尤其是原来成绩不好的学生，有了学习的勇气和动力，课堂上的气氛渐渐地活泼起来。

通过这件事让我明白了一个道理：信赖，尊重和鼓励学生就是爱学生。当学生犯了错误时，我们应该设身处地替他们想想。学生的心，敏感而脆弱，需要教师用自己一颗真诚、信赖、尊重、赏识的心去唤醒、去呵护，千万不能因为一时的冲动而失态，给学生的心灵造成伤害。所以，在教育学生时，我们决不能简单地压制他们，这样，学生往往会忘记为什么受罚，只会为自己所受的待遇而难过、委屈甚至愤怒。在学生犯错误时，我们应该认真听取他们的申述，尊重他们的意愿，想方设法化解他们的抵触情绪，解开他们的心结，在心与心的交流中取得应有的教育效果。

在以后的教育中我可能还会遇到更多的难题，但是作为教师的我还是要继续坚持用自己的爱心唤起学生的真情，平等地对待并尊重每一位学生，让每一位学生都拥有灿烂的微笑！